Großeltern

Die ersten Jahre mit dem Enkelkind

Großeltern

Die ersten Jahre mit dem Enkelkind

Dr. Miriam Stoppard

DORLING KINDERSLEY

Dorling Kindersley
London, New York, München, Melbourne und Delhi

Für meine elf Enkelkinder, von denen mir jedes auf seine Weise unglaubliche Freude und Liebe geschenkt hat.

DK Indien
Lektorat Pakshalika Jayaprakash
Gestaltung Ira Sharma, Mini Dhawan, Balwant Singh
Cheflektorat Suchismita Banerjee
Bildredaktion Romi Chakraborty
DTP Design Manish Chandra Upreti
DTP Leitung Sunil Sharma
Bildrecherche Sakshi Saluja

DK UK
Projektbetreuung Daniel Mills
Bildredaktion Glenda Fisher, Marianne Markham, Isabel de Cordova
Cheflektorat Penny Warren
Herstellung Man Fai Lau, Ben Marcus
Programmleitung Peggy Vance
Art Director Peter Luff und Lisa Lanzarini

Fotografiert von Ruth Jenkinson

Für die deutsche Ausgabe:
Programmleitung Monika Schlitzer
Projektbetreuung Manuela Stern
Herstellungsleitung Dorothee Whittaker
Herstellung Anna Ponton

Bibliografische Information der Deutschen Bibliothek
Die Deutsche Bibliothek verzeichnet diese Publikation in der Deutschen Nationalbibliografie; detaillierte bibliografische Daten sind im Internet über http://dnb.ddb.de abrufbar.

Titel der englischen Originalausgabe:
Grandparents. Enjoying and Caring for your Grandchild

Übersetzung Jeanette Stark-Städele
Lektorat Marianne Schmidt

ISBN 978-3-8310-2090-4

Printed and bound in Singapore by Tien Wah Press

Besuchen Sie uns im Internet
www.dorlingkindersley.de

Inhalt

Einleitung

Dieses Buch richtet sich an moderne, zeitgemäße Großeltern; sie sind anders als die Großeltern früherer Generationen. Wir leben im 21. Jahrhundert und sind in unser modernes Leben eingebunden, mit Reisen, Internet und neuen Technologien. Großeltern stehen heute nicht abseits, sondern nehmen Anteil an allen Entwicklungen. Sie sind gesellschaftlich integriert. Sie sind aktiv, informiert und engagiert – auch in der Kinderbetreuung.

Moderne Großeltern wollen wissen, was sich in der Kinderpflege seit der Erziehung ihrer eigenen Kinder verändert hat. Sie wollen gut informiert sein, um die Methoden ihrer Kinder und Schwiegerkinder (ich nenne sie Sohn und Tochter, egal ob es eigene oder Schwiegerkinder sind) im Umgang mit dem Enkel verstehen und nachvollziehen zu können.

Diese Kenntnisse bieten Ihnen eine gute Basis für die Betreuung Ihrer Enkel – auch wenn Sie sie allein versorgen. Und Sie können damit Konflikte vermeiden, die entstehen könnten, wenn Ihre früheren Methoden sich von denen Ihrer Kinder unterscheiden. Denn Sie verstehen ja nun, warum Ihre Kinder diese neuen Erziehungsmethoden – und nicht die veralteten – anwenden.

»Moderne Großeltern wollen gut informiert sein, damit sie die Erziehungsmethoden verstehen, die ihre Kinder anwenden.«

Ich gebe zu, dass ich mit diesem Buch noch ein weiteres Ziel verfolge – wenn Sie gut informiert sind, sind Sie auch eher bereit, sich selbst zurückzunehmen. Sie akzeptieren, dass Ihre Kinder das Recht haben, ihre Kinder nach ihren eigenen Vorstellungen zu erziehen – selbst wenn Sie meinen, sie machten manches verkehrt. Meine Mutter wollte sich damals ständig in die Erziehung meiner Kinder einmischen und ich schwor mir, es bei meinen Kindern anders zu machen. Das ist nicht immer einfach. Doch dank Ihrer jahrzehntelangen Lebenserfahrung besitzen Sie Geduld und Toleranz. Diese Tugenden kommen Ihren Kindern ebenso zugute wie Ihre Weisheit und Ihre Erfahrung.

Natürlich gibt es viele Situationen, in denen Ihre eigenen erprobten Methoden in der Baby- und Kinderpflege genauso sinnvoll sind wie früher. Auch wenn Sie anfangs ein wenig »eingerostet« sind, werden Sie schnell wieder wissen, wie Sie die Dinge damals angepackt haben.

Es gibt aber auch viel Neues, mit dem Sie sich vertraut machen müssen. Eltern machen heute manches anders als wir damals. Beim Thema Abstillen und Beikost hat sich einiges verändert. Das »babygeleitete Entwöhnen« ist ein neues Vorgehen, das ich befürworte. Moderne Eltern vertreten auch neue

Methoden beim Schlafen und Schreien. Daher sollten Sie Begriffe wie »sofortiges Zurückkommen« und »kontrolliertes Schreien« kennen, die in diesem Buch erklärt werden.

Dann gibt es die Methode der »Stillen Treppe«. Sie funktioniert wunderbar; ich wünschte, ich hätte diese Methode bei meinen eigenen Kindern schon gekannt. Sie werden feststellen, dass die Sauberkeitserziehung weitgehend aufgegeben worden ist – Gott sei Dank – und dass die sozialen Aktivitäten von Kindern wie Verabredungen zum Spielen und Übernachten stark zugenommen haben.

Vielleicht ist in Ihrer Familie Ihr Beitrag zur Kinderbetreuung wirklich wichtig. Vielleicht sogar unverzichtbar, damit Ihr Sohn oder Ihre Tochter arbeiten kann. Ich erhalte manchmal Briefe von Großeltern, die das Gefühl haben, ihr Engagement in der Kinderbetreuung werde nicht wahrgenommen und honoriert. Tappen Sie nicht in diese Falle. Wenn Sie Ihr Enkelkind regelmäßig betreuen, versuchen Sie eine klare Abmachung mit Ihrem Sohn und Ihrer Tochter zu erreichen über die Aufgaben, die Sie gerne übernehmen, und das, was Sie nicht leisten werden. Legen Sie fest, wie viel Zeit Sie aufbringen können. Vielleicht wollen Sie auch einen finanziellen Ausgleich vereinbaren. Bringen Sie in diesem Fall das Thema gleich zur Sprache, damit kein unterschwelliger Ärger entstehen kann.

Eine besondere Bindung
Es gibt keinen Ersatz für die uneingeschränkte Zuwendung, die Sie Ihren Enkelkindern schenken können. Sie sind wunderbar: als Betreuer, Spielgefährte, Lehrer.

Mit diesem Buch möchte ich erreichen, dass Sie sich als Großeltern in jeder neuen Situation zurechtfinden, mit der Sie konfrontiert werden. Zudem finden Sie weitere Themen, etwa wie Sie als Großeltern von Stiefkindern mit den anderen Großeltern umgehen oder auf größere Distanz mit der Familie in Kontakt bleiben können. Enkelkinder sind ein Segen. Sie schenken uns viel Freude in einer Zeit, in der wir spüren, dass wir älter werden. Ich wünsche mir, dass dieses Buch Ihre Freude an Ihrem neuen Familienmitglied vertieft und Sie zu neuem Glück führt.

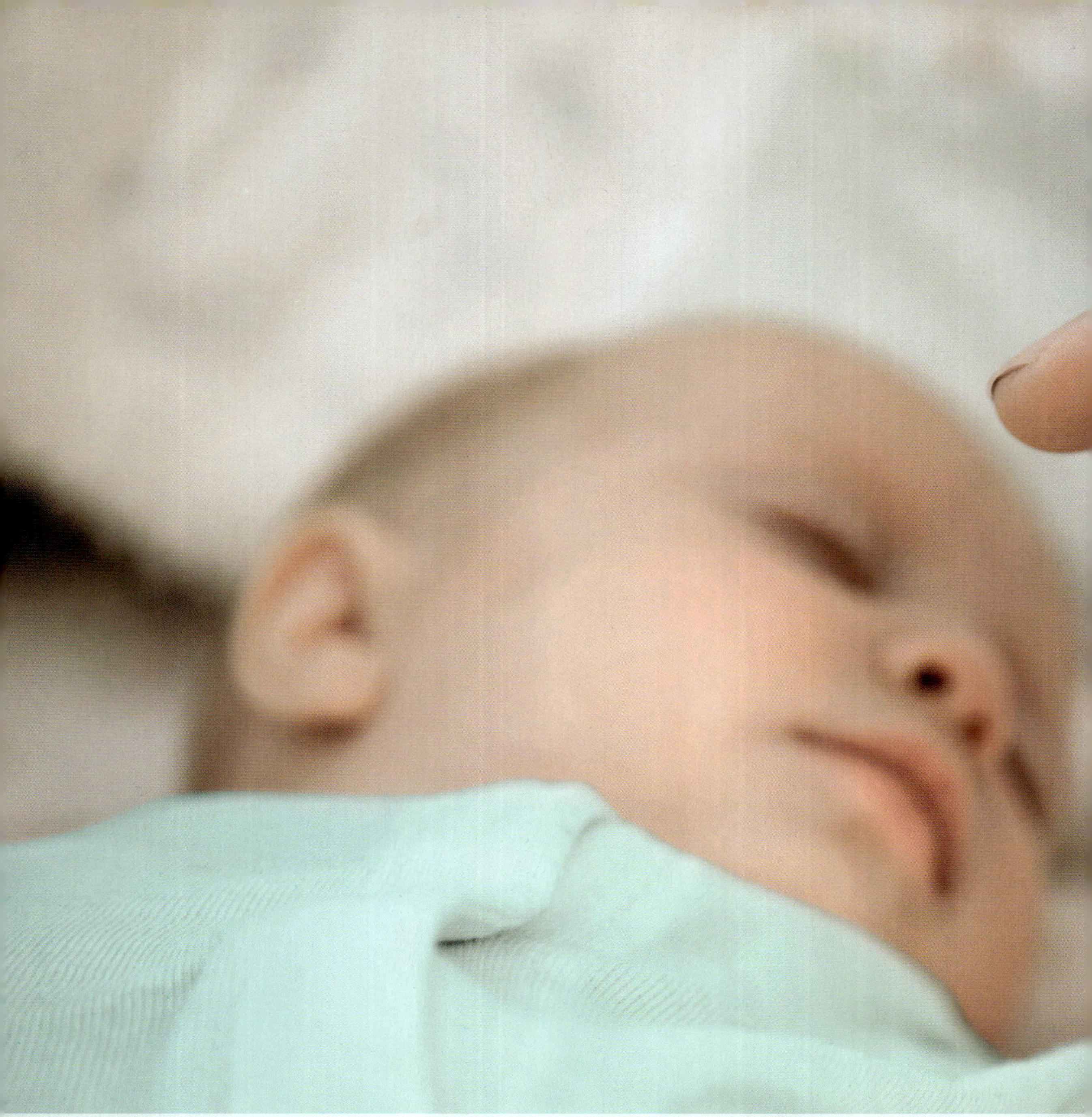

1 *Großeltern sein*

Sie werden sich Hals über Kopf in Ihr neues Enkelkind verlieben. Und Sie erleben, dass Ihre Beziehung zu ihm überaus wichtig ist.

Sie sind Großeltern

Bei der Geburt meines ersten Enkels entdeckte ich ein neues »Ich«. Ich hatte nicht gewusst, dass diese Großmutter in mir steckte, dass ich mich so gut fühlen und so begeistert sein würde. Ich verliebte mich Hals über Kopf in meine Enkel und wurde mit ganz besonderen Beziehungen belohnt.

Sie sind wirklich wichtig

Ich habe immer vermutet, dass Frauen nach den Wechseljahren aus gutem Grund noch so lange leben, und war daher fasziniert von einer 2004 veröffentlichten Studie über dieses Thema. Die Autoren stellten bei Lebensgemeinschaften im 18. und 19. Jahrhundert in Finnland und Kanada fest, dass Frauen in jedem Jahrzehnt, das sie über das 50. Lebensjahr hinaus lebten, zwei weitere Enkel bekamen.

Zudem bekamen Frauen, deren Mütter noch lebten, mehr Babys in jüngerem Alter und in engerem Abstand. Daher glaube ich, dass es Frauen genetisch bestimmt ist, länger zu leben, um bei der Betreuung der Enkel zu helfen. So ist es auch bei vielen Tieren. Eine Elefantenfamilie etwa wird von einem älteren weiblichen Tier angeführt – einer Großmutter. Von ihrer Weisheit hängt das Wohl der ganzen Herde ab.

»Großeltern sind heute wichtiger denn je. Sie bieten die dringend benötigte Unterstützung. In Deutschland werden zwei Drittel der Kinder von ihnen mit betreut.«

Warum Großeltern wichtig sind

Das Leben im 21. Jahrhundert unterscheidet sich stark von früheren Gemeinschaften, aber Großeltern sind heute wichtiger denn je. In einer Zeit, in der viele Familien zwei Einkommen zum Lebensunterhalt brauchen, liefern sie die dringend benötigte Unterstützung bei der Kinderbetreuung. In Deutschland werden gut zwei Drittel der Kinder von den Großeltern mit betreut. Dank ihres Alters und ihrer Erfahrung sind Großeltern meist besonders geduldig, gelassen und einfühlsam. Sie entlasten die Eltern und unterstützen damit die ganze Familie.

Wie Sie sich als Großeltern fühlen

Die meisten Mütter und Väter freuen sich, wenn sie Großeltern werden. Aber es gibt auch andere Reaktionen. Manche Frauen finden, dass sie zu früh Oma werden; das gibt ihnen das Gefühl, vorzeitig alt zu werden.

Enkel zu haben schenkt eine Freude, die einzigartig ist und in mancher Hinsicht intensiver als die Liebe der Eltern zu ihren Kindern. Es ist gewiss ein neues Gefühl, und wenn Sie Glück haben, wird diese Liebe nicht durch zu viel Hausarbeit getrübt oder von Sorgen und Mühen überschattet.

»Dank ihres Alters und ihrer Erfahrung sind Großeltern meist besonders geduldig, gelassen und einfühlsam.«

Eine besondere Beziehung
Lassen Sie sich ein auf die Welt Ihres Enkelkindes und Sie werden ein einzigartiges Gefühl erleben. Von diesem Zusammensein profitieren Sie ebenso wie Ihr Enkelkind.

Diese sehr spezielle Liebe kann großzügig aus freiem Herzen geschenkt werden, weil das Leben nun genügend Freiraum bietet für Geduld, für ungeteilte Aufmerksamkeit, für die Bedürfnisse des Enkels und bedingungslose Liebe. Ich kann diese Gefühle ausleben, weil ich nun Zeit und Raum dafür habe.

Die größte Überraschung war für mich, dass ich bei meinen Enkeln wieder dieselbe Liebe empfand wie bei meinen eigenen Söhnen, als sie Babys waren. Wir meinen, wir hätten das hinter uns gelassen. Doch mit Ihrem ersten Enkelkind erleben Sie diese Liebe wieder.

Wie möchten Sie genannt werden?

Jede Familie hat ihre eigenen Lieblingsnamen für Großeltern, mit denen sich alle wohlfühlen. Ihre Vorliebe sollte dabei natürlich eine Rolle spielen und Sie können die »Namensgebung« beeinflussen, indem Sie den bevorzugten Namen selbst verwenden. Ich betrachtete mich selbst immer als Oma und sagte daher immer wieder: »Oh, das kann Oma machen«, statt »ich« zu verwenden.

Natürlich kann es eine Familientradition geben, nach der die Großeltern »Großmama« und »Großpapa« genannt werden.

Gibt es in Familien mehr als ein Großelternpaar, braucht man zur Unterscheidung auch die Vornamen. So bin ich in zwei Familien meiner Kinder die Oma Miri.

Was ist mit den Opas?

Ich bin ein großer Fan von Opas und die Enkelkinder ebenso. Von klein auf haben Babys und Kinder eine Schwäche für die Männer in der Familie. Vermutlich liegt der Grund dafür darin, dass es in jeder Familie genügend Frauen gibt, die die Babys und Kinder umsorgen. Doch Babys lieben auch den tieferen Ton männlicher Stimmen, die kräftigen Männerhände und den Sicherheit gebenden Geruch der männlichen Haut.

Wenn die Kinder älter werden, kann die Beziehung zum Opa sehr eng und liebevoll werden. Im Großen und Ganzen sind Großväter sanft, ruhig und spielen gern – Eigenschaften, die Kinder lieben. Die meisten Großväter erzählen ihren Enkeln gerne Geschichten aus ihrer Jugend. Enkelkinder finden das toll und wollen immer neue Geschichten hören. Großeltern haben mehr Zeit zum Spielen und Toben als Väter; und wenn der Opa fit genug ist, um mit auf dem Boden zu spielen, wird er zum Lieblingskameraden des Enkels.

Wie kann ich am besten helfen?

Großeltern können Sie auf ganz unterschiedliche Art sein. Sie haben vielleicht Glück, leben in der Nähe und haben Zeit, babyzusitten und bei Bedarf einzuspringen. Doch selbst wenn Sie weit weg wohnen, vielleicht sogar im Ausland, können Sie dank der Computertechnik bei Ihren Enkeln präsent sein – beim Chatten oder durch E-Mails.

Helfende Hände

Vielleicht nehmen Sie an, dass einer frischgebackenen Mutter jede Hilfe willkommen ist. Das mag so sein; vergessen Sie aber nie, dass Sie genau das tun – helfen. Sie haben nicht das Sagen. Tun Sie das, worum man Sie bittet, sonst sind Ihre Hilfsangebote viel weniger willkommen. Mit dem richtigen Fingerspitzengefühl gibt es viele Möglichkeiten, situationsgerecht zu helfen.

In manchen Familien übernehmen Großeltern einen Großteil der Kinderbetreuung, während die Eltern arbeiten. Für Alleinerziehende ist dies oft der einzige Weg, Kinder und Beruf zu vereinbaren. Wenn die Großeltern selbst noch arbeiten oder andere Verpflichtungen haben, können sie regelmäßig babysitten, damit die Eltern gelegentlich abends oder am Wochenende frei haben.

»Vergessen Sie nie, dass Sie helfen – Sie haben nicht das Sagen. Tun Sie das, worum man Sie bittet.«

Die Kontaktpflege über weite Entfernungen hinweg wurde durch das Telefonieren per Internet revolutioniert; so können Sie mit Ihren Enkeln nicht nur chatten, ohne sich Gedanken um die Telefonrechnung machen zu müssen, sondern sich dabei über die Computerkamera auch sehen.

Wie viel wollen Sie tun?

Insbesondere Omas haben manchmal Schwierigkeiten, sich in ihrem Wunsch zu bremsen, sich mit um das Neugeborene und die kleinen Enkelkinder zu kümmern. Doch dabei übernimmt man sich nur allzu leicht. Seien Sie besser zunächst zurückhaltend. Bieten Sie Ihre Hilfe an, aber versuchen Sie niemals, das Ruder zu übernehmen.

Manche Aufgaben sind anstrengender als andere. Angenehm und nicht zu strapaziös ist es, beim Füttern und Baden zu helfen, vor dem Einschlafen vorzulesen und die Enkel vom Kindergarten abzuholen. Je nach Alter und gesundheitlicher Verfassung kann es aber sehr aufreibend sein, die Vollzeitbetreuung für ein Enkelkind zu übernehmen, damit die Tochter wieder arbeiten kann. Auch Nachtschichten bei Babys oder Kleinkindern führen schnell zu Erschöpfung.

Müdigkeit ist ein ständiges Thema; dabei müssen Sie überlegen, ob Sie sich diese Phase Ihres Lebens so vorgestellt haben. Und wie sieht es Ihr Partner? Macht es ihm etwas aus, dass Sie lange weg sind, wo er vielleicht erwartet hat, dass Sie nun endlich Zeit füreinander haben?

Klarstellen, was Sie leisten können und was nicht

Es ist nicht leicht, es Ihren Kindern offen zu sagen, wenn Sie sich hin- und hergerissen fühlen. Ihre Loyalität ihnen und den Enkeln gegenüber wird überstrapaziert, wenn Sie helfen, aber auch Zeit für sich und Ihren Partner finden wollen. Doch dieses Gespräch müssen Sie führen. Sonst entsteht Groll, besonders wenn Ihre Hilfe als selbstverständlich betrachtet wird und der Dank ausbleibt. Wenn Sie sich intensiv an der Kinderbetreuung beteiligen, stellt sich auch die Frage der Bezahlung. Selbst wenn die meisten Großeltern kein Geld dafür haben wollen, sollte das Thema bei hohem Betreuungsaufwand angesprochen werden.

Ihre Prioritäten

Es ist Ihren Kindern gegenüber nur fair, wenn Sie klarstellen, welche Prioritäten Sie setzen, damit beide Seiten die gleichen Erwartungen haben. Unterschiedliche Erwartungen führen zu Konflikten. Vielleicht wollen Sie zu festen Zeiten

Gemeinsam lernen Nutzen Sie jede Gelegenheit, bei Ihren Enkeln zu sein und ihr Weltwissen zu erweitern. Spielen Sie miteinander; die Kleineren lernen dabei von den Größeren.

aushelfen – z. B. Mittwochnachmittag und Freitagvormittag – und gelegentlich babysitten. Oder es ist Ihnen lieber, dass Sie gelegentlich nach Absprache einspringen oder dass Ihr Enkelkind manchmal bei Ihnen übernachtet. Damit Sie Ihr Großelternsein genießen können, muss Ihr Engagement den Bedürfnissen Ihrer Kinder entsprechen – und Ihren eigenen.

»Ergreifen Sie nicht Partei; seien Sie Großeltern, für die man dankbar ist – hilfsbereit und fröhlich – und die aus einer Mücke keinen Elefanten machen.«

Weise Omas

Als Oma von elf Enkelkindern konnte ich feststellen, dass es gut funktioniert, wenn man sich an bestimmte Verfahrensweisen hält. Folgenden Rat habe ich für glückliche Großeltern und Familien.

Respektieren Sie die Privatsphäre Ihrer Kinder und besuchen Sie sie nur auf Einladung oder nach Absprache. Akzeptieren Sie ihre Entscheidungen und Grenzen immer wohlwollend. Nutzen Sie Gelegenheiten, Ihre Kinder als gute Eltern zu loben, und setzen Sie Ihre Kinder oder Enkel nie herab. Bieten Sie Unterstützung und Rat, ohne zu erwarten, dass diese angenommen werden. Bewahren Sie sich Fairness und Humor. Ergreifen Sie nicht Partei. Bemühen Sie sich, Großeltern zu sein, für die man dankbar ist – hilfsbereit und fröhlich – und die aus einer Mücke keinen Elefanten machen.

Das ist nicht einfach. In manchen Bereichen müssen Sie vielleicht Ihr Denken und Verhalten ändern, Zugeständnisse machen und Opfer bringen. Aber nach meiner Erfahrung lohnt es sich. Großeltern zu sein ist eine Gelegenheit, als Mensch zu wachsen – eine Chance, die wir nicht zurückweisen können.

Hilfsangebote
Vielleicht können Sie Ihren Enkel an festen Tagen in den Kindergarten bringen und das Kleine dabei mitnehmen, damit Mama ausruhen kann. Oder Ihr Enkel darf bei Ihnen übernachten.

Beobachten und zuhören

Denken Sie immer daran, dass Ihre Enkel die Kinder Ihrer Kinder sind – nicht Ihre eigenen. Respektieren Sie dies. Es sind Ihre Kinder, die die Familienregeln aufstellen. Wenn Sie diese missachten, entsteht Ärger. Als Großeltern sind Sie Teammitglieder, nicht die Teamleitung.

Einstellungen verändern sich

Wenn Sie meinen, am besten zu wissen, wie man die Enkel großzieht, bedenken Sie: Es ist 20 oder 30 Jahre her, vielleicht noch länger, seit Sie Kinder bekommen haben. Vieles hat sich seither verändert. Ihre Kinder folgen modernen Richtlinien zum Abstillen und zum Schlafverhalten; Ihre alten Faustregeln gelten nicht mehr.

Gewiss gibt es in der Erziehung bestimmte Modeerscheinungen, aber andere Neuerungen, z. B. die sicherste Methode, Babys schlafen zu legen (s. S. 120), um das Risiko des plötzlichen Kindstods zu verringern, basieren auf soliden Forschungen.

Gehen Sie niemals davon aus, dass die alten Methoden die besten sind – sie sind es nicht immer. Sie belasten Ihre Kinder nur, wenn Sie auf den überholten Methoden beharren, die nachfolgend beschrieben sind.

Seien Sie offen für neue Auffassungen. Es gibt neue, sehr vernünftige Tipps für die Zubereitung von Babyfläschchen (s. S. 55); Windeln, Kinderwagen und vieles andere haben sich verändert. Es ist eine andere Welt: Seien Sie bereit, von Ihren Kindern zu lernen, und übernehmen Sie ihre Methoden.

»Gehen Sie nie davon aus, dass die alten Methoden die besten sind – sie sind es nicht immer. Sie belasten Ihre Kinder nur, wenn Sie auf überholten Methoden beharren.«

Ihre Unterstützung

Früher glaubten Frauen, sie hätten das Recht, sich in die Kinderbetreuung einzumischen. Das gilt heute nicht mehr. Bestimmt waren Sie auch einmal verärgert über die Einmischung Ihrer Eltern, als Sie Ihre Kinder großzogen. Bei mir war es so. Sie wünschten sich damals vermutlich, Ihre Eltern würden sich um ihre eigenen Dinge kümmern.

Also glauben Sie nicht, nur weil Sie älter und weiser sind, könnten Sie Ihren Willen der jüngeren, weniger erfahrenen Generation aufdrängen. Vielleicht sind Ihre Ansichten nicht mehr zeitgemäß. Lernen Sie lieber die neuen Methoden, damit Sie gleichberechtigt Gedanken austauschen können. Dann sind Sie bessere Großeltern. Natürlich denke ich manchmal auch, meine Kinder sollten etwas anders machen, aber ich habe gelernt, den Mund zu halten. Und oft waren ihre neuen Wege besser als meine. Oma weiß es nicht immer am besten.

Die Versuchung ist groß, die Wünsche der Kinder zu missachten, wenn sie nicht da sind. Aber das schafft Konflikte. Ihre Kinder werden es herausfinden; dann sind Sie in Erklärungsnöten. Konzentrieren Sie sich auf das Positive. Es ist nicht hilfreich, es unbedingt anders zu machen. Das Gleiche gilt für die Erziehungskompetenzen Ihrer Kinder. Ihre Rolle besteht nur in der Unterstützung.

Richten Sie sich nach den Eltern

Ich habe festgestellt, dass es im Zweifelsfall am besten ist, sich nach den Kindern zu richten. Tun Sie es einfach aus Höflichkeit. Bittet Ihr Enkelkind Sie um etwas – noch einen Keks oder dass Sie die Farben, Papier und Schürze herausholen und mit ihm malen –, sagen Sie einfach: »Wenn Mama (oder Papa) es erlaubt, ist es okay.« Ihren Kindern wie Ihren Enkelkindern tut es gut, wenn Sie sagen: »War das nicht klug von Papa?« Oder: »Toll gemacht, Mama!« So pflegen Sie die gegenseitige Bindung und stärken das Vertrauen zwischen Ihnen und Ihren Kindern. In wirklich strittigen Situationen, die Ihre Beziehung zerstören könnten, sollten Sie Ihre Kinder lieber vorbehaltlos unterstützen, statt ums

Die Regeln befolgen
Befolgen Sie die Familienregeln, wenn Sie bei Ihrer Tochter zu Hause sind. Respektieren Sie, dass sie das Sagen hat – dann sind Sie immer ein willkommener Gast.

Prinzip zu streiten. Dann werden sich Ihre Kinder, sollte einmal etwas wirklich schlecht laufen, wieder an Sie wenden. Sie sind da, um die Scherben zusammenzukehren, nicht um Porzellan zu zerschlagen. Wenn Sie diese Größe zeigen, werden Ihre Kinder Ihnen ein Leben lang dankbar sein und sich Ihnen verbunden fühlen.

Verschiedene Wege der Kindererziehung

Die Rolle der Eltern unterliegt zeitlichen Trends. Meine Mutter wurde gemäß der Erziehungsmethode »Wer mit der Rute spart, verzieht das Kind« großgezogen. Ich selbst wuchs in dem Glauben auf, dass das Wort meiner Eltern Gesetz sei und nicht hinterfragt werden dürfe. So war das vielleicht auch bei Ihnen. Der heutige Erziehungsstil ist deutlich anders und meiner Ansicht nach besser, als meiner es war. Die heutigen Eltern sind in einer Weise kindorientiert wie keine frühere Generation.

Moderne Eltern achten darauf, nicht laut zu werden, nicht missbilligend die Stirne zu runzeln, sich nicht wegen Kleinigkeiten aufzuregen und Fehler leicht zu nehmen. Sie überlegen genau, welcher Kampf wirklich ausgetragen werden muss. Sie genießen ihre Rolle als Lehrer – wenn sie mit auf dem Teppich sitzen, um ein Puzzle zu legen, oder dem Dreijährigen Platz frei räumen, damit er beim Kochen helfen kann.

Spaß beim Kochen
Es ist toll, mit Oma zu kochen. Beginnen Sie früh, dem Enkel etwas über Ernährung beizubringen. Besonders geeignet ist das Teigkneten – das macht Spaß und ist ungefährlich.

Ich finde den aktuellen Ansatz in der Erziehung sehr positiv – das Kind bekommt eine klare Chance und viel Spielraum, das zu tun, was ihm gesagt wurde, und Fehler zu korrigieren. Es ist ein sehr menschliches Erziehungsverhalten:

»Bitte räum jetzt deine Spielsachen auf.«
»Das ist das dritte und letzte Mal, dass ich dich bitte; sonst gehst du auf die Stille Treppe.«
»Ich zähle bis fünf, dann gehst du auf die Stille Treppe.«
Dann entweder
»Gut gemacht, danke fürs Aufräumen.«
Oder
»Auf die Stille Treppe.« (So viele Minuten, wie das Kind alt ist.)
Der Ablauf wird auf stimmige, vernünftige Weise abgeschlossen, damit das Kind versteht, welches Benehmen erwartet wird:
»Du weißt, warum du auf der Stillen Treppe warst?«
»Ja, weil ich meine Spielsachen nicht aufgeräumt habe.«
»Ja, und weil du nicht getan hast, was Mama gesagt hast. Entschuldigst du dich?«
»Entschuldigung, Mami.«
»Lieber Junge« (dicker Kuss), »Mama hat dich lieb. Komm, jetzt trinken wir etwas.«

Aus dieser nachgestellten Szene wird deutlich, dass ein autoritärer Erziehungsstil nicht mehr gefragt ist. Heutige Eltern setzen auf Verhandeln. Am wichtigsten ist ihnen, bei Problemen eine vernünftige, klare Lösung zu finden, ohne zu bestrafen – und natürlich ohne Schimpfen und Schlagen – und dabei gleichwohl feste Grenzen zu setzen.

Diese Vorgehensweise bringt viele Vorteile. Das Kind fühlt sich als respektiertes Mitglied der Familie, es hat eine eigene Stimme und Entscheidungsmöglichkeiten. Eine solche Atmosphäre fördert Selbstdisziplin, Selbstwertgefühl, Rücksichtnahme und Verantwortungsgefühl.

Manche Großeltern werden diese Art der Erziehung als zu lasch betrachten, aber sie sollten sich keinesfalls einmischen. Nichts ist gefährlicher als unterschiedliche Ansichten über Erziehung.

Noch wichtiger ist es, sich zurückzuhalten, wenn Sie das Gefühl haben, dass die Eltern zu streng sind. Es wäre nicht im Sinne Ihrer Enkel, wenn Sie sich mit den Eltern verkrachen und aus dem Haus verbannt würden. Dann wären Sie nicht mehr da, um die Situation zu verbessern und Ihr Enkelkind zu trösten.

Wenn Ihr Enkel durch bestimmte Erziehungsmethoden gefährdet ist, müssen Sie natürlich seine Interessen über die der Eltern stellen. Aber es ist wichtig, sich der Gegebenheiten absolut sicher zu sein. Denken Sie genau nach und sammeln Sie auch Beweise, bevor Sie eine möglicherweise verfahrene Situation schaffen, die Ihrem Enkel nicht hilft.

Mit dem Enkelkind sprechen

Kinderfrauen im alten England machten es richtig – sie redeten mit ihren Schutzbefohlenen vom Aufwachen bis zum Einschlafen. Moderne Erwachsene tun dasselbe, schon wenn ihr Baby klein ist, noch kein Wort sprechen kann und wir meinen, dass es nichts verstehe. Ein Baby mag die einzelnen Wörter nicht verstehen, aber es begreift nach und nach den Sinn. Und es wird mit dem Rhythmus des Sprechens vertraut, mit dem Prinzip von Gesprächen mit Frage und Antwort und dem Heben und Senken der Stimme.

Babys, mit denen viel gesprochen wird und die Kinderverse und Klatschspiele hören, sprechen früh. Im frühen Austausch mit Ihrem Enkelkind beginnen Sie einen Dialog, der Ihr Leben lang anhält. Natürlich gibt es dabei ein paar Tricks. Blickkontakt erleichtert dem Kind das Lernen und Reagieren. Wenden Sie sich ihm zu, wenn es eine Frage stellt; das stärkt sein Selbstvertrauen.

Bei kleinen Babys kommt es mehr darauf an, dass Sie überhaupt etwas sagen, als auf das, was Sie sagen. Die frühe Singsang-Unterhaltung mit dem Baby wird allmählich zu einem echten Dialog. Ab etwa drei Jahren, wenn Ihr Enkel zunehmend komplexe Gedanken formuliert, sollte man meiner Meinung nach in differenzierter Ausdrucksweise sprechen, um seinen Wortschatz zu bereichern, wenn man ihm z. B. etwas erklärt. Und wenn die Kinder erst einmal fünf sind, sage ich oft: »Hier habe ich ein schönes neues Wort für dich«, und erkläre seine Verwendung.

Neue Beziehungen

Die Ankunft eines Babys schafft eine neue Familiendynamik. Während Ihr Sohn bislang einfach Ihr Sohn war und Ihre Schwiegertochter Ihre Schwiegertochter, verändern sich die Beziehungen nun. Ihr Sohn wird der Vater Ihres Enkels und Ihre Schwiegertochter seine Mutter. Das verändert die beiden und es verändert Ihre Beziehung zu ihnen. Diese veränderten Beziehungen erstrecken sich quer durch die Familie (oder die Familien); das erfordert Neubewertungen und Anpassungen. Das verläuft nicht immer ohne Spannungen und Unsicherheiten. Doch es ist wichtig, sich hier weiterzuentwickeln.

Die anderen Großeltern

Vor der Ankunft Ihres Enkels genossen Sie eine Eins-zu-eins-Beziehung zu Ihrem Sohn (Schwiegersohn) und Ihrer Schwiegertochter (Tochter); nun gibt es vielleicht mehrere Großeltern, je nachdem, wie groß die Familie ist. Ich habe vier Söhne, vier Schwiegertöchter und zwei Stieftöchter mit eigenen Familien, in denen es auch zweite Ehen gibt. In diesen »besonderen« Familien bin ich nur eine von vier Omas und stehe weit unten in der Hierarchie – an vierter Stelle. Dadurch lernte ich viel über Zurückhaltung, Toleranz, Flexibilität und Dankbarkeit (überhaupt als Oma angenommen zu werden), und diese Eigenschaften habe ich in meine engere Familie übernommen.

»Enkelkinder verändern die Beziehungen innerhalb einer Familie und machen Neubewertungen und Anpassungen erforderlich.«

Und selbst hier waren die Beziehungen nicht ganz klar. Die Eltern einer meiner Schwiegertöchter leben in Amerika und sehen daher die Enkel viel seltener als ich. Wenn sie zu Besuch kommen, haben sie das erste Anrecht auf ihre Enkel und ich räume ihnen gerne meinen Platz. Ihrerseits zeigen sie nicht die geringste Rivalität mir gegenüber – was nachvollziehbar wäre. Ihre Beziehung zu mir ist getragen von der Wertschätzung dessen, was ich für ihre Tochter, deren Familie und die Kinder tue. Sie sind mir und allen Großeltern ein wahres Vorbild.

Leider läuft es nicht immer so glatt; Rivalitäten zwischen Großeltern kommen häufig vor. Meiner Erfahrung nach zahlt sich Großherzigkeit jedoch immer aus und schafft gute familiäre Beziehungen.

Rivalitäten vermeiden

Es ist gut, dass wir dann Großeltern werden, wenn wir schon viel Übung im Umgang mit schwierigen Gefühlen wie Eifersucht und Unsicherheit hatten. In der Phase, in der wir Großeltern werden, wissen wir bereits um die Bedeutung von Großherzigkeit, Verständnis und Opferbereitschaft. Vielleicht müssen wir das nun umsetzen. Doch es fällt Ihnen heute gewiss leichter als früher, weil Sie inzwischen wissen, was Ihnen wichtig ist: Ihr Enkelkind zu sehen, den Kontakt und die Beziehung zu pflegen.

Mit kulturellen Unterschieden leben

Die Religion ist die gravierendste Differenz, aber auch dieses Thema muss bedacht und einfühlsam angegangen werden. Dabei ist vielleicht all Ihre salomonische Weisheit gefordert.

Ich wurde als orthodoxe Jüdin erzogen und bin heute Atheistin. Eine meiner Schwiegertöchter wollte ihre Kinder katholisch taufen lassen. Diese Taufe war ein großes Thema in der Familie. Mir war in erster Linie wichtig, dass meine Schwiegertochter ihren Glauben leben konnte. Ich hätte diesen Tag in keiner Weise verderben und für die Zukunft unüberwindbare Gräben schaffen wollen. Mit diesen Prioritäten im Kopf können jegliche kulturelle Differenzen verhandelt werden.

»Wenn Rivalitäten entstehen, denken Sie daran, dass Ihr Enkelkind für alle gleich wichtig ist und sein Wohlergehen an erster Stelle steht.«

Sie und Ihre Tochter / Ihr Sohn

Bestimmt wollten Sie früher Ihre Kinder nach Ihren Vorstellungen erziehen und ärgerten sich über die Einmischung von Mutter und Schwiegermutter. Denken Sie daran, wenn es um den Erziehungsstil Ihres Sohnes oder Ihrer Tochter geht. Deren Präferenzen gelten und wir müssen uns nach ihnen richten.

Sie werden angenehme Überraschungen erleben, wenn Sie sich zurücknehmen und den Eltern Freiraum lassen. Sie werden bei manchen ihrer Erziehungsmethoden zustimmend nicken. Viele Omas freuen sich, sagen zu können: »Wie gut du das gemeistert hast« oder »Ich wünschte, ich hätte damals gewusst, dass man es so machen kann«. Es wird Ihnen ganz selbstverständlich werden, sich zurückzunehmen und zu fragen, wie Sie helfen können. Seien Sie stolz auf Ihre Kinder und sagen Sie ihnen das.

Sie und Ihre Schwiegertochter / Ihr Schwiegersohn

Mit diesen Familienmitgliedern verbindet Sie erst eine kurze gemeinsame Geschichte. Schwiegertöchter und Schwiegersöhne haben viele Erfahrungen, die Ihnen unbekannt sind. Sie stehen ihren Freunden und ihrer eigenen Familie näher als Ihnen; all diese Beziehungen und Loyalitäten müssen respektiert werden.

Weil sich nicht bereits von der Kindheit bis ins Erwachsenenalter eine gemeinsame Ebene gefestigt hat, wäre es töricht, wenn die Großeltern sich wichtig machen würden. Denken Sie einmal an die Zeit zurück, als Sie junge Eltern waren und Ihre Schwiegermutter Ihnen erklären wollte, wie Sie Ihr Baby versorgen sollten. Ich erinnere mich daran – und wie wütend ich war. Ich hätte ihr zu gerne gesagt, sie solle sich heraushalten. Sie haben vielleicht ähnliche Erinnerungen, also machen Sie bitte nicht dieselben Fehler.

Denken Sie auch daran, dass Ihre Schwiegertochter oder Ihr Schwiegersohn Ihnen gegenüber vielleicht unsicher ist und sich fragt, wie Sie sie oder ihn als Mutter/Vater beurteilen. Selbst unabsichtliche abwertende Bemerkungen können schwer wiegen und Missstimmung schaffen. Daher lauten meine beiden goldenen Regeln: Loben Sie, wo immer möglich (und es gibt immer etwas zu loben), und verkneifen Sie sich Kritik. Wenn Sie diese Regeln befolgen, sind Sie bei Ihrer Schwiegertochter und Ihrem Schwiegersohn immer willkommen.

Konzentrieren Sie sich auf Ihr Enkelkind
Ihr Enkel liebt jeden in der Familie; Sie müssen nicht um seine Zuwendung kämpfen. Konzentrieren Sie sich auf Ihr Enkelkind und haben Sie gemeinsam Freude und Spaß.

»Fragen Sie, was Sie tun können, um die Familie zu unterstützen. Und denken Sie daran – Sie haben nicht die Teamleitung.«

»Ich bin mit meiner Schwiegertochter uneins«

Anne hat Probleme mit ihrer Schwiegertochter. Sie mochte sie von Anfang an nicht und weiß nicht, warum ihr Sohn sie geheiratet hat. Nun haben sie zwei Kinder – ein Mädchen mit dreieinhalb und einen acht Monate alten Jungen – und Anne macht sich ernsthafte Sorgen. Im Haus herrscht immer Chaos, ihre Schwiegertochter ist unorganisiert und erzieht die Kinder nicht. Anne meint, dass ihre Enkel darunter leiden würden, wenn ihre Mutter sich nicht ändert. Was kann sie tun?

Ich schlage vor, dass Anne versuchen sollte, die Dinge positiver zu sehen. Sie sollte schauen, ob sie der Familie helfen kann, statt zu kritisieren.

Nicht viel. Annes Schwiegertochter sind ein ordentlicher Haushalt und Strenge nicht wichtig. Wenn Anne sie direkt mit ihren Bedenken konfrontiert, riskiert sie ein totales Zerwürfnis und könnte damit den Kontakt zu ihren Enkeln verlieren.

Vielleicht gilt hier der Spruch: leben und leben lassen. Wenn Annes Schwiegertochter – und übrigens auch ihr Sohn – im Chaos leben wollen, ist das ihre Sache. Und wenn sie ihre Kinder – Annes Enkel – nicht streng erziehen, ist das ihr Recht. Jeder hat seine eigene Art zu leben. Selbst wenn Anne mit dieser Lebensweise und der Art der Kindererziehung überhaupt nicht einverstanden ist, ist sie damit nicht im Recht und ihr Sohn und ihre Schwiegertochter sind nicht im Unrecht.

Als Großeltern müssen Sie die Weisheit Salomons mit der Geduld Hiobs verbinden. Vielleicht müssen Sie manchmal über das Chaos hinwegsteigen, um ins Haus zu kommen, und finden auf dem Küchentisch kaum Platz, um das mitgebrachte Obst abzulegen Denken Sie daran: Sie sind Gast. Das ist nicht Ihr Zuhause. Sie haben hier keine Rechte, noch können Sie bestimmen, wie Ihre Enkel erzogen werden.

Ich glaube, dass Anne ihrer Schwiegertochter gegenüber voreingenommen ist – sie sagt, sie mochte sie von Anfang an nicht. Daher sollte sie einen Neuanfang machen. Sie sollte versuchen, die Dinge positiver zu sehen. Sie sollte schauen, wo sie der Familie helfen kann, statt zu kritisieren. Und sie sollte dankbar sein, dass sie als Besucherin willkommen ist. Viele Großeltern sind das nicht.

2 Ihr neues Enkelkind

Unterstützen Sie die junge Familie in der ersten Zeit so gut Sie können; aber seien Sie auch zurückhaltend – Sie haben nicht das Sagen.

Geburt heute

Das Kinderkriegen hat sich stark verändert, seit wir unsere Babys bekommen haben. Vorbei sind die Zeiten, in denen eine Frau zum Gebären mit hochgestellten Beinen auf dem Rücken liegen musste. Vorbei sind Einläufe oder das Rasieren der Schamhaare. Stattdessen gibt es Geburtswannen, Doulas, HypnoBirthing und Hebammen, die alternative Methoden nutzen. Wehen und Geburt sind weit weniger vorprogrammiert als früher und die Mutter hat das Sagen.

Geburtsvorbereitung heute

Geburtsvorbereitungskurse, insbesondere in den letzten Schwangerschaftsmonaten, richten sich heute an beide Elternteile. Die Männer sind viel stärker einbezogen als früher und werden zur aktiven Mithilfe angeleitet; sie beteiligen sich am Geburtsplan (welche Wünsche das Paar für die Geburt hat) und übernehmen bei der Geburt und im Entbindungszimmer eine wichtige Rolle.

Außer den Atemtechniken, die wir alle kennen, werden Frauen dazu angeleitet, die Geburt selbstbestimmt mithilfe einer Hebamme zu bewältigen; so soll die Frau die Geburt erleben, die sie sich wünscht, und sie möglichst positiv durchstehen. Einer der jüngsten Fortschritte in der Geburtshilfe, den ich sehr befürworte, ist das HypnoBirthing.

»Eine hebammengeleitete Geburt kann zu Hause oder im Geburtshaus stattfinden, und die Geburtshilfen tragen heute viel stärker zu einer sanften Entbindung bei.«

In mehreren Kurstreffen bereitet sich die Frau auf die Geburt vor; sie lernt von einer Therapeutin, wie sie durch Hypnose in eine natürliche tiefe Entspannung gelangt. Sie kann sich eine sichere, normale und angenehme Geburt bildlich vorstellen. Das vermittelt ein Gefühl der Kontrolle und mindert Ängste. Die Vorstellung des erfolgreichen Stillens hilft der Frau, intuitiv zu handeln und ihr Baby nach der Geburt sogleich an die Brust zu legen.

Eine natürlichere Geburt

Während eine hochtechnisierte Klinikgeburt für manche Frauen weiterhin die richtige Wahl ist, entscheiden sich viele für eine natürlichere Geburt, die ausschließlich von Hebammen geleitet wird. Eine hebammengeleitete Geburt kann zu Hause oder im Geburtshaus stattfinden, und die Geburtshilfen tragen heute viel stärker zu einer sanften Entbindung bei als früher. Im Geburtshaus sowie in vielen Entbindungszimmern in Kliniken ist die Atmosphäre entspannt und wohnlich. Oft steht eine Geburtswanne zur Verfügung, wo die Gebärende zwischen den Wehen ausruhen und ihre Schmerzen lindern kann.

»Wehen und Geburt sind weit weniger vorprogrammiert als früher und die Mutter hat das Sagen.«

Hausgeburt

Für viele Mütter bedeutet eine wirklich natürliche Geburt eine Entbindung zu Hause. Bei einem problemlosen Verlauf der Schwangerschaft ist dies auch zu verwirklichen. In den Niederlanden finden 90 Prozent der Geburten zu Hause statt; in Skandinavien ist der Anteil fast genauso hoch. In der vertrauten Umgebung der eigenen Wohnung, inmitten der Familie, ist die Mutter entspannt und fühlt sich sicher. Dadurch verläuft eine Geburt meist reibungslos, schnell und weniger schmerzhaft. Auch zu Hause kann eine Frau eine Geburtswanne (aufblasbar) und die meisten Formen der Schmerzlinderung – außer einer Periduralanästhesie – nutzen.

Hebammen leiten die Entbindung

Hebammen übernehmen dabei die zentrale Rolle, die sie meiner Ansicht nach immer haben sollten. Wenn Hebammen das Sagen haben, gibt es weniger medizinische Eingriffe (Kaiserschnitt oder den Einsatz von Geburtszangen) und die Wünsche der Mutter sind oberstes Gebot. Heutzutage können Mütter, die es sich leisten können, auch eine Doula einbeziehen. Eine Doula ist eine Geburtsexpertin (nicht unbedingt eine ausgebildete Hebamme), die sich ausschließlich um die Bedürfnisse der Mutter kümmert. Doulas können Gebärenden auf

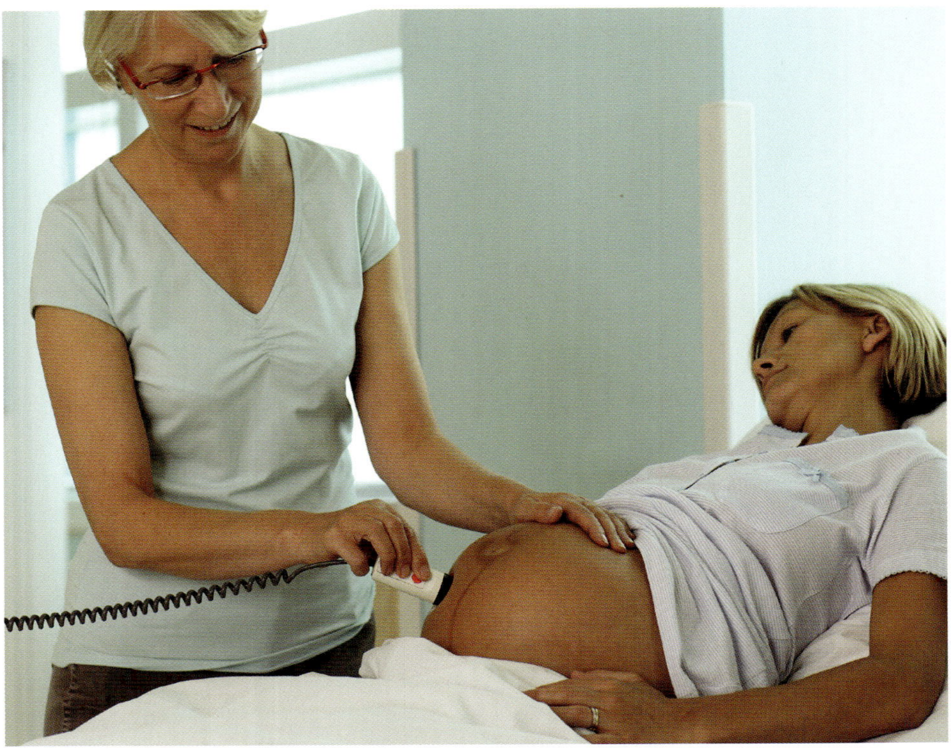

Schwangerenvorsorge
In der Frühschwangerschaft, in der 20.–23. und in der 30. Schwangerschaftswoche wird die Entwicklung des Babys per Ultraschall kontrolliert. Lassen Sie sich von Ihrer Tochter eine Aufnahme zeigen – so können Sie Ihr Enkelkind das erste Mal sehen.

vielerlei Weise beistehen: durch Zuspruch, Massage, Atemhilfen und Erklärungen. Sie können auch Behandlungen durchführen wie Aromatherapie oder psychologische Unterstützung – vor, während und nach der Geburt. Doulas richten sich in ihren Angeboten ganz nach den Wünschen der Frau bzw. des Paars. Wenn Sie bei der Geburt dabei sind, fällt Ihnen vielleicht auf, dass die Hebamme weniger aktiv ist, als es zu Ihrer Zeit üblich war – es gibt weniger innere Untersuchungen und bei der Geburt des Babys wartet sie ab, statt ihm herauszuhelfen. Diese Methode hat sich als ebenso erfolgreich erwiesen wie die frühere aktive Geburtshilfe. Hebammen stehen bereit, um dem Baby zu helfen, tun dies aber nur, wenn es notwendig wird.

»Die heutigen Mütter sind aktiv dabei. Sie haben das Sagen, und das wollen sie auch.«

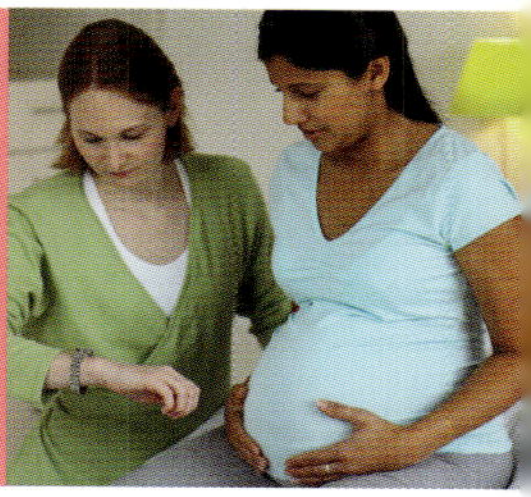

Der Anstieg der Kaiserschnittgeburten

Kaiserschnittgeburten sind heute viel häufiger als früher. Zu meiner Zeit wurde ein Kaiserschnitt nur durchgeführt, wenn er medizinisch notwendig war. Heutzutage werden Kaiserschnitte aus den verschiedensten Gründen vorgenommen: Man möchte einen festen Geburtstermin und eine kurze Geburtsdauer, hat Angst vor Wehenschmerzen, Beckenbodenschwäche oder Inkontinenz nach der Geburt usw. Keiner dieser Gründe rechtfertigt einen Kaiserschnitt. Dennoch wird in Deutschland bereits jedes dritte Baby operativ entbunden. Wenn Ihre Tochter sich dafür entscheidet, müssen Sie sie unterstützen.

Die werdende Mutter ist Königin

Schwangerschaft, Wehen und Geburt sind heute sehr mutterbezogen: Alles konzentriert sich auf die Mutter, ihre Bedürfnisse und ihr Wohlergehen. Alle arbeiten daran, dass sie die Geburt erlebt, die sie sich wünscht. Und das ist richtig so. Die heutigen Mütter sind aktiv dabei. Sie haben das Sagen, und das wollen sie auch. Sie stellen die gewohnten Abläufe infrage und erkunden mit Hilfe des Internets alle Möglichkeiten.

Als ich das erste Mal über die Möglichkeiten der Geburt schrieb, galt die Vorstellung, dass Frauen wählen können, noch als neumodisch und »gegen die normale Ordnung« (die von Ärzten festgelegt wurde). Heute bin ich sehr glücklich zu sehen, dass Frauen selbst bestimmen und wählen können.

Wie kann ich am Anfang helfen?

Entscheidend ist nicht, was Sie gerne machen würden, sondern was Ihre Kinder möchten. Unerwünschte Hilfe ist vergeudete Hilfe. Sie kann sogar als Einmischung betrachtet werden. Bei einer meiner Schwiegertöchter wäre ich gerne Geburtsbegleiterin gewesen. Aber als ich sie fragte, wie sie sich die Geburt vorstellte, sagte sie, eine Freundin würde bei ihr sein. Ich weiß noch, wie enttäuscht ich war. Ich hatte meine eigenen Vorstellungen gehabt; über ihre Wünsche hatte ich gar nicht nachgedacht. Ich war froh, dass ich sie nicht direkt gefragt hatte. Sie hätte nur nein sagen können und das wäre schmerzlich und peinlich gewesen. Das Gleiche gilt für die Babypflege.

Was kann ich tun?

Ich rate jeder Oma eines Neugeborenen, nachzufragen, welche Form der Hilfe – wenn überhaupt – ihre Kinder haben wollen. Wenn Ihre Tochter ihr Baby rund um die Uhr selbst versorgt, kann Ihre Hilfe hochwillkommen sein; nicht nur, um die anstrengenden Nächte, das Füttern, Baden, Anziehen usw. zu übernehmen. Genauso hilfreich ist es, den Haushalt zu erledigen – kochen, die Wäsche machen, einkaufen und kurz mit dem Baby ausgehen, damit die frischgebackenen Eltern ausruhen können. Am besten ist es, wenn Sie einfach der Mutter helfen. Das schließt automatisch aus, dass Sie sich einmischen oder nur im Wege stehen. Meiner Meinung nach ist es schon ein großer Segen, in die Pflege des neuen Enkelkindes einbezogen zu sein – egal in welcher Form.

»Am besten ist es, wenn Sie einfach der Mutter helfen. Das schließt automatisch aus, dass Sie sich einmischen oder nur im Wege stehen.«

Wenn Sie oder Ihre Kinder es sich leisten können, in der ersten Zeit eine Kinderpflegerin zu beschäftigen, wird das Baby gut versorgt und die Eltern finden genügend Ruhe. Dann kann es ausreichen, wenn Sie mit der Kinderpflegerin ihren Tagesplan besprechen. Doch selbst dann sind Sie sicher willkommen, um gelegentlich babyzusitten, damit die Pflegerin Pause machen kann. Mit dem Baby spazieren zu gehen ist ebenfalls eine Entlastung und verschafft Ihnen eigene Zeit mit Ihrem Enkelkind. Sie können mit ihm reden, ihm vorsingen, mit ihm schmusen und das Baby kann sich an Sie gewöhnen.

Großeltern sind ein besonderer Segen für die Geschwister des Neugeborenen, die sich oft in ihrer Position bedroht oder vernachlässigt fühlen. Sie können ihnen Liebe und Geborgenheit schenken, wenn Mama und Papa sich ständig dem Baby widmen. Das ist eine ganz wichtige Aufgabe für Sie.

Was soll ich mitbringen?

Sie möchten sicher losgehen und alles Mögliche für Ihr Enkelkind kaufen. Das ist schön. Doch überlegen Sie zunächst genau und finden Sie möglichst viel über die Wünsche und Bedürfnisse Ihrer Kinder heraus. Wenn Ihre Kinder z.B. Anhänger von Stoffwindeln sind, werden Sie sich über ein Paket Einmalwindeln nicht freuen.

Als ich meinen Neffen und seine Frau fragte, was sie sich als Geschenk für ihr bald erwartetes Baby wünschten, war ich zunächst verblüfft. Sie antworteten: »Eine Doula.« Ich wäre niemals auf diesen Gedanken gekommen und so war mein Geschenk ein voller Erfolg.

Hier finden Sie einige Anregungen für erste Geschenke. Ich empfehle abzuwarten, bis Mutter und Baby zu Hause sind, statt sie in der Klinik zu überhäufen. Es bleibt noch viel Zeit für langlebigere Geschenke. Und das allerbeste Geschenk ist Ihre Zeit.

- Babyausstattung – Strampler und Jäckchen für Neugeborene und in größeren Größen sind immer willkommen.
- Eine weiche Decke, um das Baby zuzudecken und zu pucken.
- Ein erstes Spielzeug – vielleicht ein Mobile übers Bettchen.
- Ein Vorrat an Einmal- oder Stoffwindeln – fragen Sie nach den Wünschen.
- Ein Präsent für die Mutter, ein besonderes Badeöl und das Versprechen, aufs Baby aufzupassen, solange die Mutter ein ausgiebiges Bad nimmt.
- Gerichte für die Tiefkühltruhe.
- Ein Gutschein für besonders leckere Mahlzeiten, die ins Haus geliefert werden.
- Ein Gutschein für eine Putzfrau oder einen Wohnungsputz durch Sie.

Babystrauß
Praktische Geschenke sind immer willkommen; schön verpackt werden sie zu etwas Besonderem. Dieser Strauß enthält Babykleidung, die zwischen die Blüten gesteckt ist.

»Eine wichtige Aufgabe ist es, ältere Geschwister zu beschäftigen, während Mama und Papa mit ihrem neuen Baby vertraut werden.«

Einige Tage bleiben

Eine kluge Oma erwägt zunächst alle Konsequenzen, bevor sie anbietet, ein paar Tage zu bleiben. Bieten Sie dies nur an, wenn Sie sicher sind, dass Sie willkommen sind und dass Sie sich nicht einmischen werden – vor allem in den ersten Tagen. Bedenken Sie Folgendes:

- Haben Sie die Kondition, viele Stunden lang auf den Beinen zu sein?
- Können Sie auch bei wenig Schlaf Ihre Aufgaben erfüllen?
- Ist Ihr Partner damit einverstanden, dass er auf Sie verzichten muss?
- Leidet Ihr eigener Haushalt durch Ihre Abwesenheit?
- Sind Sie sicher, dass Sie genug Pausen und Ruhe haben werden?

Am besten bleiben Sie einige Tage und unterbrechen dann einen Tag, um sich auszuruhen, eigene Einkäufe zu tätigen, Ihren Partner zu sehen usw. Allzu leicht lässt man sich durch die Liebe zum Enkel so sehr hinreißen, dass man nicht mehr gehen will. Doch Sie müssen mit den eigenen Energien haushalten, wenn Sie länger »einsatzbereit« bleiben wollen.

Achten Sie auch auf Ihr eigenes Wohlbefinden, während Sie bei Ihren Kindern sind, auch wenn Sie sich dem dortigen Tagesablauf anpassen. Nehmen Sie Ihre eigenen Toilettenartikel und genug Kleidung mit, bequeme Nachtwäsche, Schuhe für draußen und Slipper. Wichtig ist ein bequemes Bett – ein Feldbett oder eine Matratze auf dem Boden ist nicht sehr komfortabel.

»Beobachten Sie und hören Sie zu, um sich mit den Gewohnheiten des Babys und der Babyausstattung vertraut zu machen.«

Beobachten Sie und hören Sie zu, um sich mit den Gewohnheiten des Babys und der vorhandenen Babyausstattung vertraut zu machen. Ich musste damals lernen, mit dem Sterilisiergerät umzugehen – ich schaute mehrmals zu, wie meine Tochter es machte, bevor ich wagte, das Gerät selbst zu bedienen. Dasselbe galt für die Einmalwindeln, die meine Kinder für meine Enkelin verwendeten. Es erforderte einige Versuche, bis ich sie richtig wickeln konnte; wieder lernte ich es, indem ich dabeistand und zuschaute.

Eine detaillierte Anleitung brauchte ich für den Einsatz des Babytragesitzes. Ich konnte ihn anlegen, hatte aber anfangs Schwierigkeiten, ihn abzunehmen. Inzwischen kann ich ihn mit einer Hand anlegen und abnehmen.

Baby-Flitterwochen

Flitterwochen – die Zeit, die Frischvermählte miteinander verbringen, um mit ihren neuen Rollen vertraut zu werden und eine lebenslange Beziehung zu gestalten – dieser Begriff passt auch auf die erste Zeit mit dem Baby.

Eine neue Familie
Das ist eine aufregende Zeit für junge Eltern; seien Sie nicht beleidigt, wenn sie alleine ihre Baby-Flitterwochen erleben wollen. Sie können bald viel Zeit mit Ihrem Enkel verbringen.

Baby-Flitterwochen beschreiben denselben Prozess zusammen mit dem Neugeborenen. Als einer meiner Söhne erklärte, dass er eine Woche lang mit seiner Frau und dem neuen Baby allein sein wolle, verspürte ich einen leichten Stich und fühlte mich ausgeschlossen. Aber nach kurzem Nachdenken war ich überzeugt. Es gibt keinen besseren Weg für Eltern, zu ihrem Baby eine Bindung aufzubauen, als sich gemeinsam einzuigeln und sich aufeinander zu konzentrieren. Am Ende dieser Woche sind aus dem Paar Eltern geworden und das Baby hat in sein neues Leben gefunden.

Ohne Besucher können sich Mama, Papa und Baby ganz auf sich und ihr neues gemeinsames Leben konzentrieren. Es wird keine Energie für Gäste vergeudet und die Mutter bekommt genügend Ruhe, damit das Stillen funktioniert.

Erinnern Sie sich ...?

Erinnern Sie sich, wie Sie Ihre eigenen Babys an Ihre Schulter gelegt, in Ihren Armen gewiegt oder auf Ihren Knien getätschelt haben? Sobald Sie das Baby im Arm halten, werden Ihnen diese Verhaltensweisen wieder gegenwärtig sein. Manche Großeltern sind allerdings etwas nervös, wenn sie das erste Mal wieder ein Baby halten; daher finden Sie hier einige Tipps, um Ihre Erinnerung aufzufrischen und wieder Selbstvertrauen zu gewinnen:

An der Schulter

Der Kopf Ihres Babys ruht an Ihrer Schulter. Stützen Sie immer seinen Kopf gut ab und tätscheln Sie mit Ihrer freien Hand sanft seinen Rücken. Babys lieben diese Haltung; sie hilft auch bei Blähungen.

Wiegengriff

Der Kopf Ihres Babys liegt in Ihrer Ellenbeuge, Ihre freie Hand stützt seinen Rücken. Wiegen Sie es sanft hin und her; Sie werden sich dabei rhythmisch von einem auf den anderen Fuß bewegen, genauso wie früher.

Auf dem Arm

Legen Sie das Baby mit dem Gesicht nach unten auf Ihren Unterarm, bewegen Sie es sachte und tätscheln Sie leicht seinen Rücken. Sie können das Baby auch beim Sitzen so auf Ihren Schoß legen. Setzen Sie sich hin, das Baby mit dem Gesicht nach unten auf Ihrem Schoß, und streicheln Sie wieder seinen Rücken. So lässt sich ein schreiendes oder an Koliken leidendes Baby beruhigen.

An der Schulter

Wiegengriff

Auf dem Arm liegend

»Denken Sie immer daran: Das beste Geschenk für jedes Enkelkind ist Zeit.«

»Ich sehe meine Enkelkinder zu selten«

Karen ist 58 und hat zwei kleine Enkelkinder. Leider sieht sie sie nicht so oft, wie sie es gerne hätte. Ihre Tochter und ihr Schwiegersohn waren von Anfang an sehr bestimmt im Hinblick auf Besuch: Nach der Geburt sagten sie jedem, dass sie keine Besucher haben wollten, um als Familie eine Beziehung aufzubauen. Karen bekam ihre Enkel zwei Wochen lang nicht zu sehen. Und auch seitdem kann sie nur auf Einladung zu Besuch kommen. Das ist Karen zu wenig und sie ist verärgert.

Ich habe eine Freundin, die dieselbe Situation erlebte; auch sie war beleidigt. Doch mit der Zeit erkannte sie, dass ihr Sohn und ihre Schwiegertochter ihr Leben auf ihre Weise führten und deshalb für sich bleiben wollten.

Meine Freundin beschloss, ihnen zu zeigen, dass sie eine »Oma auf Abruf« sein könnte; sie gab ihr Bestes, um freundlich zu sein und sie so anzunehmen, wie sie waren. Sie verkniff sich jegliche Kritik. Nach und nach wurde ihre Familie zugänglicher und sie sah sie öfter. Inzwischen kann sie sie, sofern sie sich ankündigt, mehr oder weniger so oft besuchen, wie sie mag.

Ich würde Karen dringend raten, geduldig zu sein. Es ist besser, die Enkel gelegentlich zu sehen, als sie gar nicht zu sehen. Wenn sie immer nur drängt, wird sie zum Schreckgespenst. Eltern haben das Recht, ihre Kinder so zu erziehen, wie sie wollen. Großeltern müssen das akzeptieren. Karen muss die Sache vom Standpunkt ihrer Kinder aus betrachten.

Auch wenn es schmerzlich ist: Sie muss die Bedingungen akzeptieren, die ihre Tochter und ihr Schwiegersohn schaffen. Sie hat keine Wahl, wenn sie ihr Enkelkind sehen will. Daher würde ich nicht auf mehr Einladungen drängen, sondern die anstehenden Besuche genießen. Karen sollte zeigen, dass sie eine Bereicherung sein kann, und Hilfsangebote machen. Vielleicht kann sie die Enkel manchmal übernehmen und Vater und Mutter einen freien Nachmittag ermöglichen? Ich rate Karen, die Sache langsam anzugehen. Dann profitiert hoffentlich jeder davon.

Karen sollte zeigen, dass sie eine Bereicherung sein kann, und Hilfe anbieten. Vielleicht kann sie die Enkel manchmal ausfahren, um der Mutter eine Pause zu ermöglichen.

3 Die Ernährung Ihres Enkelkindes

Vom Stillen oder Flaschegeben bis zur Beikost ist Babynahrung für viele Eltern ein kniffeliges Thema. Hier kann Ihre Erfahrung eine Hilfe sein.

Stillen ist am besten

Brust oder Flasche – das ist eine der ersten und wichtigsten Entscheidungen, die eine frischgebackene Mutter treffen muss. Sie hat das Recht auf ihre eigene Ansicht. Egal wie sie sich entscheidet – Ihre Rolle besteht darin, ihr und Ihrem Enkel das Leben in diesen ersten Wochen und Monaten zu erleichtern, damit es beiden gut geht.

Am besten für Mutter und Baby

Es steht außer Frage, dass Muttermilch dem Baby den besten Start ins Leben bietet. Das Stillen hat sehr viele Vorteile für Mutter und Baby. Wissenschaftler und Ärzte wissen heute viel mehr über die Bedeutung des Stillens und es werden heute auch mehr Babys gestillt als noch vor 20 Jahren.

Wenn Ihre Tochter überlegt, ob sie das Stillen aufgeben soll, weil es ihr nicht gelingt oder sie Schmerzen hat, könnte Ihre Unterstützung entscheidend sein und ihr die Kraft geben weiterzumachen. Es ist hilfreich, die neuesten Forschungen über die Bedeutung des Stillens zu kennen, damit Sie sie mit Überzeugung ermutigen können. Daher führe ich hier die wichtigsten Vorteile an.

Seien Sie jedoch achtsam – wenn Ihre Tochter lieber die Flasche gibt, dürfen Sie nicht ständig auf die Vorteile des Stillens hinweisen. Das oberste Prinzip der Großeltern sollte immer sein, Tochter oder Sohn zu stärken, egal wie sie sich entscheiden. Die allermeisten Babys gedeihen bei jeder Ernährung; daher sollte man niemals deswegen Unruhe stiften und sich gegen die Entscheidung der Kinder stellen

Stärken Sie sie
Bei manchen Müttern klappt das Stillen gleich reibungslos; es kann anfangs aber auch schwierig sein. Unterstützen Sie Ihre Tochter und tun Sie alles, um ihr in diesen ersten Tagen Selbstvertrauen zu geben.

Vorteile für das Baby

Perfekte Nahrung Muttermilch liefert genau die Nährstoffe, die das Baby in den ersten Lebensmonaten benötigt.
Stärkeres Immunsystem Muttermilch enthält Antikörper gegen jede Infektion, die die Mutter durchgemacht hat, und gibt diesen Schutz an das Baby weiter. Muttermilch enthält auch gesunde (probiotische) Bakterien, die das Immunsystem des Babys von der ersten Mahlzeit an gegen Infektionen stärken.
Bessere Umstellung auf Beikost Muttermilch enthält einen Wachstumsfaktor, der das Verdauungssystem des Babys auf die Beikost vorbereitet.
Gehirnnahrung Muttermilch enthält Omega-3-Fettsäuren, die wichtig sind für das schnell wachsende Gehirn und die Augen des Babys.
Besserer Schlaf Muttermilch enthält chemische Substanzen, die das Baby beruhigen und seinen Schlaf fördern.
Gesündere Essgewohnheiten Stillbabys werden seltener übergewichtig.
Langfristig bessere Gesundheit Studien zeigen, dass das Stillen das Risiko senkt, an Asthma, Allergien und kindlichem Diabetes zu erkranken, und das Risiko des plötzlichen Kindstods verringert.

Vorteile für die Mutter

Geringeres Krebsrisiko Wie die Forschung zeigt, bietet das Stillen einen Schutz vor Brust- und Eierstockkrebs.
Schnellere Gewichtsabnahme Stillen verbraucht 500 Kalorien am Tag zusätzlich. Dabei wird das Hormon Oxytozin ausgeschüttet, das die Rückbildung der Gebärmutter fördert. So gewinnt der Bauch schneller seine frühere Form wieder. Und im Gegensatz zur gängigen Meinung führt das Stillen nicht zu Hängebrüsten – sie sind eine Folge der Schwangerschaft.
Keine Mikrowelle erforderlich Die Milch ist immer trinkfertig.
Geringere Kosten Die Eltern sparen im Jahr etwa 500 € für Säuglingsmilch.
Bessere Bindung Beim Stillen bilden Mutter und Baby Oxytozin, auch »Liebeshormon« genannt; das vertieft die körperliche und emotionale Nähe.
Gesünderes Herz Studien zeigen, dass das Stillen das Herzinfarktrisiko der Mutter um ein Viertel senken kann.
Stärkere Knochen Das Risiko, an Osteoporose zu erkranken, liegt bei Frauen, die gestillt haben, um drei Viertel niedriger. Zwar geht beim Stillen etwas Knochenmasse verloren, der Körper ersetzt sie jedoch nach der Stillzeit durch neue, stärkere Knochen.
Langfristige Gesundheit Eine neue schwedische Studie ergab, dass bei Frauen, die bis zu zwölf Monate stillen, das Risiko einer rheumatoiden Arthritis um ein Viertel niedriger liegt.

Neues zum Thema Stillen

Wenn Sie Ihre Kinder gestillt haben, ist Ihnen das Thema vertraut; aber eine kleine Auffrischung schadet nicht. Wenn Sie sie mit der Flasche ernährt haben, was in den 1970er und 1980er Jahren oft der Fall war, helfen Ihnen bestimmt einige Informationen, wie Sie Ihre Tochter unterstützen können.

Manche Mütter erhalten nicht die nötige Hilfe

Vielen frischgebackenen Müttern fehlt die klare Anleitung zum erfolgreichen Stillen. Heutzutage beträgt der durchschnittliche Klinikaufenthalt nach der Entbindung nur noch drei Tage, nach einer ambulanten Geburt sind es nur wenige Stunden. Meiner Erfahrung nach benötigen Frauen aber mehrere Tage, bis sie das Stillen beherrschen. Nach einem so kurzen Klinikaufenthalt sind viele zu Hause unsicher, ob sie stillen können.

»Sie helfen Ihrer Tochter, wenn Sie sie ermuntern, in der ersten Zeit des Stillens auch mal die Füße hochzulegen und sich auszuruhen.«

Auch auf der Wöchnerinnenstation haben Hebammen und Schwestern wenig Zeit, die Mütter an das Stillen heranzuführen.

Manche frischgebackenen Mütter fühlen sich von anderen Müttern oder gar ihren Partnern unter Druck gesetzt. Viele Frauen entscheiden sich daher schon in der Schwangerschaft, nicht zu stillen. Bei Gesprächen in Vorbereitungskursen kann man den Eindruck gewinnen, dass viele Frauen die Flasche geben werden; das ist die einfachste Lösung. Es stimmt, dass manche Väter gegen

Erinnern Sie sich ...?

Falls Sie gestillt haben: Fanden Sie es schwierig, das Baby richtig anzulegen? Ich sehe immer wieder Mütter, deren Babys die Brust kaum berühren; da überrascht es nicht, dass das Baby nicht richtig saugt und keine Milch erhält. Und Sie wissen ja: Wenn die Brüste nicht häufig leer getrunken werden, stellen sie die Milchbildung schnell ein.

Wenn Ihre Tochter beim Anlegen Probleme hat, zeigen Sie ihr, wie es richtig geht. Die gesamte Brustwarze und der Warzenhof müssen im Mund des Babys sein. Dann werden die Brüste leer getrunken, indem das Baby seine Zunge gegen den Gaumen drückt. Sie können Ihrer Tochter auch zeigen, wie man während des Stillens den Milchfluss in Gang hält, indem man die Brust in Saugpausen vorsichtig eindrückt. Je mehr das Baby trinkt, umso mehr Milch wird gebildet.

das Stillen sind; für die Mutter ist das eine schwierige Situation. Wenn Ihre Tochter stillen möchte, tun Sie ihr einen großen Gefallen, wenn Sie sie darin unterstützen – auch wenn ihr Partner nicht dafür ist. Vielleicht können Sie ihn dazu bringen, ihre Denkweise zu verstehen?

Helfen Sie ihr auszuruhen

Unterstützen Sie Ihre Tochter auch dadurch, dass Sie sie ermuntern, sich Zeit zum Ausruhen zu nehmen. Die Versorgung des Babys ist sehr anstrengend; wenn Sie Haushaltspflichten übernehmen, wie Kaffee kochen oder Geschirr abwaschen, trägt das zu einer guten Milchbildung bei.

Damit sich das Stillen in der ersten Woche nach der Geburt einspielt, braucht die Mutter ein Baby, das oft und gerne trinkt, und ein bisschen Glück. Man sagt, dass weibliche Babys das Stillen schneller heraushaben als Jungen. Jungen brauchen manchmal mehr Geduld und mehr gutes Zureden. In diesen ersten Tagen müssen Babys oft gefüttert werden. Das ist eine gute Gelegenheit, Ihrer Tochter und Ihrem Enkel zu helfen, den entscheidenden Trick des richtigen Anlegens herauszufinden – natürlich nur, wenn sie Sie um Ihren Rat bittet.

Irreführendes Kolostrum

Bevor die reichhaltige Muttermilch etwa 72 Stunden nach der Geburt »einschießt«, bilden die Brüste Kolostrum, eine klare, gelbliche, dünne Flüssigkeit. Sie ist die ideale Nahrung für ein Neugeborenes und die erste Nahrung, die das Baby über den Mund aufnimmt. Wenn das wässrige Aussehen des Kolostrums ein Grund ist, warum Ihre Tochter meint, nicht richtig stillen zu können, überzeugen Sie sie von dessen nahrhaften Eigenschaften.

Ermöglichen Sie ihr Ruhe
Für eine junge Mutter ist es wichtig, dass sie in den ersten Wochen des Stillens so viel wie möglich ausruht. Wenn Sie im Haushalt helfen, kann sie sich entspannen.

Erinnern Sie sich an entzündete Brustwarzen?

Frauen haben heute mehr Glück als wir damals – Sie haben Zugang zu viel besserer Information übers Stillen und darüber, wie man Problemen wie entzündeten Brustwarzen vorbeugt.

Wenn sich die Brustwarzen Ihrer Tochter dennoch entzünden, sogar rissig werden, beruhigen Sie sie und schauen Sie, ob Sie helfen können. Brustwarzen entzünden sich, wenn man den Mund des Babys von der Brust wegzieht, wobei sich die Haut zu stark dehnt, oder wenn das Baby an der Brust nuckelt, ohne wirklich zu trinken. Sie erinnern sich wahrscheinlich, dass man im ersten Fall den luftdichten Verschluss zwischen Mund und Brust lösen muss, indem man den kleinen Finger in Babys Mundwinkel schiebt. Im zweiten Fall wird das Baby von der Brust genommen, sobald es nicht mehr richtig trinkt. Ein dritter Grund kann darin bestehen, dass das Baby nicht richtig angelegt ist; legen Sie Ihrer Tochter also taktvoll nahe, die Position zu überprüfen.

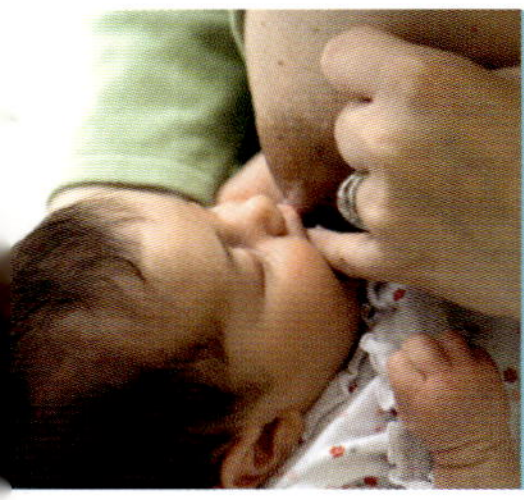

»Erinnern Sie sich daran, wie man den Verschluss zwischen Mund und Brust mit dem kleinen Finger löst?«

Angebot und Nachfrage

Vielleicht hat Ihre Tochter keine Probleme mit dem Stillen. Falls doch und falls Sie nicht versucht sind, ihren Stillplan zu kritisieren, nützt Ihnen vielleicht eine kleine Erinnerung daran, wie das Stillen funktioniert.

Der strenge Stillplan, der heutzutage teilweise beliebt ist, könnte mit dafür verantwortlich sein, dass Mütter das Stillen früh wieder aufgeben. Er kann Mütter tatsächlich zur Flaschenfütterung bringen. Stärken Sie Ihre Tochter, damit sie an sich und ihre Stillfähigkeit glaubt – und ihren Brüsten vertraut. Baby und Brüste bilden sozusagen ein Team – das Baby weiß, was das Beste für die Brüste ist.

Brüste bilden nur dann viel Milch, wenn das Baby oft gestillt wird. Die Milchbildung lässt sich daher erfolgreich aufbauen, wenn das Baby immer dann die Brust bekommt, wenn es hungrig ist – in der ersten Woche etwa alle ein bis zwei Stunden. Wenn die Milch länger in der Brust bleibt – drei bis vier Stunden –, bilden die Brüste keine weitere Milch. Daher behindert strenges Stillen nach der Uhr die Milchbildung ebenso, wie wenn man das Baby auf seine Mahlzeit warten lässt. Die Folge ist ein trauriger Kreislauf. Die Milch scheint einzutrocknen. Die Mutter befürchtet, sie habe nicht genug Milch, ihr Baby werde nicht satt und nehme nicht zu. So gibt sie schließlich das Stillen unnötigerweise auf und wechselt zu Flasche und Säuglingsnahrung.

Was Sie in den ersten Tagen tun können

Ein wirklich zufriedenes Baby ist ein Baby, das in den ersten Wochen nach Bedarf gestillt wird – immer dann, wenn es trinken will. Das ist für die Mutter anstrengend; doch ein Baby, das wenig schreit, leicht zur Ruhe findet und viel schläft, lohnt die Mühe. Aus diesem Grund wollen viele Mütter in den ersten drei Tagen möglichst ständigen Hautkontakt aufrechterhalten (Mutter und Baby liegen einander zugewandt), damit das Baby jederzeit trinken kann, selbst wenn die Mutter schläft! Das wird Ihnen nicht unbedingt behagen, doch solange Ihre Tochter vorsichtig und sich der Gefahren bewusst ist, befürworte ich es.

In Ruhe lassen
Sie machen einer jungen Mutter ein besonderes Geschenk, wenn Sie ihr entspannte Stillzeiten ermöglichen. Sie sollte nicht durch Anrufe oder Besucher gestört werden.

Den Blutzucker konstant halten

Schläft das Baby getrennt von der Mutter in seinem eigenen Bettchen, liegen zwischen den Stillzeiten meist zwei bis drei Stunden. Das ist für ein Baby eine lange Zeit; dabei kann der Blutzuckerspiegel weit absinken. Das Gehirn des Neugeborenen reagiert höchst sensibel auf den Blutzuckerwert. Fällt er ab, wird das Baby unruhig, weint viel, wacht häufig auf und lässt sich schwer beruhigen. Ein Säugling, der an der Brust trinkt – nicht aus der Flasche –, kann durch die in der Muttermilch enthaltenen Fette seinen Blutzuckerspiegel konstant halten. Daher sollte das Baby sehr häufig gestillt werden. Das geschieht automatisch, wenn das Baby an Mamas Bauch und Brust liegen darf und ganz nach Belieben trinken kann. Liegt das Baby allein in seinem Bettchen, kann es seinem natürlichen Bedürfnis nicht folgen und nur alle drei oder vier Stunden trinken, nachdem es die Eltern durch Schreien alarmiert hat oder wenn die Erwachsenen meinen, es sei nun Zeit zum Füttern.

Beim sogenannten Stillen nach Bedarf sollte unbedingt darauf geachtet werden, dass das Baby bereits bei den ersten frühen Hungerzeichen (wie z. B. Hände zum Mund führen, Saugbewegungen, Suchen) gestillt wird – nicht erst, wenn es schreit. Denn dann fühlt es sich durch den niedrigen Blutzucker bereits unwohl. In den ersten Tagen ist das Stillen ad libitum, also das ständig verfügbare Stillen, die mit Abstand beste Methode.

Für mich ist die Notwendigkeit eines konstanten Blutzuckerspiegels im Gehirn ein unwiderlegbares Argument gegenüber Befürwortern des Stillens nach einem festen Rhythmus.

»Sich in den ersten Tagen um Haushalt und Familie zu kümmern ist ein sinnvolles Geschenk von Ihnen; diese Hilfe wird Ihnen dauerhaft gedankt.«

Diese Form des Stillens ist für Ihre Tochter natürlich sehr anstrengend. Ihre Hilfe kann hier von unschätzbarem Wert sein – wenn sie darum bittet. Sie ist ans Sofa oder Bett gebunden und braucht Mahlzeiten und Fürsorge. Sich in den ersten Tagen um Haushalt und Familie zu kümmern ist ein sinnvolles Geschenk von Ihnen; diese Hilfe wird Ihnen dauerhaft gedankt.

Für Sie kann dies ebenfalls anstrengend sein; doch denken Sie daran, dass sich diese Gelegenheit zur Hilfe nur kurz bietet – Ihr Enkel wird sehr schnell heranwachsen. Vielleicht verleiht Ihnen dieser Gedanke zusätzliche Energie.

Ihre Tochter unterstützen

Wenn Ihre Tochter stillt, braucht sie alle verfügbare Hilfe und Unterstützung. Das Stillen ist so anstrengend, weil der Körper – und die Brüste im Besonderen – für die Milchbildung eine Menge Kalorien verbrauchen. Eine stillende Frau benötigt etwa 500 Kalorien am Tag zusätzlich, um diesen Bedarf zu decken.

Was Sie tun können

Die Milchbildung erfordert eine Menge Wasser, daher besteht die Gefahr der Dehydrierung. Die Mutter verliert Flüssigkeit, um ihr Baby zu ernähren, und muss daher viel trinken. Stellen Sie ihr beim Stillen große Gläser mit Wasser bereit, damit sie ihren Durst stillen kann.

Neben der körperlichen Beanspruchung belastet zusätzlich der Schlafmangel, der durch das nächtliche Stillen und das Aufstehen zum Wickeln und Beruhigen des Babys entsteht. Bei dieser Belastung kann eine stillende Frau in wenigen Wochen völlig erschöpft sein. Ich erinnere mich gut an eine meiner Töchter. Sie stillte Zwillingsmädchen und war bald kreidebleich und apathisch vor Müdigkeit. Als die Zwillinge acht Wochen alt waren, flehte ich sie aus Angst um ihre Gesundheit an abzustillen. Manchmal muss das Wohlergehen der Mutter zum Nutzen der ganzen Familie an erster Stelle stehen.

Tatkräftige Unterstützung

Nehmen Sie Ihrer Tochter und Ihrem Sohn Aufgaben ab, die körperlich anstrengend sind. Dazu gehören viele normale Tätigkeiten im Haushalt. Es unterscheidet sich damit kaum von dem, was Sie bei sich zu Hause erledigen. Besprechen

Sie sich zuerst mit Ihrer Tochter und Ihrem Sohn, um herauszufinden, was für sie am hilfreichsten wäre. Dazu gehören folgende Aufgaben:

- Die Spülmaschine ein- und ausräumen und alles wegstellen.
- Die Wäsche sortieren und ein paar Trommeln waschen.
- Die Wäsche aufhängen und wieder abnehmen.
- Die trockene Wäsche sortieren, evtl. bügeln und wegräumen.
- Immer wieder Kaffee oder Tee kochen.
- Einfache Mahlzeiten zubereiten.
- Aufräumen, Staub wischen, Staub saugen.
- Eine Einkaufsliste schreiben und einkaufen.
- Das Baby baden.
- Das Baby mit abgepumpter Milch füttern.

»Sie sind eine enorme Hilfe als fester Fels in der Brandung, unerschütterlich, geduldig und einfühlsam. Sie haben das alles schon erlebt und wissen, wie es ist.«

Emotionale Unterstützung

Sehr wenige Mütter erleben die ersten Monate ohne ein paar Tränen (den Babyblues) und emotionale Höhen und Tiefen. Das kann verunsichern und aufwühlen.

Sie können eine enorme Hilfe sein als fester Fels in der Brandung, unerschütterlich, geduldig und einfühlsam. Schließlich haben Sie das alles schon erlebt und können ehrlich sagen, dass Sie verstehen, was Ihre Tochter und Ihr Sohn empfinden und durchleben.

Erinnern Sie sich daran, wie nervös Sie bei Ihrem ersten Baby waren. Sie wünschten sich Lob, Anerkennung, Sicherheit und Ermutigung. Jetzt sind Sie in der Lage, der nächsten Generation diese Unterstützung zu bieten.

Es wird beiden Eltern sehr gut tun, wenn Sie sie immer wieder einmal loben. Und es gibt immer etwas, das Ihren Beifall verdient. Ihre Rolle besteht primär darin, die beiden in ihrem Handeln zu stärken. Ermutigende Worte könnten sein:

- Ich glaube, ihr seid liebevolle Eltern.
- Ich finde, ihr beide macht einen tollen Job.
- Du bist eine wirklich liebevolle Mutter/ein liebevoller Vater.
- Ich wünschte, ich hätte das bei meinem Baby/meinen Babys so gemacht.
- Das ist eine wirklich gute Idee.
- Das funktioniert ziemlich gut, nicht wahr?
- Ich mag die Art, wie du …
- Mehr Mütter/Väter sollten so sein wie du.
- Was für ein Glück hat dieses Baby, dich als Mutter/Vater zu haben.

Helfen Sie, wo Sie können
Jede Hilfe ist in den ersten Tagen willkommen. Kochen Sie Kaffee für Besucher, kümmern Sie sich um ältere Geschwister und räumen Sie die Spülmaschine aus – was immer ansteht.

Soziale Unterstützung

Es wird Ihnen viel Freude machen, mit Ihrem Enkelkind spazieren zu gehen. Schlagen Sie den Eltern vor, dass Sie mit dem Baby ausgehen und ihnen die Verantwortung abnehmen, damit sie etwas Zeit für sich haben.

Sie ermöglichen den Eltern wertvolle Auszeiten, wenn Sie anbieten, abends babyzusitten und das Baby auch zu füttern, damit die beiden ausgehen und einen Abend als Paar verbringen können. Ihre Tochter kann dazu Milch abpumpen.

»Das Füttern mit einem Fläschchen abgepumpter Milch lässt Oma oder Papa eine besondere Nähe erleben.«

Ihre Tochter freut sich vielleicht auch über ein wenig moralische und praktische Unterstützung, wenn die Hebamme kommt oder wenn sie mit dem Baby zum Kinderarzt geht; bieten Sie ihr an, dabei zu sein bzw. sie zu begleiten.

Ihren Sohn unterstützen

Ihr Sohn fühlt sich in den ersten Tagen nach der Geburt vielleicht ein wenig ausgeschlossen. Alle – auch Sie – konzentrieren sich auf das Baby und die Mutter. Hier bietet sich die ideale Möglichkeit, Ihren Sohn zu unterstützen, womit Sie indirekt auch Ihrer Tochter helfen.

Wenn Ihre Tochter sich ausruht, können Sie und Ihr Sohn gemeinsam vieles erledigen. Dabei bietet sich eine gute Gelegenheit zum Reden. Vielleicht öffnet er sich, spricht über seine Gefühle als Vater und über seine Unsicherheiten.

Versichern Sie ihm, welch guter Vater und Partner er ist. Fragen Sie, wie Sie ihm am besten helfen können. Wenn er Vertrauen gefasst hat, wird er Ihnen dabei eher freie Hand lassen.

Sie unterstützen Ihre stillende Tochter, wenn Sie dem jungen Vater ihre neue Rolle als Mutter und die damit verbundenen Veränderungen und Belastungen deutlich machen. Studien zeigen, dass ein unterstützender Partner der Schlüsselfaktor für langes Stillen ist. Helfen Sie ihm zu verstehen, dass er auf vielfältige Weise einbezogen sein kann, auch indem er das Baby gelegentlich mit abgepumpter Milch füttert. Ermutigen Sie ihn, indem Sie ihn stärken und immer wieder loben.

Fläschchen geben
Machen Sie sich keine Sorgen, wenn Ihre Tochter dem Baby die Flasche gibt. Ihr Enkel wird dennoch gedeihen. Gelegentlich können Sie ihn auch selbst füttern.

Wenn es die Flasche bekommt …

Muttermilch ist wichtig für Ihr Enkelkind, aber sie ist nicht so wichtig wie die Liebe der Mutter. Wenn Ihre Tochter sich für die Flasche entscheidet, tun Sie alles, um sie zu unterstützen, damit sie keine Schuldgefühle hat. Helfen Sie ihr sicherzustellen, dass das Baby dieselbe Aufmerksamkeit und Nähe erfährt, wie es beim Stillen der Fall wäre.

Den Vater einbeziehen

Ein Vorteil der Flaschenernährung ist, dass sich der Vater gleichberechtigt an den Mahlzeiten beteiligen kann. Gut ist es, wenn er das Baby nach der Geburt so bald wie möglich füttert. Auf diese Weise erlernt er die Technik und wird sicher im Umgang mit seinem Baby. Je früher er die verschiedenen Aufgaben der Babypflege lernt, umso besser ist es. Er kann den Bindungsprozess weiter unterstützen, indem er beim Füttern sein Hemd öffnet, damit sich das Baby an seine Haut kuscheln und mit seinem Geruch vertraut werden kann. Es ist hilfreich, wenn Sie als Großeltern das wissen und ihn dazu ermutigen.

Auch für Großeltern hat es Vorteile, wenn das Enkelkind die Flasche bekommt – Sie können einige Mahlzeiten übernehmen und diese wunderbare Nähe selbst erleben. Sie können mit dem Baby Ausflüge unternehmen, ohne zu den Mahlzeiten wieder zu Hause sein zu müssen.

Die Flaschenernährung verändert sich

Die meisten Babys bekommen irgendwann die Flasche – wenn nicht sofort, dann oft nach dem Abstillen oder zusätzlich zum Stillen. Vielleicht meinen Sie, bereits alles über Flaschennahrung zu wissen. Doch es ist nicht mehr so wie zu Ihrer Zeit. Ständig kommen neue Nahrungen, Flaschen und Sauger auf den Markt, um die Flaschenernährung zu erleichtern und dem Stillen so weit wie möglich anzugleichen.

Auch Hygienevorschriften haben sich geändert. Bei meinen Babys habe ich immer einen Vorrat für 24 Stunden zubereitet. Heute wird das kritisch gesehen. Wir bereiten jeweils nur ein Fläschchen zu, und zwar direkt in der Flasche.

Besprechen Sie mit Ihrer Tochter und Ihrem Sohn, wie die Flaschen zubereitet werden sollen, und befolgen Sie ihre Anweisungen genau. Üben Sie die Zubereitung der Fläschchen, damit Sie Routine haben, wenn Sie babysitten.

Genauso wie beim Stillen ist es entscheidend wichtig, den Blutzuckerwert des Babys konstant zu halten. Fällt er ab, schreit das Baby und ist unruhig (s. S. 49).

Flaschen und Sauger

Es gibt heute ein großes Angebot an Flaschen und Saugern; Ihre Tochter und Ihr Sohn werden ausprobieren, welche Produkte für ihr Baby am besten sind. Es gibt sogar Einmalflaschen, die auf Reisen sehr praktisch sind oder wenn das Baby für einen Nachmittag bei Ihnen zu Hause ist. Einmalflaschen sind bereits sterilisiert und haben Sauger und Deckel; Sie müssen nur noch Flaschennahrung einfüllen.

Fertigmilch

Auch sie ist praktisch für Großeltern. Die Fertigmilch wird direkt aus der Packung in eine sterile Flasche gefüllt. Das ist eine gute Alternative, wenn Sie mit Ihrem Enkel unterwegs sind oder es bei sich zu Hause betreuen.

Ausstattung zum Sterilisieren

Sie wissen sicher noch, wie wichtig es ist, das Zubehör zur Nahrungszubereitung sorgfältig zu reinigen, um das Baby vor einer Infektion zu schützen. Es genügt nicht, die Teile zu spülen – sie müssen auch sterilisiert werden. Dazu gibt es mehrere Methoden, wie Auskochen, Kaltwasser- oder Dampfsterilisation. Lassen Sie sich von Ihrer Tochter zeigen, wie man die Methode, für die sie sich entschieden hat, anwendet; hier finden Sie einige zusätzliche Informationen.

»Wenn Ihr Enkel die Flasche bekommt, besprechen Sie mit Ihrer Tochter und Ihrem Sohn, wie die Flaschen zubereitet werden, und befolgen Sie die Anweisungen genau.«

Bei der Kaltwassermethode bleiben die Flaschen bis zum Gebrauch in der Lösung. Vor Gebrauch schütten Sie die Reste der Lösung aus Flasche und Sauger oder spülen sie mit abgekochtem und abgekühltem Wasser aus. Bei einem Dampfsterilisierer sollte das Zubehör vor Gebrauch nochmals sterilisiert werden, wenn Sie es nicht unmittelbar nach dem Sterilisieren verwendet haben.

Das Zubehör kann auch unter Verwendung eines speziellen Zusatzgerätes in der Mikrowelle sterilisiert werden, sofern die Teile mikrowellengeeignet sind. Sobald das Baby auf dem Fußboden spielt, können Sie allmählich auf das Sterilisieren verzichten; Flaschen und Zubehör werden dann gründlich gereinigt und anschließend in der Spülmaschine abgewaschen.

Flaschen zubereiten

Falls Sie auch einmal Fläschchen zubereiten, sollten Sie mit der Zubereitungsmethode vertraut sein. Man empfiehlt heute, jeweils nur eine Flasche zuzubereiten. Bakterien vermehren sich rasch und die Zubereitung auf Vorrat erhöht das Infektionsrisiko.

Sie werden sich daran erinnern, wie wichtig es ist, sich die Hände zu waschen und zu kontrollieren, ob alles sauber ist. Vielleicht verwendet Ihre Tochter einen Desinfektionsspray für Hände und Arbeitsflächen, damit alles keimfrei ist.

- Kontrollieren Sie die Arbeitsflächen und waschen Sie Ihre Hände.
- Bereiten Sie jeweils eine Flasche zu – keine Zubereitung auf Vorrat.
- Kochen Sie das Wasser ab und lassen Sie es auf 70 °C abkühlen.
- Die richtige Menge Wasser und entsprechend Milchpulver in die Flasche geben.
- Das Fläschchen schütteln und unter fließendem Wasser abkühlen. Ein Tropfen auf Ihrem Handgelenk darf sich weder heiß noch kalt anfühlen.

Die Flasche geben – wissen Sie noch, wie Sie es gemacht haben?

Es mag eine Weile her sein, seit Sie einem Baby die Flasche gegeben haben, aber es wird Ihnen schnell wieder geläufig sein. Hier ein paar Gedächtnisstützen:

- Halten Sie das Baby mit leicht erhöhtem Kopf, damit es ungehindert atmen und schlucken kann und keine Erstickungsgefahr besteht.
- Schieben Sie den Sauger nicht zu weit nach hinten in seinen Mund. Wenn es trinkt, halten Sie die Flasche so, dass der Sauger frei von Luft ist.
- Wenn Ihr Enkelkind weiter saugen will, obwohl die Flasche leer ist, schieben Sie vorsichtig Ihren kleinen Finger in seinen Mundwinkel, damit es loslässt.

Milchpulver genau abmessen

Temperatur kontrollieren

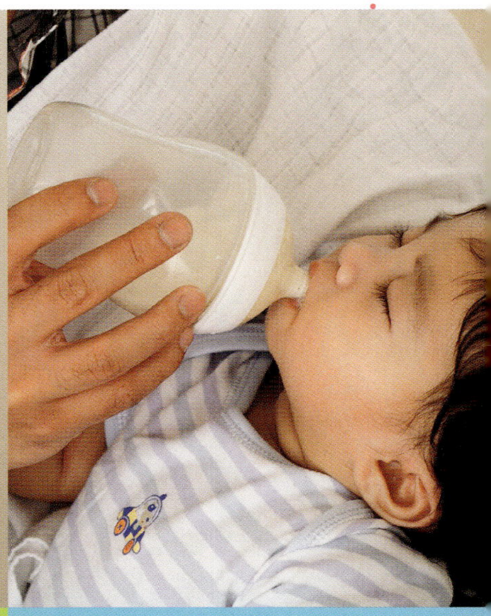

Sauger in den Mund schieben

Beikost einführen

Die Empfehlungen zur Einführung von Beikost ändern sich im Laufe der Jahre immer wieder. Die Weltgesundheitsorganisation empfiehlt, Beikost ab sechs Monaten zu geben; manche Fachleute für Kinderernährung halten die Gabe ab einem Alter zwischen vier und sechs Monaten für vertretbar.

Die neuesten Empfehlungen kennen

Die Diskussionen um die Einführung von Beikost dauern an, doch letztlich kommt es auf den gesunden Menschenverstand an, wenn Sie es mit einem hungrigen Baby zu tun haben. Es gibt zahlreiche widersprüchliche Ratschläge. Einerseits heißt es, sechs Monate seien das richtige Alter für Beikost; doch wenn Sie im Supermarkt auf die Gläschen schauen, finden Sie Altersangaben ab vier Monaten. Was stimmt? Einigkeit besteht nur darüber, dass man Babys unter vier Monaten keine Beikost geben sollte.

Die Entscheidung, wann zugefüttert wird, liegt auch hier bei Ihrer Tochter und Ihrem Sohn. Es ist jedoch wichtig, dass Sie die aktuellen Empfehlungen kennen, damit Sie nicht auf eine zu frühe Beikostgabe drängen. Das Verdauungssystem eines Babys ist vor dem vierten Lebensmonat nicht genug ausgereift, um feste Nahrung zu verdauen. Das Baby bekäme Bauchschmerzen und die Nahrungsmittel würden nicht verwertet. Nach den Richtlinien deutscher Fachgesellschaften sollten Babys mindestens bis zum Beginn des fünften Lebensmonats ausschließlich gestillt werden oder vom ersten bis zum fünften (maximal siebten) Monat Säuglingsnahrung erhalten. Ab dem fünften bis siebten Monat wird der erste Brei eingeführt. Dazu bekommt das Baby weiter Muttermilch und/oder Flaschennahrung.

Fröhliches Essen
Sobald Ihr Enkelkind Beikost erhält, helfen Sie sicher gern beim Füttern; das macht Ihnen beiden Spaß.

Möglichkeiten zur Einführung von Beikost

Ihre Aufgabe besteht darin, Ihre Kinder in ihrer Entscheidung zu unterstützen. Dabei gibt es verschiedene gleichwertige Möglichkeiten.

Pürieren oder nicht pürieren? Einzelne Nahrungsmittel oder gemischt? Die Einführung von Beikost bereitet immer wieder Kopfzerbrechen und auch Sorgen. Neue Forschungen haben gezeigt, dass viele Mütter deswegen verunsichert sind.

So meinen z. B. nicht wenige Mütter, dass grünes Blattgemüse und Hähnchenfleisch ungeeignet seien, wo sie doch eine ideale Beikost für etwa sieben Monate alte Babys sind. Solche falschen Vorstellungen können dazu führen, dass Mütter ihrem Baby keine ausgewogene Kost geben. Babys müssen im ersten Lebensjahr eine große Auswahl an verschiedenen Nahrungsmitteln bekommen, damit sie alle notwendigen Nährstoffe erhalten und keine heiklen Esser werden. Das Ziel der Beikost besteht darin, das Baby an die Familienkost heranzuführen; daher ist Kartoffelbrei mit Fleischsaft gut geeignet, ebenso wie die Suppen und Nachtische der Familie – solange sie weder Salz noch Zucker enthalten.

Ich bin ein großer Anhänger der heute populär werdenden babygeleiteten Einführung von Beikost. Das bedeutet, dass man Babys »Fingerfood« gibt und sie selbst essen lässt. Dabei entscheidet das Baby, was es isst und wann es satt ist – statt von der Mutter mit dem Löffel gefüttert zu werden.

Wie Forschungen zeigen, sind Babys, die auf diese Weise entwöhnt werden, selten übergewichtig oder wählerisch und leiden später seltener an Essstörungen wie Magersucht. Das Baby kann so auch früh bei den Familienmahlzeiten mitessen.

Wann Beikost einführen?

Die Entscheidung liegt bei Ihrer Tochter; empfohlen wird das Alter zwischen vier und sechs Monaten. Hinweise auf die Bereitschaft des Babys für feste Kost sind:

- Es kann frei sitzen.
- Es greift nach Gegenständen und steckt sie in den Mund.
- Es zeigt großes Interesse an fester Nahrung.

Sagen Sie nein:

Bei der Zubereitung von Speisen für Ihr Enkelkind verzichten Sie auf:

Salz Salzen Sie niemals die Speisen für Ihren kleinen Enkel, da seine Nieren das Salz nicht verarbeiten können.

Zucker Süßen Sie Speisen und Getränke für Babys unter zwei Jahren nicht. Das fördert die Vorliebe für Süßes und kann beim Zahndurchbruch Karies verursachen.

Was für Babys gesund ist

Seit unserer Zeit haben sich die Empfehlungen für gesunde Babykost stark verändert. Salz und Zucker sollten dem Essen für Kinder von der Beikost bis möglichst ins Grundschulalter nicht beigegeben werden. Das hat gute Gründe, also versuchen Sie nie, gegen die Wünsche Ihrer Tochter zu handeln. Sie würden Ihrem Enkelkind keinen Gefallen tun.

Wasser ist am besten

Manche gesunden Nahrungsmittel wie reine Fruchtsäfte enthalten viel Zucker. Verdünnen Sie Saft im ersten Jahr immer im Verhältnis eins zu vier mit Wasser, später im Verhältnis eins zu zwei. Am gesündesten ist es, wenn das Baby als Durststiller nur Wasser bekommt. Hat es sich daran gewöhnt, kann Wasser bis zum fünften Lebensjahr das Standardgetränk sein; zuckerhaltige Limonaden sollte es nicht bekommen. Die Regel »Kein Zucker, kein Salz« gilt nicht nur für Babys, sondern sollte auch bei Kleinkindern befolgt werden. Bitte geben Sie Ihrem Enkel also keine Süßigkeiten als Belohnung oder zum Naschen.

Mehr Obst und Gemüse

Für jede Altersgruppe wird empfohlen, täglich fünf Portionen Obst und Gemüse zu essen – auch für Babys in der Beikostphase. Fünf Portionen am Tag erscheinen mir eher wenig; Babys können problemlos mehr davon essen, wenn ihnen bei jeder Mahlzeit Obst und Gemüse angeboten werden.

Der Gemüsebrei, den das Baby als erste Beikost bekommt, bietet hier einen guten Anfang. Meist besteht er zunächst aus Karottenmus, dann wird er mit Kartoffel kombiniert und bald schon können verschiedene milde Gemüsesorten dazu verwendet werden.

Speisen zubereiten
Helfen Sie Ihrer Tochter, indem Sie den Mittagsbrei für das Baby zubereiten. Sie freut sich auch, wenn Sie Gemüse- und Obstbrei auf Vorrat einfrieren, den sie dann jederzeit griffbereit hat.

Mir gefällt die moderne Methode, größere Mengen Obst- oder Gemüsebrei zuzubereiten und in Eiswürfeltabletts einzufrieren, sehr gut. Die gefrorenen Würfel können aufgetaut und in wenigen Minuten serviert werden. Zunächst reicht ein Würfel für eine Portion aus. Sie sind Ihrer Tochter eine echte Hilfe, wenn Sie solchen Obst- und Gemüsebrei auf Vorrat kochen und einfrieren, damit sie immer etwas vorrätig hat.

Mit sieben, acht Monaten muss die Babykost auch viel Eiweiß enthalten, da das Baby nun schnell wächst. Eier, Hähnchen und Fisch sind gut geeignet, ebenso rotes Fleisch – Babys benötigen Eisen. Bald müssen Fleisch und Fisch nicht mehr püriert werden. Babys sind neugierig auf neue Konsistenzen, sie kauen die Stückchen und nehmen bewusst den Geschmack wahr. Auch wenn Ihr Enkelkind die Fleischfasern ausspuckt, erhält es Nährstoffe aus dem Fleischsaft.

»Babys kauen kleine Stückchen Fisch, Hähnchen und Fleisch und nehmen bewusst den Geschmack wahr.«

Gesundes Essverhalten früh fördern

Der Appetit auf gesundes Essen beginnt schon in der Gebärmutter. Ihre Tochter kann früh beginnen, ein gutes Essverhalten zu fördern – schon wenn ihr Baby in ihr heranwächst. Das Aroma der Nahrungsmittel, die sie isst, gelangt über die Plazenta ins Fruchtwasser, das das Baby umgibt. Das Ungeborene nimmt kleine Schlucke der Flüssigkeit zu sich und findet so Geschmack an den Speisen, die seine Mutter isst! Das Baby wird diese gesunden Nahrungsmittel mögen, wenn es sie später als Beikost erhält. Viele Forschungen bestätigen diese Erkenntnisse.

Ihre Tochter kann die Vorliebe ihres Babys für gesunde Kost auch beim Stillen fördern. Wenn sie selbst Gesundes isst, gelangen diese Aromen in ihre Milch und ihr Baby wird sie mögen. Babys mögen alles, was in der Muttermilch ist. Wenn es also die Nahrungsmittel, die es über die Muttermilch bereits »probiert« hat, als Beikost bekommt, isst es diese ebenfalls gerne.

Zuerst Grünes essen

Sobald das Baby verschiedene Nahrungsmittel isst, gibt man ihm am besten zuerst – wenn es richtig hungrig ist – das Gemüse und danach eiweiß- und stärkehaltige Speisen. Obst kann als Abschluss gegeben werden, z. B. als Fruchtspeise.

Ich hatte Müttern immer empfohlen, ein neues Nahrungsmittel, das ein Baby verweigerte, drei Tage lang weiter anzubieten und erst dann etwas anderes zu geben. Dr. Andrea Mayer, die für ein Institut für Ernährungsforschung in der Schweiz arbeitet, fand nun heraus, dass Babys eine Speise oft erst am elften oder zwölften Tag akzeptieren. Daher lohnt es sich, bei wirklich nährstoffreichen Nahrungsmitteln wie Brokkoli so lange hartnäckig zu sein.

Lecker!
Das Baby darf ruhig selbst essen, sobald es dazu in der Lage ist. Das macht ihm Spaß und fördert seine Handgeschicklichkeit. Aber lassen Sie es nie mit Nahrungsmitteln allein – es könnte sich verschlucken.

Was gibt es Neues zum Thema Allergien?

Moderne Mütter sorgen sich sehr wegen Allergien; daher sollten Sie die neuesten Richtlinien zu möglichen Allergieauslösern kennen. Es besteht weltweit Einigkeit, dass man Nahrungsmittel, die Allergien auslösen können, erst nach dem sechsten Monat und einzeln in sehr kleinen Mengen anbieten sollte. Dazu gehören Eier, Kuhmilch und Weizen (und andere Getreidesorten mit Gluten, wie

Gerste und Hafer). Am Ende des ersten Lebensjahres sollte Ihr Enkelkind alle potenziell allergieauslösenden Nahrungsmittel einmal gegessen haben. Es hat sich gezeigt, dass die Wahrscheinlichkeit einer Allergie geringer ist, wenn die Nahrungsmittel vor dem Ende des ersten Lebensjahres eingeführt werden.

Was ist mit Erdnüssen?

Vor zehn Jahren war eine Erdnussallergie sehr selten; im letzten Jahrzehnt haben sich die Fälle verdreifacht. Die Spezialistin für Säuglingsallergien Dr. Carina Venter von der Universität von Portsmouth meint, dass für schwangere Frauen aus Nicht-Allergiker-Familien keine Notwendigkeit besteht, auf Erdnüsse zu verzichten. Kommt in der Familie jedoch eine Erdnussallergie vor, ist es besser, Erdnüsse und erdnusshaltige Produkte zu meiden.

Interessanterweise ist eine Erdnussallergie in afrikanischen Ländern praktisch unbekannt, wo Erdnüsse mit als erste Beikost gegeben werden. Es ist möglich, dass eine verzögerte Gabe die Allergie sogar begünstigt.

»Keine Aufgabe sollte Ihnen zu banal sein, wenn Sie zur Familie gehören wollen. Schauen Sie, welche einfachen Pflichten anstehen, und erledigen Sie diese gerne.«

Praktische Dinge, die Sie erledigen können

Eine gute Hilfe sind Sie, wenn Sie der Mutter in der Küche zur Hand gehen. Dabei müssen Sie natürlich immer fragen, was Sie am besten tun können. Fragen Sie einfach: »Kann ich dir dabei helfen?« Oder: »Wie kann ich euch am besten helfen?«

Vielleicht lautet die Antwort: »Du wärst ein Engel, wenn du dich um die Wäsche kümmern würdest.« Oder: »Könntest du Tomaten und Zwiebeln für die Nudelsauce schneiden? Und es wäre toll, wenn du die Sauce kochen und in Tiefkühlbehälter füllen könntest.« Keine Aufgabe sollte Ihnen zu banal sein, wenn Sie zur Familie gehören wollen. Schauen Sie, welche »einfachen« Pflichten anstehen, und erledigen Sie diese gerne.

Jede Kleinigkeit ist für eine Mutter mit Baby oder kleinen Kindern eine Entlastung. Abends können Sie kochen oder eine Fertigmahlzeit besorgen. Sie sind eine tolle Oma, wenn Sie den Eltern eine Auszeit bei einer Tasse Tee ermöglichen oder mit dem Baby spielen, während Ihre Tochter ihre E-Mails checkt oder ein Nickerchen macht.

Lassen Sie sich dabei auf die Familienregeln ein. Viele Eltern machen sich heute mehr Gedanken darüber, was ihr Kind isst, als wo und wann es isst. Großeltern sind damit nicht immer einverstanden. In diesem Fall rate ich Ihnen, der Versuchung zum Einmischen zu widerstehen und sich auf die Essgewohnheiten der Familie einzulassen. Keinem Kind schadet eine unbeschwerte Atmosphäre beim Essen.

Sich vom Baby leiten lassen

Heute gibt es die Methode der »babygeleiteten Beikosteinführung«. Dabei wird Kindern eine Auswahl an gesunden Nahrungsmitteln bereitgestellt und sie können selbst entscheiden, was sie essen und wie viel. Diese Methode fördert das Selbstwertgefühl des Babys, und keine Sorge – es wird auch genug essen.

Das Selberessen unterstützen

Mit sechs Monaten ist Ihr Enkelkind weit genug entwickelt, um selbst zu essen. Es kann Nahrung greifen, in den Mund stecken und kauen.

Bei der babygeleiteten Beikosteinführung wird das Baby, sobald es Speisen greifen und halten kann, zum Selberessen angeleitet. Dem liegt der Gedanke zugrunde, dass ein Kind besser isst, wenn es selbstbestimmt essen darf. Es hört auf zu essen, sobald es satt ist; wenn die Mutter es mit dem Löffel füttert, droht eher die Gefahr der Überfütterung.

»Sobald das Baby Nahrung greifen und halten kann, wird es zum Selberessen angeleitet.«

Was hinter babygeleitetem Entwöhnen steht

Als Großeltern bereitet Ihnen diese Vorstellung vielleicht Sorgen, doch ich bin aus zwei Gründen – medizinisch und sozial – eine eifrige Verfechterin dieser Methode: Das babygeleitete Entwöhnen wirkt kindlichem Übergewicht entgegen und es beugt schwierigem Essverhalten vor.

Babys, die ab dem sechsten Monat selbst essen dürfen, essen nur so viel, bis sie satt sind. Ein mit dem Löffel gefüttertes Baby bekommt oft mehr, als es will oder braucht, weil die Erwachsenen meinen, es müsse alles aufessen.

Wenn Babys die Lebensmittel selbst auswählen, probieren sie eher Neues und essen Gesundes. Dann gibt es auch später keine Probleme mit Gemüse und Obst.

Es ist gut für Ihr Enkelkind

Ein sechs Monate altes Baby braucht keine fein pürierten Speisen. Es besitzt bereits alle Voraussetzungen, um sich von Fleisch-, Fisch-, Käse-, Obst- und Gemüsestückchen zu ernähren. Zuerst lutscht es daran, dann »zermalmt« es sie, und wenn die ersten Zähne kommen, kaut es sie.

Die Löffelfütterung ist für die meisten sechs Monate alten Babys überflüssig. Für ein Baby, das bislang an Brust oder Flasche gesaugt hat, ist es schwer, vom Löffel zu essen. Beim Saugen gelangt die Milch in den hinteren Bereich des Mundes. Beikost wird am besten im vorderen Mundbereich gekaut; dies geschieht nur, wenn das Baby selbst isst.

Eines der stärksten Argumente für das babygeleitete Entwöhnen ist, dass das Essen dem Baby Spaß macht, ihm Erfolgserlebnisse verschafft und sein Selbstwertgefühl stärkt. Füttern mit dem Löffel wirkt hier eher entwicklungshemmend.

Ist Ihr Baby bereit zum Selberessen?

Achten Sie mit Ihrer Tochter auf folgende Anzeichen, mit denen Ihr Baby zeigt, dass es reif genug ist, um selbst zu essen. Sie wissen sicher noch, dass man das Baby beim Essen nie allein lassen darf, weil es sich verschlucken kann.

- Es sitzt frei im Hochstuhl.
- Es hält Spielsachen fest und steckt sie in den Mund.
- Es nimmt Nahrungsmittel auf und schiebt sie in den Mund.
- Es kaut auf Fingern und Gegenständen.
- Es zeigt großes Interesse an Speisen.

Ein sechs Monate altes Baby ist weit genug entwickelt zum Selberessen. Achten Sie auf:

- Gute Hand-Augen-Koordination.
- Erstes Greifen: Es kann Speisen nehmen und festhalten.
- Entschiedenheit, alles in den Mund zu stecken – warum nicht gesundes Essen?

Was Ihrem Enkel guttut

Die Menschheit existierte bereits lange Zeit, bevor wir wussten, warum manche Nahrungsmittel gesünder sind als andere. Auch ohne die gesündeste Kost erreichen viele Menschen ein biblisches Alter. Ich überlebte die mageren Kriegsjahre, von denen es heißt, dass wir uns damals gesünder ernährten als viele Menschen heutzutage. Der Mangel tat uns gut; wir mussten auf Nahrungsmittel achten, die wirklich nährstoffreich waren.

Bewusster

Viele Eltern sind heute beinahe zwanghaft bemüht, ihren Kindern einfache und nährstoffreiche Kost zu geben, möglichst selbstgekocht und ohne Salz, Zucker und Fett. Moderne Mütter und Väter wissen, was in den verschiedenen Nahrungsmitteln enthalten ist, warum sie für Babys gesund sind und warum Kinder im Wachstum bestimmte Lebensmittel jeden Tag essen sollten.

»Moderne Eltern sind beim Essen experimentierfreudiger, als wir es waren. Sie sind offen für exotisches Obst und Gemüse, das wichtige Nährstoffe liefert.«

Experimentierfreudiger

Die jüngere Generation ist im Hinblick auf Nahrungsmittel auch experimentierfreudiger, als wir es waren. Wir haben für die Beikost unserer Babys Gemüse zerdrückt oder püriert, uns auf Wurzelgemüse wie Karotten, Kartoffeln und Pastinaken und auf Obstsorten wie Äpfel, Birnen und Bananen beschränkt – sicher alle gut und gesund, aber auf die Dauer langweilig.

Moderne Eltern sind offener und wählen auch exotische Früchte und Gemüse – und das aus gutem Grund: Sie liefern viele Nährstoffe, die in den gewohnten Sorten nicht enthalten sind. Heutige Mütter geben gelbe und orange Obst- und Gemüsesorten wie Kürbis, Süßkartoffel, Pfirsich, Mango und Papaya, nicht nur weil sie Abwechslung bieten, sondern auch, weil sie Karotin enthalten (Vitamin A), ein wichtiges Antioxidans. Tofu ist eine ideale Beikost; die meisten Babys mögen ihn und er steckt voller Eiweiß. Avocados enthalten essenzielle Fettsäuren für die Gehirnentwicklung und die Augen des Babys und sie haben eine optimale Konsistenz für Beikost.

Neue Wege

Heutige Eltern geben Beikost auch in anderer Form als wir. Ab dem siebten, achten Monat haben alle meine Enkelkinder gerne an Karottensticks, getunkt in Hummus (Sesammus), gesaugt, die sie in ihren Händchen hielten; sie haben an Gurkenstücken gelutscht und an Birnen- und Apfelschnitzen. Kinder lieben es, ihre Nahrungsmittel selbst auszuwählen; das macht stolz und stärkt das Selbstvertrauen. Daher legten ihnen meine Söhne und Töchter verschiedene Lebensmittel auf den sauberen Tisch ihres Hochstuhls und ließen ihre Babys selbst entscheiden, was sie essen wollten. Wenn man in den ersten Minuten, in denen das Baby am hungrigsten ist, Gemüse anbietet, stellt man sicher, dass es den täglichen Bedarf zu sich nimmt. Dann kommt Eiweiß mit kleinen Stücken Ei, Hähnchen, Fleisch, Fisch, Käse und Tofu und zum Abschluss kleine Stücke Obst und Beeren. Ein Kind, das sich so ernährt, weiß, wann es aufhören muss, und wird niemals zu dick.

So sitzen unsere Enkel nicht mehr mit Teller und Löffel am Tisch. Erwachsene, die das Kind mit dem Löffel füttern, drängen es oft dazu, die Schale leer zu essen – das ist oft zu viel. Denken Sie daran: Eine Portion ist das, was das Baby in einer Hand halten kann.

Neue Kombinationen

In Büchern über Babykost finden Sie zahllose Rezepte für leckere Beikost. Das erfordert keineswegs, dass man künstliche Aromen dazugibt oder mehrere Nahrungsmittel kombiniert. Es ist wichtig, dass die Nahrungsmittel anfangs getrennt gegeben werden, damit das Baby lernt, verschiedene Geschmacksrichtungen und Konsistenzen wahrzunehmen und zu mögen. Auch wenn es Gläschen mit Spaghetti bolognese und Lammeintopf gibt, sollten solche Kombinationen für Notfälle reserviert bleiben.

Aber natürlich können Sie Karotten mit ein wenig ungespritzter Orangenschale, ein Obstmus mit ein paar Tropfen Apfelsaft oder ab dem zehnten Monat eine Suppe oder ein Gemüsegericht mit einer Prise Kreuzkümmel würzen. Ein Püree aus grünem Blattgemüse wie Spinat, Zucchini oder Brokkoli wird durch etwas Joghurt cremiger, sodass es in der ersten Beikostphase leichter zu schlucken ist.

Neues ausprobieren
Viele Babys probieren gern Neues; also zögern Sie nicht, ihm verschiedene Nahrungsmittel anzubieten. Wenn Ihr Enkel etwas beim ersten Mal nicht mag, versuchen Sie es weiter.

Kinder lieben Karottenstücke.

Es macht Spaß, Oma zu füttern.

Brokkoli ist ein tolles Nahrungsmittel.

Leckere Kost für Babys

(Als Brei angeboten, bis Ihr Enkelkind die Stücke selbst essen kann.)

Brokkoli Ein Muss mit Kalzium für die Knochen und Eisen fürs Blut.

Karotten Kinder lieben sie; eine hervorragende Vitamin-A-Quelle.

Erbsen, Bohnen und Hülsenfrüchte Voll mit Pflanzeneiweißen und B-Vitaminen; Kichererbsen und Linsen sind besonders gesund.

Tomaten An Vierteln kann Ihr Enkelkind lutschen. Der Saft enthält viel Vitamin C und Lycopin, ein sehr wirksames Antioxidans.

Äpfel Mit Schale; die meisten Wirkstoffe sitzen direkt unter der Schale.

Beeren Je dunkler, umso besser, z. B. Blaubeeren – zerdrückt, damit keine Erstickungsgefahr besteht. Erdbeeren enthalten viel Vitamin C.

Grapefruit- und Orangenschnitze Reich an Vitamin C und Supernährstoffen.

Eier (erst nach dem sechsten Monat) Sehr nährstoffreich; sie enthalten alle B-Vitamine einschließlich B_{12} für Gehirn und Nerven.

Haferbrei Geben Sie ihn schon früh, damit Ihr Kind ihn sein Leben lang mag. Hafer wirkt cholesterinsenkend.

Oliven Alle meine Enkelkinder liebten naturbelassene Oliven – sie enthalten viel Vitamin E und essenzielle Fettsäuren.

Pflaumen Weich und saftig, zum Lutschen; eine reiche Eisenquelle und gut für einen gesunden Darm.

Vollkornprodukte (erst nach dem sechsten Monat) Frühstückszerealien, Brot und Nudeln bieten Ballaststoffe und B-Vitamine.

Granatapfelsaft Verdünnt mit Wasser (bis zwölf Monate im Verhältnis von eins zu vier, danach eins zu zwei) für gesunde Nieren.

Familienmahlzeiten

Sie erinnern sich bestimmt, wie gerne Ihre Kinder bei den Mahlzeiten mit der Familie zusammensaßen. Bestärken Sie Ihre Tochter darin, dasselbe zu tun, und fördern Sie die Freude Ihres Enkels an den Mahlzeiten.

Dabei sein

Sobald Ihr Enkelkind frei sitzt, kann es im Hochstuhl mit der Familie am Tisch sitzen. Legen Sie den Boden mit Zeitungen aus – und kümmern Sie sich nicht um die Kleckerei. Beim gemeinsamen Essen probieren Kinder viel eher verschiedene Speisen. Babys ahmen gern die Großen nach und wollen das haben, was die Erwachsenen essen Wenn Ihr Enkelkind nach den Speisen auf Ihrem Teller greift, ist das ein sicheres Zeichen, dass es zum Selberessen bereit ist.

»Bleiben Sie hinsichtlich der Tischmanieren Ihres Enkels locker und sorgen Sie für entspannte Mahlzeiten.«

Mahlzeiten

Jeder wünscht sich entspannte Mahlzeiten; also bewahren Sie Ruhe, egal was passiert. Wenn das Kind Speisen ablehnt, wird man leicht ärgerlich. Bleiben Sie gelassen und helfen Sie seinen Eltern, ebenfalls ruhig zu bleiben. Kinder lernen schnell, das Essen als Machtmittel einzusetzen, wenn es zu einem emotionalen Thema wird. Wenn jeder gelassen bleibt, werden die Mahlzeiten kaum zum Machtkampf.

Essen und Liebe werden oft gleichgesetzt; in Streitigkeiten über das Essen spielen leicht andere Spannungen hinein. In solchen Fällen kann das Essverhalten – zum Beispiel Essensverweigerung – zur Waffe werden, die ein Kind einsetzt, um Aufmerksamkeit zu erlangen oder um Wut oder Stress auszuleben. Daher ist es am besten, hinsichtlich der Tischmanieren Ihres Enkelkindes locker zu bleiben und für entspannte Mahlzeiten zu sorgen. Bei Ihnen zu Hause können Sie auf den für Sie unverzichtbaren Tischmanieren bestehen; Feinheiten kommen später dazu. Einfache Regeln können aber schon früh gelten:

- Wir setzen uns zum Essen auf unseren Stuhl.
- Wir essen nicht, während wir herumlaufen.
- Wir essen, so viel wir mögen (wir müssen nicht alles aufessen).
- Zuerst essen wir das Gemüse.

Meine Vorschläge für Gerichte für Enkel von sechs bis 18 Monaten

Gemüse

- Solange Ihr Enkelkind sehr klein ist, bereiten Sie eigenen Gemüsebrei zu und frieren ihn in Eiswürfeltabletts ein für die Zeiten, in denen Sie es bei sich betreuen.
- Halten Sie frisches Gemüse im Kühlschrank vorrätig – z. B. Gurkenstücke, Tomatenachtel, Erbsen, Mais und Karottenstücke.
- Mit einem Vorrat an tiefgefrorenem Brokkoli, grünen Bohnen usw. können Sie jede Mahlzeit mit leicht gedämpftem Gemüse beginnen.
- Versuchen Sie Hummus (Sesammus) und andere Dips.
- Alle meine Enkelkinder mochten die gute alte Gemüsesuppe.

Obst

- Viele frische Beeren, direkt serviert auf dem Tisch des Hochstuhls.
- Exotisches Obst wie Mangos, in Scheiben angerichtet. Probieren Sie auch Passionsfrüchte und Kiwi aus.
- Bieten Sie einheimisches Obst wie Äpfel und Birnen an und natürlich Orangen, Mandarinen und Bananen, in Scheiben oder Schnitze geschnitten.

Eiweiß

- Hüttenkäse
- Kleine Scheiben von enthäutetem Hühnchen, die Ihr Enkel selbst essen kann
- Stücke von gegrilltem Lamm, Rindfleisch und Pute
- Lachs in kleinen Stücken
- Geben Sie den Fisch aus Fischstäbchen ohne die Panade.
- Tofu – als Beikost
- Eier – in der ersten Beikostphase als Rührei, später hartgekocht

Gesunde Kohlenhydrate

Vermeiden Sie in den ersten sechs Monaten Gluten (Vollkornprodukte)

- Haferbrei
- Vollkornzerealien
- Vollkornzwieback
- Nudeln, einschließlich Ravioli
- Gnocchi
- Naturreis
- Couscous

Selbst gemachte Speisen

- Eigene Tomatensoße, tiefgefroren für Nudelgerichte
- Fleischküchlein aus Rinderhack
- Hähnchenfrikadellen
- Gemüseburger
- Fischbällchen
- Fischauflauf
- Selbst gemachte Fischstäbchen
- Rührei
- Brokkoliomelett
- Käse-Blumenkohl
- Gemüsesuppe
- Eislollys aus reinem Fruchtmus
- Fruchtmus mit Joghurt

Zwischendurch essen ist okay

In unserer Jugend galt: drei Mahlzeiten am Tag und nichts dazwischen! Heute betrachtet man das häufige Essen kleiner Mengen, wie es für Kleinkinder typisch ist, als absolut gesund. Großeltern finden es jedoch oft beunruhigend, wenn ein 16 Monate altes Kleinkind scheinbar keine einzige richtige Mahlzeit einnimmt und nur von Snacks lebt.

Nur die Ruhe!

Sie erinnern sich vielleicht, dass Kleinkinder weniger Nahrung brauchen als ein Baby im ersten Lebensjahr, weil sie nicht mehr so schnell wachsen. Ihr Enkelkind weiß, was es braucht, drängen Sie ihm kein Essen auf. Sonst werden die Mahlzeiten zum Machtkampf.

Gesunde Snacks

Ihre Tochter stellt vielleicht gesunde Lebensmittel (Obst, Rosinen, getrocknete Aprikosen, Datteln, Kirschtomaten, Zwieback) in der Küche für Ihr Enkelkind erreichbar bereit; so kann es selbst bestimmen, was es wann essen will. Das ist in diesem Alter eine gute Ernährung; lassen Sie sich darauf ein.

Wichtig ist, dass Ihr Enkel eine ausgewogene Mischung aus gesunden Nahrungsmitteln erhält mit Eiweiß (Fleisch, Fisch, Eier, Milch, Käse und Tofu), Kohlenhydraten (Brot, Nudeln, Reis, Kartoffeln und Frühstücksflocken) sowie Obst und Gemüse. Es ist wichtiger, was es isst, als wann es isst. Kleine Portionen entsprechen seinem Appetit viel mehr.

Lassen Sie es wählen Bieten Sie Ihrem Enkelkind verschiedene Snacks an – gerne sucht es sich selbst etwas aus. Grissini, zuckerfreie Zerealien und Rosinen sind geeignet; sprechen Sie sich mit seiner Mutter ab.

Zur Erinnerung

Die Empfehlungen für gesunde Ernährung verändern sich in dem Maße, wie sich durch die Forschung das Wissen über Nahrungsmittel verbessert. Wenn Sie Mahlzeiten für Ihren Enkel zubereiten, sollten Sie die aktuellen Empfehlungen kennen.

Bei manchen Speisen sollten wir vorsichtig sein. Kleinkinder dürfen keine rohen oder nicht ganz durchgegarten Eier bekommen. Eier an sich können jedoch unbedenklich regelmäßig gegessen werden – egal wie viele.

Ganze oder gehackte Nüsse sollte man Kindern unter fünf Jahren wegen der Erstickungsgefahr nicht geben. Verzichten Sie wegen der Quecksilberbelastung auf Haifisch, Schwertfisch und Marlin; Quecksilber kann das Nervensystem Ihres Enkelkindes schädigen.

Die Speisen eines Kleinkindes sollten nicht gesalzen werden. Reduzieren Sie industriell verarbeitete Lebensmittel auf ein Minimum, weil sie viel Salz, Zucker und Fett enthalten. Wo immer möglich sollten Sie auf zuckerhaltige Speisen und Getränke verzichten.

»Denken Sie daran: Eine Portion entspricht dem, was das Kind in einer Hand halten kann.«

Milch

Das Forschungsinstitut für Kinderernährung empfiehlt für Kinder zwischen einem und drei Jahren pro Tag etwa 350 bis 400 ml Milch; mehr würde eine Überversorgung mit Eiweiß bedeuten. Fettarme Milch sollte das Kind nur bekommen, wenn die Gefahr von Übergewicht besteht. Im Kindergartenalter ist sie aber durchaus auch empfehlenswert. Die Umstellung kommt besonders Mädchen zugute. Nach Angaben des Instituts für Medizin in Amerika senkt dies die Belastung mit Schadstoffen, die in tierischen Fetten enthalten sein können.

Wie viel zu essen geben?

Eine Portion entspricht dem, was das Kind in einer Hand halten kann. Zu große Portionen schrecken Kinder ab; daher gibt man besser zu wenig als zu viel auf ihren Teller – wenn es noch Hunger hat, verlangt es mehr. Sobald es aufhört zu essen, sich wegdreht oder den Teller wegschiebt, bestehen Sie nicht darauf – dieses Drängen legt den Grundstein dafür, dass das Kind ein heikler Esser wird. Denn es erfährt so, dass es Essen als Machtmittel Ihnen gegenüber einsetzen kann.

Was Ihr Enkel mag

Alle meine Kinder und Enkelkinder ließen mir ziemlich freie Hand mit Essen und Leckereien. Jeder weiß, dass Oma gelegentlich die Regeln bricht. Das ist okay. Aber als Grundsatz gilt: Wenden Sie sich beim Thema Essen nicht gegen die Wünsche Ihrer Kinder – das führt zu Konflikten! Es ist aber gut, wenn Sie wissen, was Ihr Enkelkind gerne isst; dann können Sie es vorrätig haben, wenn es zu Ihnen kommt. Das hilft ihm bei der Eingewöhnung.

Heikle Esser

Sie wissen sicher von Ihren eigenen Kindern noch, dass Kinder ab dem zweiten Lebensjahr Vorlieben und Abneigungen gegenüber bestimmten Nahrungsmitteln entwickeln. Es kommt sehr häufig vor, dass Kinder Phasen haben, in denen sie nur ein einziges Nahrungsmittel essen und alles andere verweigern. Vielleicht isst es eine Woche lang nur Joghurt und Obst, dann plötzlich nur noch Käse und Kartoffelbrei. Machen Sie sich deswegen nicht verrückt; drängen Sie auch Ihre Tochter nicht, dafür zu sorgen, dass es etwas anderes isst. Kein einzelnes Lebensmittel ist unverzichtbar; es gibt immer einen nährstoffreichen Ersatz für eine abgelehnte Speise.

Solange dem Kind eine große Auswahl angeboten wird, ernährt es sich ausgewogen. Es ist besser, wenn es etwas isst, das es mag, als dass es gar nichts isst. Sie müssen nur darauf achten, dass es nicht alle Lebensmittel aus einer Nahrungsmittelgruppe verweigert – z. B. alles Obst und Gemüse. Dann wird seine Ernährung einseitig. Vielleicht finden Sie Wege, ihm Obst und Gemüse schmackhaft zu machen, indem Sie es anders zubereiten oder fantasievoll anrichten. Viel beschäftigte Mütter finden kaum Zeit, einer Pizza ein lachendes Gesicht zu geben – aber Sie könnten solche lustigen Gerichte anbieten. Vielleicht wird Ihr Enkelkind bei Ihnen neue Speisen probieren. Bieten Sie sie an, wenn es wirklich hungrig ist. Kostet es davon, loben Sie es. Vielleicht wollen Sie Punkte vergeben für solche neuen Kostproben, die sie auf einer Tabelle eintragen und für die es gelegentlich eine Belohnung gibt.

Lassen Sie es helfen
Wenn Ihr Enkelkind ein schwieriger Esser ist, lassen Sie es beim Kochen helfen, z. B. die Pizza belegen. Nur wenige Kinder essen das, was sie selbst zubereitet haben, nicht.

Süßigkeiten

Sie sind vielleicht überrascht, wie streng Ihr Sohn und Ihre Tochter in dieser Hinsicht sind. Sie dürfen

Was ist, wenn Sie Fleisch essen und Ihr Sohn oder Ihre Tochter Vegetarier ist?

Was machen Sie, wenn Sie Lammkeule lieben und Ihr Sohn oder Ihre Tochter will, dass Ihr Enkel ohne Fleisch aufwächst? Medizinisch gesehen ist das eine kniffelige Frage, weil es keinen besseren Eisenlieferanten gibt als rotes Fleisch. Babys müssen ab dem sechsten Monat über ihre Nahrung Eisen aufnehmen; der gelegentliche Verzehr von rotem Fleisch liefert dieses Eisen.

Bei Obst und Gemüse müsste ein Baby viel größere Mengen essen, um dieselbe Menge an Eisen aufzunehmen; der kleine Magen hat jedoch nur ein geringes Fassungsvermögen. Die meisten Vegetarier wissen aber gut Bescheid über nährstoffreiche Nahrungsmittel und ersetzen das Fleisch durch Eier (die etwas Eisen enthalten).

In dieser Situation ist es am besten, die Ernährungsweise der Familie nach Kräften zu unterstützen. Äußern Sie sich nur dann kritisch, wenn Ihr Enkelkind nicht gut gedeiht.

Versuch es!
Lassen Sie auch Ihr kleines Enkelkind schon allein seine Zähne putzen. Mama oder Oma kann immer noch nachbessern.

ihnen hier nicht in den Rücken fallen. Alle Großeltern geben ihren Enkeln gern Süßes. Doch vielleicht ist Ihre Tochter der Ansicht, dass Belohnungen in Form von Süßigkeiten den Familienregeln widersprechen. Wie immer gilt: Halten Sie sich an die Regeln im Elternhaus. Diskutieren Sie das mit Ihrem Sohn und Ihrer Tochter; wahrscheinlich sind sie einverstanden, wenn Sie gelegentlich etwas Süßes geben, solange es die Ausnahme bleibt. Überlegen Sie sich aber auch andere Formen der Belohnung: einen Lieblingsjoghurt, ein kleines Spielzeug, eine neue Stiftebox oder eine besonders lange Badezeit oder Gutenachtgeschichte.

Ich halte nichts von einem völligen Verbot von Süßigkeiten; es kann Kinder dazu verleiten, unehrlich zu sein. Ich bin jedoch dafür, dass Süßes eingeteilt wird – das hat bei meinen eigenen Enkelkindern funktioniert. Wenn Ihr Enkelkind nach dem Mittagessen und nach dem Abendessen jeweils eine Süßigkeit bekommt und sich danach die Zähne putzt, lernt es Selbstkontrolle, gute Essgewohnheiten und gute Mundhygiene.

»Meine Enkel benehmen sich nicht«

Klaus und Sabine finden, dass ihre Tochter und ihr Schwiegersohn ihre Kinder nicht richtig erziehen. Ihre Enkel kämen immer ungestraft davon – sie haben keine Tischmanieren und stehen einfach auf, wann sie wollen. Sie tun nicht, was man ihnen sagt, und sind manchmal frech. Und sie schätzen den Wert der Dinge nicht. Sie zerstören ihr Spielzeug, statt mit ihm zu spielen. Klaus und Sabine haben ihrer Tochter gesagt, sie solle strenger sein, aber sie zuckt nur mit den Achseln.

Klaus und Sabine sollten versuchen, ihre Tochter und deren Familie zu loben, statt zu nörgeln. Sie würden viel Lobenswertes finden und die Beziehung würde sich verbessern.

Solche Gedanken haben wohl alle Großeltern gelegentlich. Die ältere Generation hat schon immer die jüngere kritisiert und gemeint, das Ende des Abendlandes stünde bevor. Doch das ist nicht der Fall. Die Jungen tun nur manches anders als wir und betrachten einiges, was für uns wichtig war, als völlig unbedeutend.

Ich selbst habe eine entspannte Einstellung zu Tischmanieren. Ich meine nicht, dass man erwarten sollte, dass ein Kind still dasitzt und abwartet, bis die Mahlzeit beendet ist. Frechheit ist allerdings etwas anderes. Kinder müssen von ihren Eltern lernen, wie man sich benimmt; wenn Eltern ihre Kinder nicht korrigieren, können Großeltern leider nicht viel tun, außer ein gutes Vorbild sein.

Ich denke, Omas sollten möglichst entspannt zuschauen, wie ihre Enkel erzogen werden. Andernfalls kann es katastrophale Folgen haben. In einer mir bekannten Familie sagten die Eltern des Mannes ihrer Schwiegertochter ständig, was sie alles anders machen solle. Sie zeigten ihr die ganze Zeit ihre Missbilligung. Eines Tages rastete sie aus und hatte einen fürchterlichen Streit mit ihrem Schwiegervater. Diese Großeltern haben ihre Enkel seitdem nicht mehr gesehen. Ich könnte es nicht ertragen, wenn mir das passieren würde, und ich bin sicher, Klaus und Sabine empfinden es ebenso.

Klaus und Sabine sollten nach Wegen suchen, ihre Tochter und deren Familie zu loben, statt zu nörgeln. Sie würden viel Lobenswertes finden und die Beziehung zwischen ihnen würde sich verbessern.

4 Tägliche Pflege

Das Enkelkind zu baden und zu wickeln sind gute Möglichkeiten, bei seiner Pflege zu helfen. Und wie wäre es mit Babymassage?

Das Enkelkind baden

Kleine Babys machen sich nicht schmutzig, deswegen müssen sie nicht oft gebadet werden – allerdings bietet die Badezeit Gelegenheit für Spiel und Spaß, was Säuglingen bald gefällt. In den ersten Wochen nach der Geburt, wenn Ihre Tochter erschöpft ist, können Sie mithelfen, diese Routine einzuführen.

Beobachten und zuhören

Sie wissen natürlich, wie es geht; schauen Sie aber dennoch den Eltern zu, wie sie ihr Baby baden, und befolgen Sie ihre Anweisungen. Auch hier werden Sie feststellen, dass sich manche Dinge verändert haben. Zum Beispiel verwenden viele Eltern keinen Badezusatz mehr – sie waschen ihre kleinen Babys nur mit Wasser. Die Mütter benutzen auch keinen Puder mehr; wir wissen heute, dass er vom Baby eingeatmet werden kann.

Die Hebamme gibt Rat
Die Hebamme wird Ihrer Tochter sicherlich zeigen, wie man ein Baby am besten badet. Befolgen auch Sie diese Ratschläge und geben Sie Ihrer Tochter keine anderen Tipps.

Erste Bäder

Frischgebackene Eltern sind oft nervös, wenn es ans Baden des winzigen Babys geht; hier sind Ihre Erfahrung und Sicherheit hilfreich. Versichern Sie Ihren Kindern, dass ein Baby ziemlich robust ist. Man muss es vorsichtig, aber fest halten; machen Sie den beiden Mut.

Die kleine Wäsche

Es geht dabei darum, das Baby gründlich zu waschen – Gesicht, Hände und Windelbereich –, ohne es vollständig auszuziehen. Das reicht in der Regel völlig aus; das Baby muss nicht täglich gebadet werden. Hier ist Ihre Hilfe bestimmt willkommen.

- Ziehen Sie das Baby auf der Wickelmatte oder einem Handtuch bis auf das Hemdchen aus. Wischen Sie Gesicht, Ohren und Halsfalten mit Watte ab, die Sie in warmem Wasser angefeuchtet haben Trocknen Sie es ab.
- Wischen Sie die Augen mit je einem frischen Wattepad, das mit abgekochtem, abgekühltem Wasser angefeuchtet ist, vorsichtig von innen nach außen aus. Verwenden Sie für jedes Auge frische Watte (damit eine mögliche Infektion nicht übertragen wird).
- Nehmen Sie die Windel ab und entfernen Sie mögliche Stuhlreste; säubern Sie den Bereich mit angefeuchteter Watte. Achten Sie besonders auf die Hautfalten an den Oberschenkeln. Tragen Sie Wundschutzcreme auf, legen Sie eine frische Windel an und ziehen Sie Ihrem Enkel saubere Kleidung an.

Legen Sie vorab alles Notwendige bereit:

- Watte
- Abgekochtes, abgekühltes Wasser für die Augen
- Schüssel mit warmem Wasser für Gesicht und Körper
- Weiche Handtücher
- Wickelzubehör
- Saubere Kleidung

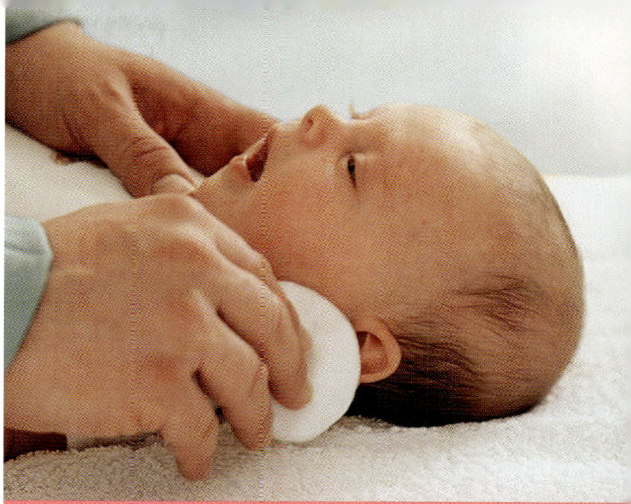

Gesicht, Ohren und Hals reinigen

Augen von innen nach außen abwischen

Den Windelbereich säubern

Sicherheit beim Baden

Die Sicherheit Ihres Enkels ist oberstes Gebot; denken Sie aber auch an Ihre eigene Gesundheit. Sie sind aus der Übung und vielleicht nicht mehr so kräftig wie damals, als Ihre Kinder klein waren. Achten Sie darauf, Ihren Rücken nicht zu belasten oder zu verletzen.

- Waschen oder baden Sie Ihr Enkelkind in einem warmen, zugfreien Raum. Sie können das Baby nicht nur im Badezimmer oder in der Badewanne waschen. Mit einem Eimer können Sie das Wasser für eine große Schüssel oder die Babywanne transportieren.
- Reservieren Sie einen Schwamm und einen Waschlappen nur für das Baby und waschen Sie diese häufig.
- Stochern Sie nie mit einem Wattestäbchen in den Ohren des Babys; das empfindliche Trommelfell wird leicht verletzt. Entfernen Sie Ohrenschmalz nur, wenn es außen sichtbar ist.

»Spritzen Sie Babys Körper vorsichtig nass, damit es sich ans Wasser gewöhnt und keine Angst hat.«

Meine Lösungen fürs Baden

Als meine Enkelkinder ganz klein waren, badete ich am liebsten mit ihnen gemeinsam. Oder ich kniete mich neben die Wanne auf den Boden, statt mich über die Wanne zu beugen und meinen Rücken zu belasten.

- Beim gemeinsamen Baden legen Sie Ihr Enkelkind so auf Ihre Brust, dass es zur Hälfte im Wasser ist. Lächeln Sie und sprechen Sie mit ihm, während Sie es waschen.
- Lassen Sie sich viel Zeit; ein Bad unter Zeitdruck macht niemandem Spaß. Ein gemeinsames Bad kann eine gute und angenehme Gelegenheit für Sie sein, einen anstrengenden Tag ausklingen zu lassen.

Wenn Ihr Enkel älter wird

Wenn Ihr Enkelkind mit vier oder fünf Monaten seinen Kopf gut halten kann, mag es bestimmt in der großen Wanne baden. Nach der Eingewöhnung freut es sich über den vielen Platz zum Planschen. Dabei gelten dieselben Regeln wie beim Neugeborenen – halten Sie Ihren Enkel vorher und nachher warm, füllen Sie nicht zu viel Wasser ein und achten Sie auf die richtige Temperatur.

Erinnern Sie sich …? Baderitual bei einem kleinen Baby

Ich bringe alle Utensilien vorher ins Badezimmer. Auf dem Boden breite ich ein großes Handtuch aus und lege Cremes, Windeln, Kleidung usw. daneben. Dann kann ich meinen Enkel aus der Wanne nehmen, auf das Handtuch legen und einwickeln.

- Füllen Sie die Wanne 5–8 cm hoch mit Wasser. Prüfen Sie die Temperatur mit Ihrem Ellenbogen; sie sollte warm, nicht heiß sein.
- Ziehen Sie das Baby bis aufs Hemd aus und waschen Sie Gesicht und Hals. Wickeln Sie es fest in ein Handtuch. Halten Sie das Baby unter einem Arm und stützen Sie den Kopf. Beugen Sie sich über die Wanne und waschen Sie seine Haare vorsichtig mit Badewasser. Trocknen Sie die Haare ab.
- Legen Sie ein trockenes Handtuch für später bereit. Entfernen Sie Handtuch und Windel und heben Sie das Baby in die Wanne. Halten Sie dabei Kopf und Schultern fest mit einer Hand, Po und Beine mit der anderen Hand.
- Halten Sie das Baby in der Wanne fest und stützen seinen Kopf mit einem Arm; waschen Sie den Körper vorsichtig mit der freien Hand. Ermuntern Sie es, zu strampeln und zu planschen
- Zum Herausnehmen umfassen Sie Kopf und Schultern mit einer Hand und schieben Ihre freie Hand unter den Po, dann legen Sie es auf das trockene Handtuch. Wickeln Sie es sofort ein, damit es nicht friert. Trocknen Sie es gut ab, besonders die Falten an Hals, Po und Oberschenkeln und unter den Armen. Dann legen Sie die Windel an und ziehen es an.
- Wickeln Sie es am besten neben der Wanne. Das ist sicherer, als ein nasses, glitschiges Baby herumzutragen.

Was Sie benötigen:

- Babybad
- Zwei Handtücher
- Watte für Gesicht, Augen und Windelbereich
- Körperlotion, wenn gewünscht
- Abgekochtes, abgekühltes Wasser für die Augen
- Wickelzubehör
- Frische Kleidung

Auf in die große Wanne

Sie erinnern sich vermutlich noch daran, dass der Wechsel von der Babywanne in die große Wanne dem Baby ein wenig Angst machen kann. Den meisten gefällt es aber bald. Stellen Sie zunächst die Babywanne in die große Wanne und halten Sie es die ersten Male im Arm. So gewöhnt es sich langsam daran. Sobald sich Ihr Enkelkind in der Wanne wohlfühlt und frei darin sitzen kann, wird es sich auf dieses Ritual freuen und beim Baden begeistert spielen.

Die Badezeit kann eine fröhliche – und feuchte – Angelegenheit werden, mit viel Jauchzen und Planschen. Dann gibt es eher Probleme, wenn das Baby wieder heraussoll, nicht beim Hineinsetzen! Ein fröhliches Bad als Teil des Abendrituals bietet dem Baby ein eindeutiges Signal, dass nun der Tag zu Ende geht.

Als meine Enkelkinder schon allein baden konnten, stellte ich mir einen Stuhl ins Badezimmer und konnte bei ihrem ausgelassenen Planschen dabei sein, ohne mich bücken zu müssen. Wenn ich dann ein Kind herausnehmen wollte, stellte ich mich fest auf beide Füße, so dass ich beim Heben meine Beine belastete, nicht meinen Rücken.

Die Badezeit klingt harmonisch aus, wenn Sie zum Schluss mit dem ins Handtuch gekuschelten Kind ein wenig schmusen.

Legen Sie vorab alles Notwendige bereit:

- Schwamm oder Waschlappen.
- Babybad oder Badeöl für das Badewasser.
- Babyshampoo.
- Schutzschild, um die Augen vor Shampoo zu schützen.
- Kapuzenhandtuch, das auch den Kopf warm hält – es gibt viele hübsche Modelle.
- Windeln und Schlafanzug.

Sicherheit an erster Stelle

Vergessen Sie nie, dass ein Baby schon in wenige Zentimeter hohem Wasser ertrinken kann. Folgende Vorsichtsmaßnahmen sind sehr wichtig:

- Legen Sie eine rutschfeste Matte in die Wanne.
- Lassen Sie Ihr Enkelkind niemals allein in der Wanne, auch wenn es sitzen kann.
- Drehen Sie den Wasserhahn fest zu, bevor Sie es in die Wanne setzen. Lassen Sie nie heißes Wasser nachlaufen, solange es in der Wanne ist.
- Decken Sie den Wasserhahn mit einem Tuch ab, damit es sich nicht wehtun kann.

Haare waschen

Sie erinnern sich: Auch Babys, die gerne baden, hassen es oft, wenn ihnen Wasser über den Kopf oder das Gesicht läuft. Versichern Sie Ihrer Tochter, dass das normal ist und sie sich keine Sorgen machen sollte. Wenn Sie versuchen, bereits aufgeregte Kinder zum Haarewaschen zu zwingen, verleiden Sie ihnen das Baden insgesamt. Vergessen Sie das Haarewaschen einfach für ein paar Wochen und waschen Sie die Haare unterdessen mit dem Schwamm. Wenn ein Baby das Haarewaschen gedanklich mit dem Baden verbindet, wehrt es sich vielleicht gegen das Baden überhaupt.

Das Baby ans Wasser gewöhnen
Waschen mit dem Schwamm ist gut für Babys, die das Haarewaschen nicht mögen. Gewöhnen Sie es aber möglichst früh daran, dass es Wasser ins Gesicht bekommt.

Die Eltern meiner Enkel begannen von klein an, sie daran zu gewöhnen, dass Wasser in ihr Gesicht kommt – das ist auch wichtig fürs Schwimmenlernen. Sie machten Spiele, bei denen der Kopf kurz ins Wasser getaucht oder immer wieder etwas Wasser auf den Kopf getröpfelt wird. Die Kinder hatten nie ein Problem damit, wenn sie Wasser ins Gesicht bekamen, nicht einmal in die Augen.

Wenn Ihr Enkelkind Wasser mag und es ihm nichts ausmacht, wenn es ihm ins Gesicht spritzt, können Sie die Duschbrause oder eine Tasse zum Ausspülen verwenden und daraus ein Spiel machen. Aber selbst das mildeste Shampoo brennt ein wenig in den Augen. Verwenden Sie daher einen Schutzschild, der Shampoo und Wasser aus den Augen fernhält, bis das Kind alt genug ist, die Augen zu schließen oder den Kopf nach hinten zu neigen. Trocknen Sie die Haare mit einem Handtuch und kämmen Sie sie vorsichtig mit einer weichen Bürste.

Badezeit mit Papa

Warum ermutigen Sie nicht Ihren Sohn, sich am Baden zu beteiligen, und gehen ihm anfangs zur Hand? Ihr Enkelkind wird diese besondere Zeit mit Papa lieben; fördern Sie diese Bindung, indem Sie Ihren Sohn unterstützen und ihm Mut machen. Je öfter er das Baby badet, umso geübter wird er im Umgang mit dem glitschigen kleinen Körper.

Babymassage

Nach dem Baden oder Wickeln ist die Zeit ideal, um Ihr Enkelkind zu massieren. Eine Babymassage macht Großeltern viel Freude und tut dem Baby ebenso gut wie Erwachsenen: Sie schenkt Wohlbefinden, beruhigt ein quengelndes Baby und ist eine wunderbare Weise, ihm Liebe zu zeigen.

Ein regelmäßiges Ritual

Wenn Sie Ihr Enkelkind regelmäßig massieren, erkennt es dieses Ritual bald und zeigt schon anfangs seine Freude. Sie können dies auch später fortsetzen. Massage ist oft ideal, um ein überdrehtes Kleinkind zu beruhigen.

Schaffen Sie vorher eine harmonische Atmosphäre. Wählen Sie eine Zeit, in der Sie nicht gestört werden, und schalten Sie das Telefon ab. Das Zimmer sollte ansprechend und warm sein; legen Sie ruhige Musik auf und legen Sie Ihr Enkelkind auf ein warmes Handtuch, ein Lammfell oder auf Ihren Schoß.

Massieren Sie vom Kopf aus nach unten mit leichten, gleichmäßigen Griffen, symmetrisch auf beiden Körperhälften. Halten Sie dabei Blickkontakt und sprechen Sie sanft und liebevoll mit Ihrem Enkel.

»Halten Sie beim Massieren Blickkontakt mit Ihrem Enkel und sprechen Sie sanft und liebevoll mit ihm – das ist eine wunderbarer Weise, Liebe auszudrücken.«

Babys lieben Berührungen. Forschungen haben gezeigt, dass ihnen Streicheln wichtiger ist als Füttern; eine Massage tut Ihrem Enkel daher sehr gut. Sie lindert auch Blähungen, die das Baby unruhig machen.

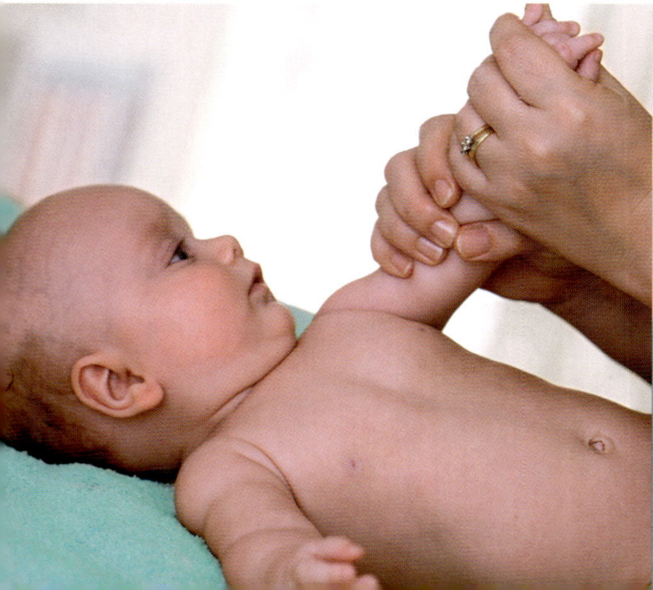

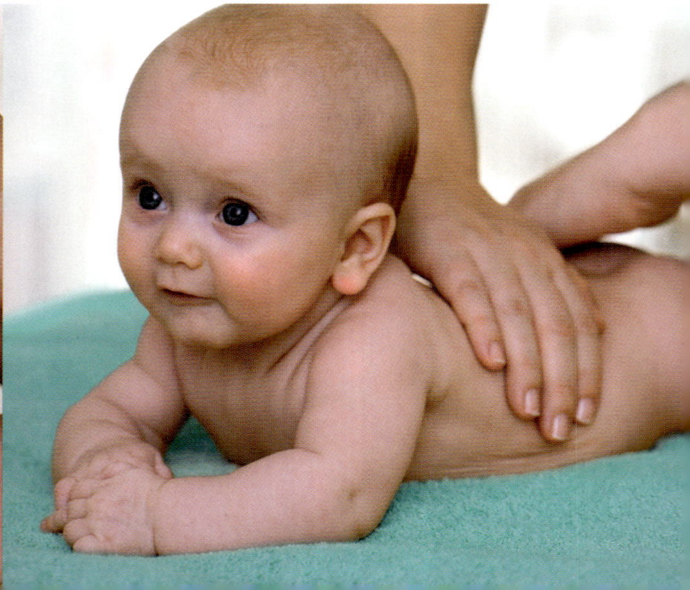

Ihr Enkelkind massieren

Achten Sie darauf, dass Ihre Hände warm sind, und benutzen Sie eine unparfümierte Babycreme. Verwenden Sie keine Aromaöle oder Nussöle, wie Mandelöl. Hören Sie auf, wenn Ihr Enkel unruhig ist oder ihm das Massieren nicht gefällt.

Kopf

Massieren Sie zunächst den Schädel in einer leichten, kreisförmigen Bewegung; gleiten Sie dann an beiden Seiten des Gesichts nach unten. Massieren Sie die Stirn von der Mitte nach außen; streichen Sie über die Augenbrauen und Wangen bis zu den Ohren.

Hals und Schultern

Massieren Sie sanft den Hals von den Ohren zu den Schultern und vom Kinn zur Brust. Dann gleiten Sie vorsichtig vom Hals über die Schultern nach außen.

Arme

Streichen Sie die Arme nach unten aus bis zu den Fingerspitzen. Mit Fingern und Daumen drücken Sie sachte den Arm von oben bis zum Handgelenk.

Brust und Bauch

Massieren Sie vorsichtig die Brust von oben nach unten; folgen Sie dabei dem zarten Verlauf seiner Rippen. Dann reiben Sie leicht seinen Bauch in einer kreisförmigen Bewegung, vom Nabel nach außen.

Beine

Jetzt können Sie die Beine massieren, von den Oberschenkeln zu den Knien. Streichen Sie die Schienbeine hinunter und um die Waden und Knöchel. Drücken Sie dabei leicht.

Füße und Zehen

Streichen Sie von Knöchel und Ferse zu den Zehen und bearbeiten Sie dann jeden Zeh einzeln. Schließen Sie mit einigen festen Strichen über die gesamte Länge der Körpervorderseite ab.

Rücken

Nachdem Sie die Vorderseite des Körpers massiert haben, drehen Sie Ihr Enkelkind um und bearbeiten den Rücken. Massieren Sie von den Schultern nach unten und sprechen Sie weiterhin ruhig mit ihm. Es wird in diesem Stadium der Massage sehr entspannt sein und Sie vermutlich auch!

Massieren lernen
Babymassage ist wunderbar, um die Bindung zum Baby zu stärken. Vielleicht können Sie es ganz von selbst; oder besuchen Sie einen Kurs für Babymassage, z. B. an der Volkshochschule.

Vorteile für die Großeltern

Massage ist eine sehr schöne und wertvolle Form des Austausches mit dem Enkelkind und auch die Großeltern profitieren davon. Sie ist einfach zu erlernen.

- Wenn Sie unsicher sind, führt die Massage Sie an den Umgang mit Ihrem Enkelkind heran.
- Massage ist wunderbar, um ein unruhiges Baby zu trösten. Durch ihre entspannende Wirkung beruhigt sie auch Ihre Nerven.
- Das Massieren der weichen, zarten Babyhaut ist ein wunderschönes Gefühl für Sie wie für das Baby.

Vorteile für das Baby

Berührungen sind ein wesentlicher Teil des Bindungsprozesses, der diese kleinen Wesen gedeihen lässt. Massage ist für Sie beide eine angenehme Erfahrung und Ihr Baby weiß, dass sie ein Ausdruck der Liebe ist.

- Ihr Enkel profitiert von den angenehmen Empfindungen einer liebevollen Massage durch Sie.
- Ihr Enkelkind liebt Ihre Nähe und der intime Kontakt bei der Massage unterstützt diese Bindung. Es erkennt die Massage als Ausdruck Ihrer Liebe.
- Wenn es unruhig ist, wird Ihr Enkel durch die wohltuenden Berührungen beruhigt. Sie lösen die Anspannung und vermitteln ihm Sicherheit.
- Bei der Massage stärken Sie das Bewusstsein des Babys für die verschiedenen Teile seines Körpers.
- Am besten massieren Sie direkt auf der Haut. Wenn es nicht nackt sein mag, ziehen Sie ihm ein leichtes Baumwollhemd an, durch das Sie seinen Körper gut spüren.

Hände und Füße
Schenken Sie bei der Massage den Händen und Füßen besondere Aufmerksamkeit, um sie dadurch auf das Greifen und Stehen vorzubereiten.

Die Windeln Ihres Enkels

Bei Windeln gibt es heute eine große Auswahl, sogar verschiedene Designs. Viele Eltern entscheiden sich für Einmalwindeln, weil sie so bequem sind. Andere scheuen die Kosten für Wegwerfwindeln – und die Umweltbelastung. Sie bevorzugen Stoffwindeln. Unterstützen Sie die Entscheidung, die Ihre Kinder hier getroffen haben.

Einmal- oder Stoffwindeln?

Sie sind vielleicht irritiert angesichts des großen Angebots und der Diskussionen über das Für und Wider der verschiedenen Windelsorten. Einmalwindeln haben viele Vorteile – sie sind einfach anzulegen, leicht zu entsorgen und bequem mitzunehmen. Es gibt spezielle Modelle für Mädchen und für Jungen. Jungen nässen vor allem den vorderen Windelbereich ein; die Windeln sind hier stärker gepolstert. Bei Mädchen ist es der hintere Bereich.

»Es gibt heute eine enorme Auswahl an Windeln, sowohl an Einmal- wie an Stoffwindeln.«

Bei Stoffwindeln gibt es große Verbesserungen gegenüber den früheren Mullwindeln, die mit Sicherheitsnadeln befestigt wurden und ständig gewaschen und ausgekocht werden mussten. Moderne Stoffwindeln sind wie Wegwerfwindeln geformt; sie müssen nicht mehr gefaltet werden. Sie werden mit Klettverschluss oder Druckknöpfen befestigt. Manche haben bereits eine äußere Kunststoffschicht; andere werden mit Plastik-Überzugshöschen getragen.

Sofern Ihre Familie keinen Windeldienst nutzt, bedeuten Stoffwindeln mehr Arbeit, da sie gewaschen und getrocknet werden müssen. Einmalwindeln sind teurer, auch wenn man die versteckten Kosten für Waschen und Trocknen der Stoffwindeln mit berücksichtigt. Es gab und gibt viele Diskussionen über die umweltschädlichen Auswirkungen der Einmalwindeln in der Herstellung wie in der Entsorgung; Stoffwindeln sind vermutlich auf lange Sicht ökologisch verträglicher.

Doch auch wenn Ihr Enkelkind normalerweise mit Stoffwindeln gewickelt wird, kann es praktisch sein, wenn Sie für seine Besuche bei sich zu Hause eine Packung Einmalwindeln vorrätig haben.

Erinnern Sie sich …?

Sie meinen, Sie hätten völlig verlernt, wie man ein Baby wickelt – besonders angesichts der neuen Windelarten? Keine Sorge, Sie werden es bald wieder beherrschen. Bald werden Sie schnell und versiert Windeln ausziehen und neue anlegen.

- Wickeln Sie immer auf einer festen Fläche auf einer Wickelunterlage oder einem Handtuch.
- Schonen Sie Ihren Rücken, indem Sie einen Wickeltisch in körpergerechter Höhe benutzen, oder knien Sie sich neben das Bett.
- Lassen Sie das Baby niemals allein auf einem erhöhten Wickelplatz. Schon ein Neugeborenes kann zappeln und herunterrutschen. Stellen Sie daher immer alles bereit, bevor Sie mit dem Wickeln beginnen.
- Spülen Sie Stuhlgang möglichst in der Toilette weg; Windeln oder Windeleinlagen gehören aber niemals in die Toilette.
- Entsorgen Sie schmutzige Windeln in Windeltüten, die Sie in einem Eimer mit Deckel sammeln.
- Geben Sie gebrauchte Stoffwindeln in einen Windeleimer entsprechend dem Windelsystem, das Ihre Tochter verwendet.

Baby-Kosmetiktücher

Bei Ihren eigenen Kindern haben Sie nicht unbedingt Kosmetiktücher für Babys benutzt; heute gibt es sie in großer Auswahl. Sie sind beinahe unentbehrlich beim Wickeln, im Bad und in der Küche. Gehen Sie niemals ohne sie aus dem Haus – Sie können damit auch Speichel, Erbrochenes und Breiflecken von der Kleidung entfernen.

Baby-Kosmetiktücher sind sehr weich. Feuchtigkeitstücher sorgen für eine geschmeidige Haut. Sie sind für Neugeborene noch nicht geeignet, da ihre Haut sehr empfindlich und reizbar ist. Die Reibung im Windelbereich macht anfällig für Windelausschlag; daher benutzt man bei ihnen am besten nur Wasser und Watte.

Wasserlösliche Kosmetiktücher können unbedenklich in der Toilette weggespült werden. Es gibt auch biologisch abbaubare Tücher, die kompostiert werden können.

Mädchen sauber machen

Erinnern Sie sich, dass der Windelbereich eines Mädchens immer von vorne nach hinten gesäubert wird, damit Bakterien vom After nicht zur Scheide gelangen? Reinigen Sie nie die Schamlippen von innen; wischen Sie Stuhlreste mit feuchter Watte weg.

Jungen sauber machen

Erinnern Sie sich, dass man den Penis mit einem Stofftuch bedeckt, wenn man die Windel auszieht? Säubern Sie den Bereich um Penis und Hoden mit etwas Babylotion. Versuchen Sie nicht, die Vorhaut zurückzuschieben. Wischen Sie den After immer von vorne nach hinten ab.

Und falls Sie es vergessen haben …

Hier lesen Sie, was zu tun ist. Befolgen Sie diesen Ablauf jedes Mal beim Wickeln. Dann kann nichts schiefgehen.

Entfernen Sie die schmutzige Windel und säubern Sie Ihr Enkelkind sorgfältig. Achten Sie darauf, dass alle Hautfalten sauber und trocken sind. Schieben Sie die saubere Windel vorsichtig unter den Po.

Verstreichen Sie Wundschutzcreme im Windelbereich, um Ausschlag vorzubeugen.

Legen Sie mit beiden Händen den vorderen Teil der Windel zwischen den Beinen Ihres Enkels nach vorn, so hoch wie möglich. Schlingen Sie die Enden fest um seine Taille, bereit zum Befestigen.

Halten Sie die Windel mit einer Hand und verschließen Sie die Klebestreifen.

Halten Sie Folgendes bereit:

- Wickelunterlage
- Baby-Wischtücher
- Windel
- Schüssel mit warmem Wasser oder Babylotion
- Watte
- Wundschutzcreme
- Windelbeutel
- Eimer mit Deckel

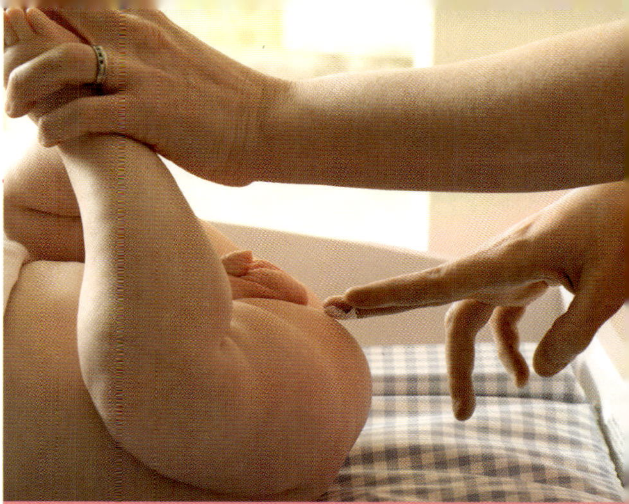

Tragen Sie etwas Wundschutzcreme auf.

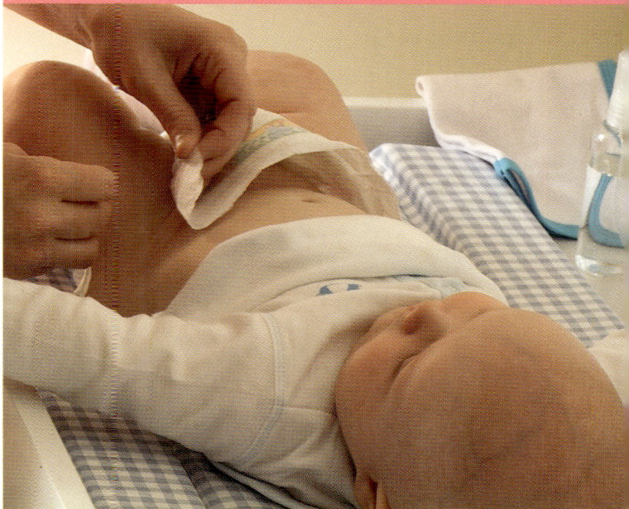

Befestigen Sie einen Klebestreifen.

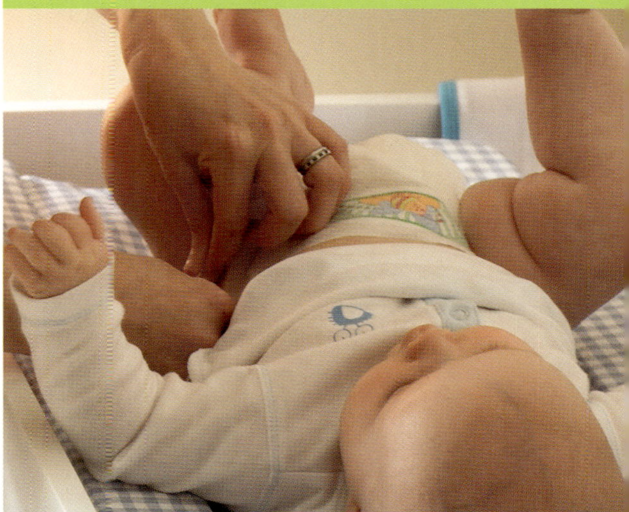

Dann den anderen – fertig.

Hautpflege für Ihren Enkel

Als Hautärztin haben mich meine Kinder immer um Rat gefragt, wenn es um die Hautpflege ihrer Babys ging. Babyhaut braucht wie Erwachsenenhaut Feuchtigkeit; daher sollte der Körper bis ins zweite Lebensjahr täglich mit einer guten Baby-Feuchtigkeitscreme eingecremt werden.

Für eine zarte, gesunde Haut

Das Eincremen ist für alle meine Enkel ein Teil des Abendrituals geworden. Nach dem Baden ist die ideale Zeit, um die Haut zu pflegen – z. B. als Teil der Babymassage vor dem Schlafengehen. Verzichten Sie auf Cremes, die viele Zusatzstoffe haben, Lanolin oder Paraffin enthalten. Sie können Allergien verursachen.

Bereits das regelmäßige Eincremen verhindert, dass die Haut juckt oder trocken wird. Als zweite Vorsichtsmaßnahme sollten Sie die Babyhaut bei den ersten Anzeichen von Trockenheit oder Rauheit vor Wasser schützen, weil Wasser paradoxerweise die Haut austrocknet.

Seife ist für Babys völlig verboten. Sie trocknet die Haut aus und macht sie anfällig für Entzündungen und Juckreiz. Manche Eltern geben einfach einen Schuss Olivenöl und eventuell etwas Milch oder Sahne ins Badewasser. Das macht die Haut zart und geschmeidig.

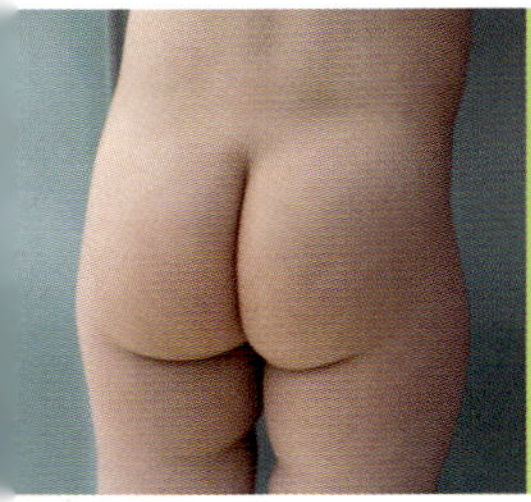

»Das Eincremen der Haut ist bei all meinen Enkelkindern Teil des Abendrituals.«

Windelausschlag

Windelausschlag entsteht in dem Bereich, der normalerweise von der Windel bedeckt ist; er kann bei allen Windeln auftreten. Mütter und Omas machen sich deswegen viele Sorgen. Der Ausschlag lässt sich verhindern, indem man das Baby immer umgehend wickelt, besonders nach Stuhlgang.

Wir dachten früher, dass das Ammoniak im Urin die Ursache für den Ausschlag sei; doch wir wissen heute, dass Enzyme im Kot die Hautoberfläche angreifen. Windelausschlag wird durch eine basische Umgebung begünstigt. Weil der Stuhl von Flaschenbabys alkalisch ist – im Gegensatz zu dem sauren Stuhl von Stillbabys –, leiden Flaschenbabys eher an Windelausschlag als Stillbabys. Ein Grund mehr zu stillen.

Zart und geschmeidig

Entscheidend ist, dass die Haut Ihres Enkelkindes trocken und gut belüftet ist. Wenn es Windelausschlag bekommt, möchte Ihre Tochter vielleicht vorübergehend Einmal- statt Stoffwindeln verwenden, bis die Haut abgeheilt ist.

Entfernen Sie eine »riechende« Windel immer sofort.

Säubern Sie die Haut gründlich mit Kosmetiktüchern.

Waschen Sie den Po nicht mit Seife und Wasser; beides trocknet die Haut aus.

Verwenden Sie Reinigungslotion oder Wischtücher.

Beginnen Sie beim ersten Anzeichen einer rauen Haut, Wundschutzcreme aufzutragen.

Niemals sollten Sie ein Baby in einer nassen Windel liegen lassen.

Lassen Sie den Po des Babys wann immer möglich unbedeckt an der Luft.

Erinnern Sie sich …?

Hier finden Sie einige andere Ursachen von Windelausschlag. Achten Sie auf eine Rötung im Windel- oder Genitalbereich.

Mangelhaftes Abtrocknen

Wenn die Haut nach dem Baden nicht richtig abgetrocknet wird, ist der leichte Ausschlag gewöhnlich begrenzt auf die Hautfalten an den Oberschenkeln.

Allergie

Wenn der Ausschlag den Großteil des Windelbereichs erfasst und das Baby Stoffwindeln trägt, kann er durch eine allergische Reaktion auf das Waschpulver verursacht sein. Hierbei sind die Hautfalten frei von Ausschlag.

Babyekzem (Neurodermitis)

Eine andere Form des Ausschlags kann Symptom einer Neurodermitis sein; hier ist eine ärztliche Behandlung erforderlich.

Soor

Wenn das Ekzem am After beginnt und sich bis zu den Oberschenkeln ausbreitet, kann es sich um die Pilzinfektion Soor handeln. Ein Arzt kann die Diagnose stellen.

Das Enkelkind anziehen

Es macht viel Freude, ein Baby hübsch anzuziehen, und die ganze Familie wird mit Begeisterung süße kleine Babykleidung kaufen. Natürlich wollen Sie ihm einige hübsche Sachen für besondere Gelegenheiten kaufen; doch es ist nicht nötig, viel Geld auszugeben – wie Sie wissen, wachsen kleine Babys sehr schnell aus ihren Sachen heraus.

Praktisch und bequem

Sie werden feststellen, dass sich modisch einiges geändert hat seit Ihrer Zeit. Es gibt heute sogar Designerkollektionen für kleine Kinder. Was Ihr Enkelkind anbelangt, ist alles geeignet, solange es weich und bequem ist und sich problemlos an- und ausziehen lässt.

Alle Babys spucken und sabbern auf ihre Kleidung und oft läuft auch eine Windel aus. Ihre Tochter wird waschmaschinengeeignete, farbechte Kleidung zu schätzen wissen. Vermeiden Sie weiße Kleidungsstücke – sie werden schnell schmutzig und bei häufigem Waschen grau. Suchen Sie nach weichen und bequemen Kleidungsstücken ohne harte Säume oder raue Nähte. Kleidung aus Frottee, Baumwolle oder weicher Schurwolle fühlt sich auf Babys Haut angenehm an.

»Für Ihr Enkelkind ist alles geeignet, solange es weich und bequem ist und sich problemlos an- und ausziehen lässt.«

Woran Sie denken sollten

Es gibt heute neue Stoffarten, die Feuchtigkeit aufnehmen, die Haut trocken halten und atmungsaktiv sind. Wenn Sie ökologisch denken, suchen Sie nach biologisch angebauter Baumwolle. Verzichten Sie auf grob gewebte Schals und Strickjacken – Babyfinger verfangen sich leicht in den Löchern. Prüfen Sie auch die Verschlüsse: Druckknöpfe im Schritt erleichtern den Zugang zum Windelbereich; Druckknöpfe am Halsausschnitt stellen sicher, dass das Baby das Teil auch noch tragen kann, wenn sein Kopf größer geworden ist.

Babys mögen es nicht, wenn ihnen etwas über das Gesicht gezogen wird; also suchen Sie nach Überschlagkragen oder Kleidung, die sich vorne schließen lässt. Diese können Sie auch ausziehen, ohne das Baby umdrehen zu müssen. So wird das Anziehen für das Baby angenehmer und für Sie einfacher.

Größen

Messen Sie Ihr Baby und nehmen Sie die Maße mit zum Einkaufen. Gleichaltrige Babys unterscheiden sich sehr in der Größe, also achten Sie stärker auf die Angaben zu Körpergröße und Gewicht als auf die Altersangabe.

Erinnern Sie sich …?

Denken Sie beim Einkauf von Babykleidung daran, dass locker sitzende Kleidung am bequemsten ist. Bündchen an Arm, Knöchel und Halsausschnitt sowie Verschlüsse sollten nicht scheuern.

- Kaufen Sie immer maschinenwaschbare Kleidung – die Teile bleiben nicht lange sauber.
- Wählen Sie Mützen, die praktisch und hübsch sind. Sonnenhüte für den Sommer haben am besten Bänder oder Gummibänder und eine breite Krempe. Mützen mit Ohrenklappen sind im Winter schön warm.
- Kräftige Primärfarben stehen Mädchen wie Jungen.
- Eine Kombination aus Latzhose und T-Shirt ist bequem und hübsch. Latzhosen mit Druckknöpfen im Schritt erleichtern das Wickeln.
- Strumpfhosen sind auch für Jungs praktisch und warm. Babys verlieren Strümpfe und Schühchen ständig.
- Jogginghosen sind sehr bequem und man kann leicht die Windel wechseln.
- Verzichten Sie auf flauschige Strickjacken, die die Haut des Babys reizen können.
- Unisex-Kleidung ist ideal für jeden Tag, aber vielleicht wollen Sie Ihrer Enkelin für besondere Gelegenheiten ein hübsches Kleidchen kaufen.
- Im Zweifel nehmen Sie die größere Größe; locker sitzende Kleidung ist wärmer und bequemer als zu enge. Es wird schnell hineinwachsen.

Hüte mit Krempe schützen vor der Sonne.

Latzhosen passen für Jungen und Mädchen.

Ein hübsches Kleid für besondere Anlässe.

Selbst anziehen

Die Kleidung bietet Ihrem Enkelkind eine erste Möglichkeit, seine Individualität auszudrücken. Ab dem Kindergartenalter will es vermutlich jeden Tag selbst seine Kleidung aussuchen. Eltern und Großeltern sind mit der Wahl nicht immer einverstanden, doch eine flexible Einstellung fördert seinen wachsenden Sinn für Identität und Selbstständigkeit.

Der Wunsch, sich selbst anzuziehen, ist ein Meilenstein in der Entwicklung; er drückt die aufkeimende Selbstständigkeit aus, aber auch die zunehmende Geschicklichkeit und den Wunsch, es den Erwachsenen gleichzutun.

Natürlich sind die ersten Versuche eher ungeschickt und wenig zielführend. Hier helfen Sie Ihrem Enkelkind sehr, wenn Sie Zeit und Geduld haben, abzuwarten und es zu ermutigen, während es immer wieder versucht, seine Schuhe und die Jacke an- oder auszuziehen. Das stärkt sein Selbstvertrauen und fördert seine Geschicklichkeit.

Derselbe Sinn nach Unabhängigkeit zeigt sich in seinem Bemühen, sich allein zu kämmen und selbst die Zähne zu putzen; beides können Sie zulassen, bevor Sie die Sache dann zu Ende führen.

Selbst versuchen
Es dauert, bis Ihr Enkel es schafft, seine Strümpfe anzuziehen. Aber greifen Sie nicht ein. Lassen Sie ihn machen; das fördert sein Selbstvertrauen. Loben Sie seine Anstrengungen.

Wie Ihr Enkel sauber und trocken wird

Beginnen wir mit der Blasenkontrolle. Sie beschäftigt die Eltern stärker, obwohl das Kind den Darm meist zuerst kontrollieren kann. Ich will ganz offen sein: Ich halte gar nichts von einer »Sauberkeitserziehung«. Sie ist völlig überholt; sie ist grausam, wenn ein Baby noch nicht reif dafür ist. Wann ein Baby trocken wird, ist individuell verschieden. Es gibt keine feste Regel.

Eine entspannte Einstellung

Das normale Zeitfenster ist groß. Tatsache ist: Ein Baby, das nicht reif dazu ist, kann nicht »trainiert« werden; ein Baby, das reif genug ist, braucht kein Training.

Ich vertrete eine entspannte Einstellung, bei der das Baby das Tempo bestimmt. Die meisten Probleme entstehen, wenn Eltern meinen, ihr Baby müsse früh trocken werden. Mit Übereifer wird das Baby gezwungen, auf dem Töpfchen zu sitzen und etwas zu »machen«; dann folgen Strafen – und das Unglück ist vorprogrammiert.

»Das Baby sollte das Tempo bestimmen. Ein Baby, das nicht reif dazu ist, kann nicht ›trainiert‹ werden; ein Baby, das reif genug ist, braucht kein Training.«

Zweifellos müssen Sie die Methode Ihrer Kinder unterstützen. Aber der natürliche Weg besteht darin, dass Ihr Enkelkind sich in seinem eigenen Tempo entwickelt. Es gibt keine Möglichkeit, dies zu beschleunigen; doch durch zu große Strenge können Sie das Kind bremsen. Vor 15 Monaten kann ein Baby seinen Urin kaum eine Sekunde lang anhalten. Selbst wenn es ankündigt, dass es »muss«, kann es nicht aufs Töpfchen warten.

Danach erwirbt es sehr langsam die Fähigkeit, den Urin anzuhalten, etwa eine Minute mehr pro Woche. Haben Sie also Geduld.

Ihre praktische Unterstützung

Egal welche Methode Ihre Kinder wählen, können Sie dennoch einen sanften Kurs verfolgen, wenn Sie das Kind betreuen. So bringen Sie Ihr Enkelkind sanft dazu, das Töpfchen zu benutzen:

- Ab etwa einem Jahr nutzen Sie das Töpfchen als Spielgerät, damit Ihr Enkelkind es kennenlernt.
- Wenn Ihr Enkelkind signalisiert, dass es »Pipi machen« muss, handeln Sie schnell.
- Stellen Sie am besten in jedem Zimmer ein Töpfchen bereit.

»Überlassen Sie es dem Baby. Probleme entstehen, wenn Eltern meinen, ihr Kind müsse früh trocken werden.«

- Nehmen Sie »Unfälle« leicht und loben Sie alle Erfolge.
- Wenn Ihr Enkel auf dem Töpfchen sitzt, setzen Sie sich dazu, erzählen ihm eine Geschichte oder lesen ihm vor.
- Verwenden Sie nachts Höschenwindeln, bis Ihr Enkelkind ganz trocken ist, damit es keine Angst hat einzunässen. Lassen Sie es selbst entscheiden, wann es sie nicht mehr braucht.
- Vergleichen Sie Ihr Enkelkind nie mit Ihren früheren Erfahrungen oder einem anderen Kind. Es hat sein eigenes Tempo.
- Das Kind bleibt nachts eher trocken, wenn es vor dem Schlafengehen nur wenig zu trinken bekommt.
- Mit zwei Jahren möchte Ihr Enkel vielleicht allein aufs Töpfchen gehen und ist sehr stolz, wenn ihm das gelungen ist.
- Bestehen Sie darauf, dass es vor dem Weggehen oder Zubettgehen aufs Töpfchen oder die Toilette geht.
- Stellen Sie ein Töpfchen neben das Bett, das es nachts benutzen kann.
- Halten Sie Höschenwindeln vorrätig, wenn Ihre Enkel bei Ihnen übernachten.

Erwarten Sie nicht mehr, als dieser grobe Zeitplan vorgibt

Diese groben Richtlinien basieren auf Durchschnittswerten. Kein Kind entspricht genau dem Durchschnitt; die Spanne dessen, was als normal gilt, ist sehr breit.

- 18 Monate – die meisten Mädchen sind tagsüber fast trocken, Jungen sechs Monate später.
- 2½ Jahre – viele Mädchen sind nachts fast trocken – Jungen sechs Monate später.
- 4 Jahre – neun von zehn Kindern sind Tag und Nacht trocken.
- Somit braucht jedes zehnte Kind mit fünf Jahren nachts noch eine Höschenwindel – das ist normal.

Ihr geschultes Auge – Ihre entspannte Haltung

Eltern steigern sich oft in das Thema Darmkontrolle hinein. Seien Sie hier die Stimme der Vernunft und nehmen Sie Ihr Enkelkind vor zu ehrgeizigen Eltern in Schutz. Sie wissen schließlich, dass kein Grund zur Panik besteht und alle Kinder mit der Zeit sauber werden.

Sich im eigenen Tempo entwickeln

Ein einfaches Beispiel zeigt, wie kontraproduktiv es ist, wenn man versucht, das Baby darauf zu trainieren, den Stuhlgang in sein Töpfchen zu machen. Jedes Kind will im Mittelpunkt der Aufmerksamkeit stehen. Wenn Sie wollen, dass es zu einer bestimmten Zeit Stuhlgang hat, und darauf bestehen, dass es auf dem Töpfchen sitzt, hat das Kind schnell heraus, dass es Ihre Aufmerksamkeit bekommt, indem es den Stuhl zurückhält. Damit weiß es, dass es Sie durch das Töpfchengehen manipulieren kann. Es lernt schnell, dass es im Mittelpunkt steht, wenn es keinen Stuhlgang hat. So kann man keine gesunde Darmtätigkeit fördern – eher Verstopfung.

Selbst wenn Ihre Kinder andere Vorstellungen haben, können Sie das Sauberwerden Ihres Enkelkindes auf kluge Weise fördern, wenn Sie es betreuen. Ermöglichen Sie Ihrem Enkel dann sich in seinem eigenen Tempo zu entwickeln.

Unternehmen Sie nicht verkrampft irgendwelche Aktionen, damit Ihre Enkel auf das Töpfchen oder die Toilette gehen. Ein Kind nimmt jede Anspannung seitens der Erwachsenen wahr; daher ist es wichtig, eine entspannte Atmosphäre zu bewahren und selbst ruhig zu sein.

Kritisieren Sie Ihre Tochter nie für ihren Umgang mit dem Töpfchen – es sollen deswegen keine Spannungen zwischen Ihnen entstehen. Folgen Sie ihrem Ansatz. Wenn Sie das Thema diskutieren wollen, dann bitte außer Hörweite des Kindes.

Ablenkungen
Sorgen Sie dafür, dass Ihr Enkelkind auf dem Töpfchen fröhlich und entspannt ist. Lesen Sie ihm vor; bald ist es so in die Geschichte eingebunden, dass es vergisst, dass es auf dem Töpfchen sitzt.

Was zu erwarten ist

Auch dieser Plan gibt nur grobe Richtlinien vor. Keine Sorge, wenn sich Ihr Enkelkind anders entwickelt. Hier einige Tipps, wie Sie es unterstützen können.

15 bis 18 Monate

Ihr Enkelkind entleert seinen Darm vielleicht automatisch nach dem Essen; also setzen Sie es dann aufs Töpfchen.

Was Sie unterstützend tun können

- Es ist vermutlich zu früh fürs Töpfchen; Sie können Ihr Enkelkind aber daran gewöhnen, indem es beim Anschauen von Büchern oder beim Spielen darauf sitzt.
- Sobald es frei sitzt, können Sie es nach den Mahlzeiten für kurze Zeit aufs Töpfchen setzen.
- Lassen Sie es immer nur kurz sitzen; ist ihm langweilig, nehmen Sie es hoch.
- Sagen Sie »Gut gemacht«, wenn es Stuhlgang hat, ansonsten verzichten Sie auf einen Kommentar.

18 Monate bis zwei Jahre

Ihr Enkelkind sitzt zufrieden und entspannt auf seinem Töpfchen oder spielt damit.

Was Sie unterstützend tun können

- Nehmen Sie es mit auf die Toilette; dann kann es Sie imitieren, wenn es so weit ist.
- Fördern Sie einen entspannten Umgang mit dem Töpfchen.

Zwei bis zweieinhalb Jahre

Der Wunsch Ihres Enkels, sauber und selbstständig zu sein, ist sehr ausgeprägt, also richten Sie sich nach ihm.

Was Sie unterstützend tun können

- Spornen Sie es an, indem Sie es nach einer sauberen Nacht loben.
- Seien Sie nicht verkrampft in Ihrem Wunsch, dass es sauber wird. Warten Sie seine Signale ab.
- Kinder sind oft früher sauber als trocken; daher ist es wichtig, zwischen beidem zu unterscheiden und jede Leistung für sich zu loben.

Drei bis fünf Jahre

Ihr Enkelkind kann seinen Stuhlgang nun kontrollieren und halten; ihm bleibt Zeit, zur Toilette zu gehen.

Was Sie unterstützend tun können

- Die meisten Kinder sind mit fünf Jahren sauber, aber nicht alle. Bewahren Sie Ruhe.
- Ziehen Sie ihm Kleidung an, die es schnell herunterziehen kann, wenn es »muss«.

»Ich bin eifersüchtig auf die anderen Großeltern«

Hanna ist traurig, weil die anderen Großeltern in ihrer Familie ihre Enkelkinder häufiger sehen als sie und ihr Mann. Sie sind öfter zu Besuch, und wenn ihrer Schwiegertochter herausrutscht, dass sie im letzten Sommer gemeinsam in Urlaub waren, ist Hanna eifersüchtig. Hanna hat sich seit Jahren auf eine enge Beziehung zu ihren Enkeln gefreut und meint jetzt, dass ihre Schwiegertochter ihre eigenen Eltern bevorzuge. Sollte Hanna ihr sagen, wie es ihr geht?

Das, was Hanna beschreibt, geschieht wahrscheinlich überall und man kann nichts dagegen tun. Eine Tochter wird immer ihre eigene Mutter bevorzugen – außer in Ausnahmefällen. Ich habe eine solche Ausnahme-Schwiegertochter. Sie gibt mir das Gefühl, sehr willkommen zu sein, und bemüht sich sehr, mich einzubeziehen. Ich glaube, das geschieht deshalb, weil ich sie so sehr mag und ihr das oft sage. Ich sage ihr, dass ich sie liebe wie meine eigene Tochter und dass ich sie für eine tolle Mutter halte. Ich lobe immer wieder, wie sie meine Enkel großzieht.

Bei den komplizierten Familienverhältnissen heutzutage infolge von Scheidung und Wiederheirat können Kinder mehrere Großelternpaare haben. In der Familie einer meiner Stieftöchter gibt es vier Paare und natürlich eine Hierarchie. Ich stehe ganz unten und bin doch glücklich, weil mich meine Stieftochter überhaupt einbezieht. Ich behandle ihre Kinder genauso wie meine eigenen Enkel und glaube, dass ihre Kinder mich als liebevolle Oma betrachten.

Vielleicht könnte Hanna Beistand von ihrem Sohn erhalten. Und alle vier Großeltern könnten sich zum Essen treffen. Dann kann sie zeigen, dass sie keinen Groll hegt.

Hanna sollte vorsichtig damit sein, das Thema bei ihrer Schwiegertochter anzusprechen. Schließlich geht es dabei um deren Mutter; die beiden stehen sich offensichtlich sehr nahe. Vielleicht spricht sie besser mit ihrem Sohn und erklärt ihm ihre Gefühle. Er könnte versuchen, das Gleichgewicht zwischen Hanna und seinen Schwiegereltern wiederherzustellen. Und alle vier Großeltern könnten sich einmal zum Essen treffen. So kann Hanna zeigen, dass sie keinen Groll hegt.

5 *Das Enkelkind trösten*

Liebevolle Großeltern sind eine große Hilfe beim Trösten des Babys. Und sie können ihm beibringen, wie es sich selbst beruhigt.

»Immer wenn das Baby berührt und liebkost wird, werden Wachstumshormone aktiv, die eine gesunde Entwicklung fördern.«

Babys brauchen Trost

Die meisten erstmaligen Eltern sind erschrocken und beunruhigt, wenn ihnen klar wird, wie viel ein Baby schreit. Als Großeltern können Sie Ihre Kinder beruhigen. Sie haben den Weitblick und wissen, dass sich das Schreien nach den ersten Wochen oder Monaten meist legt.

Soll man Babys schreien lassen?

Vielleicht stellen Sie fest, dass Sie beim Thema Trösten und Beruhigen anderer Meinung sind als Ihre Kinder, da es heute unterschiedliche Einstellungen gibt. Es ist gut, diese zu kennen, aber wie immer gilt für Großeltern der Grundsatz, die Kinder in ihrer gewählten Methode zu unterstützen.

Eine der momentan beliebten Methoden, einem Baby das Schlafen »beizubringen«, ist das sogenannte »kontrollierte Schreien«. Man lässt das Baby längere Zeit schreien in der Hoffnung, dass es schließlich aufhört und allmählich lernt, selbst in den Schlaf zu finden. Ich finde die Vorstellung, ein Baby längere Zeit schreien zu lassen, bis es erschöpft einschläft, unerträglich – im Hinblick auf Menschlichkeit und im Hinblick auf die Auswirkungen, die dieser Stress auf die Gehirnentwicklung des Babys hat (s. S. 103).

Es gibt Eltern, die auf diese Methode schwören; vielleicht wollen auch Ihre Kinder sie anwenden, daher ist es gut zu wissen, worum es dabei geht.

»Es gibt unterschiedliche Methoden, Babys zu beruhigen, aber für Großeltern gilt der Grundsatz, die Kinder in ihrer gewählten Methode zu unterstützen.«

Kontrolliertes Schreien

Beim kontrollierten Schreien soll das Baby trainieren (nicht lernen), allein einzuschlafen. Dabei lassen Sie das Baby z. B. fünf Minuten schreien und schauen dann, ob alles in Ordnung ist. Sie streicheln oder trösten es aber nicht, sondern sagen ihm, dass es schlafen soll und dass Sie sich morgen wiedersehen.

Dann verlängern Sie die Intervalle um jeweils fünf Minuten bis auf 15 Minuten. Bei einem heftig schreienden Baby können Sie mit einem 10-Minuten-Intervall beginnen, das Sie auf 20 Minuten ausdehnen. Befürworter behaupten, dass ein Kind bei richtiger Anwendung kaum länger als eine Stunde schreit.

Es heißt, die Methode sei einfach durchzuführen und nach höchstens sieben bis zehn Tagen erfolgreich. Aber sie kann grausam und emotional belastend sein. Die Methode wird meist bei Babys zwischen sechs Monaten und drei Jahren angewandt. Manche meinen, sie füge einem Kind keinen Schaden zu, doch beim Schreien wird das Gehirn des Babys von Stresshormonen überflutet, die Wachstum und Funktion des Gehirns beeinträchtigen.

Warum ich kontrolliertes Schreien für schädlich halte

Glücklicherweise gibt es inzwischen handfeste wissenschaftliche Beweise, die die Theorie des kontrollierten Schreiens in Frage stellen. Wenn ein Baby schreit, gerät es in Stress. Dieser Stress ist besonders schädlich, weil dabei große Mengen an Stresshormonen ausgeschüttet werden, die die Gehirnentwicklung beeinträchtigen. Da das Baby sich nicht selbst schützen kann, müssen die Eltern Stress von ihm fernhalten. Der präfrontale Kortex (die Stirnlappen), der die Emotionen steuert, ist bei der Geburt noch nicht ausgebildet.

Trösten Sie es
Da sein Gehirn noch wenig entwickelt ist, kann sich das Baby noch nicht selbst beruhigen. Wenn es unglücklich ist, muss ein Erwachsener es trösten und Stressfaktoren ausschalten.

Der Spiegel an Stresshormonen bleibt niedrig, wenn die Eltern oder andere fürsorgliche Bezugspersonen, wie die Großeltern, einem Baby Geborgenheit und Vertrauen vermitteln durch Halten, Streicheln, Füttern, Kuscheln, Trösten, gutes Zureden und Lachen. Da ein Baby emotional labil ist, werden rasch Stresshormone freigesetzt, wenn sich niemand um das Baby kümmert, seine emotionalen Bedürfnisse stillt und bereit ist, es zu beruhigen und zu trösten. Sue Gerhardt formuliert das in ihrem wunderbaren Buch »Die Kraft der Elternliebe« so: Ein Baby kann seine Stresshormone nicht ausblenden, es braucht fürsorgliche Erwachsene, die sie von ihm fernhalten. Ihr Enkelkind hat noch nicht die »Ausstattung« zur Stressbewältigung, weil der dafür zuständige Teil des Gehirns erst in vier bis sechs Monaten funktionstüchtig ist. Aus diesem Grunde halte ich das kontrollierte Schreien für verkehrt.

Die beste Mutter

Ich glaube fest daran, dass die beste Mutter die ist, die ihr Kind in den Arm nimmt, wenn sie das Gefühl hat, dass das Kind dies braucht; die ihr Kind hochnimmt, wenn sie glaubt, dass es dies möchte, und die es hinlegt, wenn sie meint, es brauche Ruhe. Sie füttert ihr Baby, wenn es Hunger hat (und nicht nach der Uhr), und lässt es schlafen, wenn sie spürt, dass es müde ist. Hier können Großeltern wertvolle Hilfe leisten und helfen, dem Baby die intensive Liebe und Sicherheit zu geben, die es braucht.

Zärtlichkeit und Sicherheit

Das gesamte psychische und organische System eines Babys wird dadurch geprägt, wie viel frühen Stress es erlebt und wie gut seine Betreuer ihm bei der Bewältigung helfen. Das Baby braucht Eltern – und Großeltern –, die ihm helfen, sein Gleichgewicht wiederherzustellen. Dann lernt es, seine eigenen Stresshormone und seine eigenen Emotionen zu regulieren.

Babys brauchen Liebe

Wenn das Baby Stress ausgesetzt wird und ihm niemand bei der Bewältigung hilft, schüttet es als letzte Möglichkeit Stresshormone aus. Dann schreit es häufig, bleibt trotz Beruhigung aufgeregt und ist untröstlich.

Dabei leidet das Gehirn des Babys. In ihrem Buch »A General Theory of Love« führen die amerikanischen Psychiater Lewis, Amini und Lannon aus, dass das Band der Liebe – oder das Fehlen dieser Liebe – das Gehirn eines Babys für immer prägt. Unsicherheit im frühen Leben führt zu Veränderungen im Gehirnstoffwechsel. Der Spiegel an stimmungshebenden Substanzen wie Serotonin und Dopamin sinkt und prägt so das Gehirn eines Babys in den ersten Lebensmonaten.

Die Forscher glauben, dass sich durch falsche Erziehungsmethoden (ein Baby lange schreien lassen) diese Veränderung der Gehirnchemie verfestigt und dauerhaft wird; das Baby entwickelt sich zu einem schüchternen, anhänglichen Kind, einem neurotischen, zurückgezogenen Teenager und einem Erwachsenen, der anfällig für Ängste und Depressionen ist.

»Großeltern können helfen, einem Kind die Liebe und Sicherheit zu schenken, die es braucht.«

Bei Stress wird das Gehirn von dem Hormon Kortisol überschwemmt statt von den beruhigenden Hormonen Serotonin und Dopamin. Körper und Gehirn sind im Alarmzustand.

Zugewandte Eltern helfen ihrem Baby, seine Emotionen auszubalancieren. Ein aufgeregtes Baby ist davon abhängig, dass seine Mutter es tröstet, weil es sich nicht selbst trösten kann. Nachdem es viele Male getröstet wurde, erinnert sich das Baby an dieses Gefühl und kann sich den Trost allmählich selbst geben. Es lernt, sich selbst zu beruhigen. Es weiß, dass ihm nichts geschieht.

Frühe gute Erfahrungen schaffen Gehirne mit mehr Nervenverbindungen – reicher vernetzte Gehirne. Mit mehr Vernetzungen ist die Gehirnleistung besser und flexibler. Zwischen sechs und zwölf Monaten erfolgt – dank der zärtlichen Fürsorge liebevoller Eltern – ein massiver Wachstumsschub in diesen Verbindungen eines Babygehirns; dies ist die Zeit, in der die Beziehung zum Baby besonders intensiv ist.

Fördern Sie positive Erfahrungen

Ein Baby merkt sich negative Ereignisse, Anblicke und Erinnerungen und speichert sie. Eine negative Erfahrung kann ebenso eine chemische Reaktion auslösen wie eine positive. Sobald Stresshormone ausgeschüttet werden, unterbrechen sie den Fluss der Endorphine und des Dopamins und töten angenehme Gefühle ab. Allan Schore, ein weiterer Forscher auf diesem Gebiet, glaubt, dass visuelle Eindrücke, Lächeln und Trosterfahrungen das Gehirnwachstum des Babys unterstützen. Schore vermutet, dass diese frühen und liebevollen Erfahrungen der wesentlichste Stimulus für das Wachstum des emotional intelligenten Gehirns sind.

Wenn ein Baby sich freut, wird es von chemischen Substanzen durchströmt, die Glücksgefühle auslösen. Das Wohlfühlhormon Beta-Endorphin wird in den Blutkreislauf und insbesondere in das präfrontale Gehirn ausgeschüttet. Diese natürlichen Opioide fördern das Wachstum der Gehirnzellen.

»Zärtlichkeiten und liebevolle Worte setzen Wohlfühlhormone frei, die das Wachstum des sozialen Gehirns unterstützen.«

Gleichzeitig wird ein weiteres Hormon, das Dopamin, im präfrontalen Kortex ausgeschüttet. Auch dieses unterstützt das Wachstum neuer Gehirnzellen. Wenn Sie wissen wollen, wie sich dies anfühlt, stellen Sie sich vor, Sie würden für eine gut erledigte Aufgabe belohnt. Zärtlichkeiten und liebevolle Worte setzen Wohlfühlhormone frei, die das Wachstum des sozialen Gehirns unterstützen. Welche Eltern oder Großeltern können da noch widerstehen und nicht zu ihrem schreienden Baby gehen?

Die Entwicklungspsychologin Mary Ainsworth hat gezeigt, dass Eltern und Großeltern, die ihren natürlichen Instinkten folgen, glückliche, sicher gebundene Kinder haben. Jedes Mal, wenn ein Baby berührt und liebkost wird, werden Wachstumshormone aktiviert, die eine gesunde Entwicklung unterstützen.

»Frühe gute Erfahrungen schaffen Gehirne mit mehr Neuronenverbindungen – reicher vernetzte Gehirne.«

Selbstberuhigung

Eine wichtige Fähigkeit, die Erwachsene Babys beibringen können, ist die Kunst der Selbstberuhigung. Sie führt das Baby auf den Weg zu Selbstständigkeit und Selbstvertrauen. Es sollte nicht von einem Erwachsenen abhängig sein, damit es einschlafen kann. Helfen Sie ihm, diese Fähigkeit zu erwerben.

Die Rolle der Großmutter

Nicht jedes Baby ist ruhig und zufrieden, wenn es aus einer anregenden in eine ruhige Umgebung gebracht wird – z. B. wenn es nach dem Stillen an Mamas Brust ins Bettchen gelegt wird. Mindestens die Hälfte der Babys will mehr Zuwendung. Wir sollten die Zeit, Mühe und Liebe aufbringen, unserem Enkelkind beizubringen, wie es sich selbst beruhigen und allein einschlafen kann. Omas spielen dabei eine bedeutende Rolle – sie haben die Zeit und Geduld, die Eltern oft fehlt.

»Ein Baby muss einfach wissen, dass jemand da ist. Ihre trostspendende Anwesenheit kann schon genügen, damit es sich selbst beruhigt.«

Auch ein müdes Baby braucht manchmal ein wenig Körperkontakt, damit es einschlafen kann. Aus diesem Grund bin ich so strikt dagegen, Babys schreien zu lassen; denn dann geben wir ihnen nicht die Hilfe, die sie zum Ruhigwerden benötigen. Körperkontakt heißt nicht, dass Sie das Baby hochnehmen, mit ihm schmusen und es im Zimmer umhertragen – es muss nur wissen, dass Sie da sind. Ihre trostspendende Anwesenheit kann schon genügen, damit es sich selbst beruhigt.

Sobald es im Bettchen liegt, streicheln Sie es fest und rhythmisch. Murmeln Sie gleichzeitig ein beruhigendes »Pscht« und dehnen Sie den Laut über mehrere Streicheleinheiten aus. Die meisten Babys hören auf zu schreien, weil sie durch das Streicheln und das »Pscht« abgelenkt werden. Fahren Sie damit fort, bis es nicht mehr schreit, und machen Sie auch dann noch einige Minuten weiter.

Beruhigt sich das Baby nicht innerhalb einiger Minuten, nehmen Sie es hoch und streicheln Sie es an Ihrer Schulter. Sagen Sie wieder »Pscht«, bis es aufhört zu schreien. Legen Sie es wieder in sein Bettchen, streicheln Sie es und sagen »Pscht« – wenn es ruhig ist, noch etwa zehn Minuten lang. Dann können Sie das Streicheln nach und nach verlangsamen und etwas ruhiger sprechen. Bleiben Sie noch mehrere Minuten lang bei ihm im Zimmer, denn es dauert etwa 20 Minuten, bis ein Baby im Tiefschlaf ist. Wir wollen schließlich nicht, dass es wegen Gliederzuckungen wieder aufwacht und feststellen muss, dass Sie nicht mehr da sind.

Dem Baby Vertrauen vermitteln

Babys, die mit dieser Methode lernen, sich selbst zu beruhigen, können dies ab dem vierten Monat leicht und schnell, wenn sie in ihr Bettchen gelegt werden. Eltern und Großeltern haben ihnen das Vertrauen vermittelt, dass sie für sich selbst sorgen können. Das Baby hat gute Erinnerungen daran gespeichert, im Gefühl der Sicherheit in den Schlaf zu finden, und es kann diese abrufen, wenn es ins Bett gelegt wird.

Das größte Hindernis für das Erlernen dieser Selbstberuhigung ist mangelnde Konsequenz. Wenn Eltern sich z. B. nach der Geburt zunächst für ein Familienbett entscheiden, wird es sehr schwierig, wenn das Baby in sein eigenes Bettchen umziehen muss, denn das Baby hat sich daran gewöhnt, nur in Gegenwart der Eltern zu schlafen. Darauf soll es nun plötzlich verzichten. Natürlich nimmt es das nicht einfach hin; es kann sogar Verlassenheitsängste haben. Das Gefühl der Unsicherheit ist zu groß, um im eigenen Bett einschlafen zu können. So ist das Co-Sleeping zwar für viele Eltern schön und bequem, aber es fördert nicht die Fähigkeit des selbstständigen Einschlafens. Letztendlich wird das Vertrauensverhältnis beschädigt, das entscheidend ist, damit das Baby zu einem selbstständigen, sicheren Kind heranwächst.

Ich stehe in jeder Situation, in der das Vertrauen des Babys zu den Bezugspersonen geschwächt werden kann, auf der Seite des Babys. Eine solche Situation ist auch dann gegeben, wenn man das Baby länger schreien lässt, wie es beim kontrollierten Schreien der Fall ist – zuletzt kann Ihr Baby nicht mehr auf Sie als Tröster vertrauen und lernt aus einem Mangel heraus, selbstgenügsam zu sein.

Eine zärtliche Hand
Durch den Körperkontakt einer zärtlichen Berührung auf seinem Bauch fühlt das Baby sich schon sicher und getröstet. Diese einfache Geste zeigt ihm, dass jemand da ist.

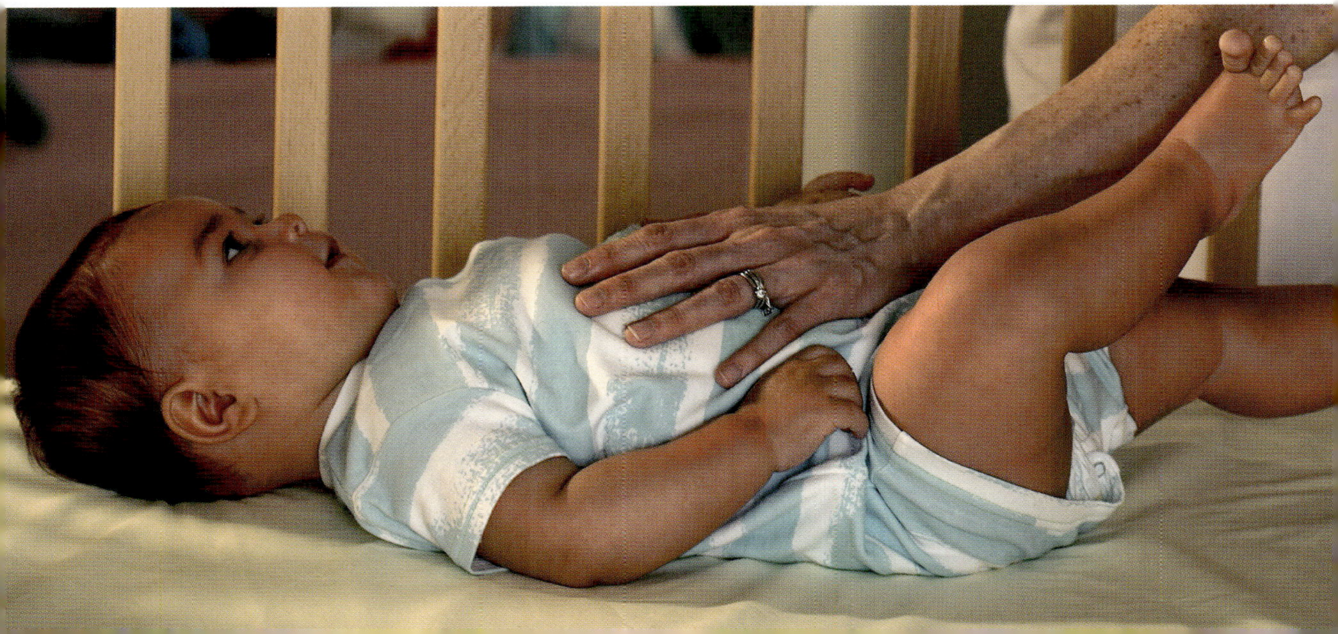

»Ein Baby kann sich ans Daumenlutschen gewöhnen und sich damit ein eigenes Einschlaf- und Beruhigungsritual schaffen.«

Auch wenn es kurzfristig Erfolg haben mag, so werden doch viele Babys, die man lange schreien lässt, zu chronisch schlechten Schläfern. Diese Babys schreien mit zunehmendem Alter sogar mehr. Manche machen zur Schlafenszeit ein großes Theater; sie bekommen sogar Angst vor dem eigenen Bett. So kehrt sich schließlich der Tagesrhythmus des Babys um. Es ist absolut nicht vertretbar, dass ein Baby aus purer Erschöpfung nach langem Schreien einschläft.

Wenn ein Baby erst einmal Misstrauen gegenüber seinen Betreuern und dem Bett hat, erfordert es oft ein mehrmonatiges Einschlaftraining, um dieses Problem zu überwinden. Besser lässt man es erst gar nicht entstehen.

»Babys haben ein natürliches Saugbedürfnis. Ich sehe keinen Schaden darin, dem Baby bei Bedarf einen Schnuller zu geben.«

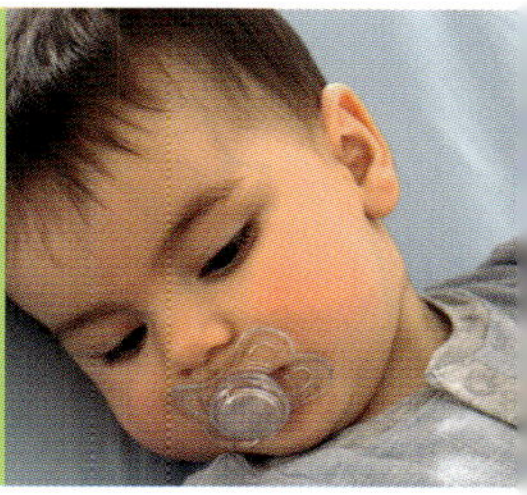

Trosthilfen

Bis zum Alter von vier oder fünf Monaten ist das Saugen die einzige Quelle der Selbsttröstung; deshalb beruhigen sich Stillbabys, sobald man sie an die Brust legt. Dabei suchen sie oft eher den Trost durch das Nuckeln als die Milch.

Bis zu diesem Alter ist es nicht schädlich, wenn man einem Baby einen Schnuller gibt, damit es sein Saugbedürfnis stillen kann. Sobald ein Baby jedoch seine Finger entdeckt hat, können Sie ihm helfen, seine Finger in den Mund zu stecken und damit den Schnuller zu ersetzen. Wenn es aber weiter nachts einen Schnuller verlangt, sehe ich keinen Grund, ihm diesen vorzuenthalten.

Es ist so wichtig, dass ein Baby von selbst einschlafen kann, dass es dazu so viele Trosthilfen haben sollte wie möglich. Das Baby kann eine Bindung zu einem Trostobjekt herstellen – eine Stoffpuppe, ein kleines Taschentuch, eine Decke, ein Mulltuch – oder Gewohnheiten entwickeln wie Schaukeln, Daumenlutschen oder Haarezwirbeln. Damit entwickelt es sein eigenes Einschlaf- und Beruhigungsritual. An all diesen Ritualen ist nichts verkehrt. Durch den Einsatz einer Trosthilfe zum Einschlafen nutzt das Baby eigenverantwortlich seine inneren Ressourcen. Zu gegebener Zeit, sobald es eigenständig genug ist, wird es diese Gewohnheiten wieder aufgeben. Also warum sich widersetzen? Es wäre verkehrt, sie ihm wegzunehmen oder zu versuchen, sie ihm abzugewöhnen.

Wutanfälle und Tränen

Sie werden sich nur zu gut an die Wutanfälle und die Schwierigkeiten, ein brüllendes Kleinkind zu bändigen, erinnern. Sie wissen, dass dies in diesem Alter normal ist und dass Sie Ruhe bewahren sollten, wenn Ihr Enkelkind im Supermarkt einen Trotzanfall bekommt. Weil Sie all das schon kennen, werden Sie dadurch weniger alarmiert sein als Mama oder Papa, die dies zuvor noch nicht erlebt haben.

Mit Wutanfällen umgehen

Ein kleines Kind kann seinen Willen oder seine Frustrationen noch nicht ausdrücken und kontrollieren. Es schreit, wirft sich auf den Boden, tritt und brüllt. Die Ratschläge, wie man damit umgeht, haben sich seit unserer Zeit kaum verändert – wie immer ist es das Wichtigste, ruhig zu bleiben, da jede Aufmerksamkeit Ihrerseits die Wut nur verlängert. Wenn Ihr Enkelkind in der Öffentlichkeit einen Wutanfall hat, nehmen Sie es beiseite, ohne Aufhebens davon zu machen.

Zu Hause ist es am besten, das Zimmer zu verlassen, nachdem Sie sichergestellt haben, dass dem Kind nichts passieren kann. Erklären Sie Ihrem Enkelkind, dass Sie es weiterhin sehr lieben, nun aber hinausgehen, weil Sie sich ärgern. Sperren Sie es niemals in ein anderes Zimmer ein – das verbaut ihm die Möglichkeit, zurückzukommen und sich zu entschuldigen.

»Kleinkinder weinen schon bei scheinbar kleinen Vorkommnissen schnell. Mit Geduld können Sie ihren Kummer besänftigen.«

Kleinkinder und Kindergartenkinder trösten

Kinder in diesem Alter weinen schon bei scheinbar kleinen Vorkommnissen schnell, etwa einem aufgeschürften Knie. Mit Geduld können Sie ihren Kummer besänftigen. Schmusen allein reicht nicht immer aus. Der folgende Vier-Schritte-Plan funktioniert meistens und lehrt die Kinder, sich selbst wieder zu beruhigen.

- Anerkennen Sie den Grund für das Weinen – zeigen Sie etwa bei einer Beule Mitgefühl. Sagen Sie ihm, dass Sie wissen, wie weh das tut. Sagen Sie nicht, es solle tapfer sein; machen Sie sich nie über seinen Kummer lustig.

- Trösten Sie es mit einem Kuss und sanften Worten. So zeigen Sie ihm, dass Sie verstehen, wie es sich fühlt.
- Lenken Sie das Kind ab. Schlagen Sie ein Spiel oder einen kleinen Imbiss vor.
- Gehen Sie rasch wieder zu Ihrer normalen Beschäftigung über – die Tränen sind bald vergessen.

Zauberpflaster
Ein Pflaster wirkt bei einem kleinen Unfall Wunder, selbst wenn es medizinisch nicht nötig wäre. Das Pflaster lenkt ab, besonders wenn es ein lustiges Kinderpflaster ist.

Als meine Kinder klein waren, hatte ich immer eine »Zaubersalbe« (eine milde Wundheilsalbe) für Beulen und Kratzer griffbereit. Durch die damit verbundene Zuwendung wirkte die Salbe jedes Mal Wunder.

Ich will zu Mama

Wenn Kinder dem Babyalter entwachsen, lassen sie sich bei Kummer oder Angst manchmal nur noch von ihren Eltern trösten. Vielleicht weist Ihr dreijähriges Enkelkind plötzlich Ihre Zuwendung zurück und ruft nach seiner Mutter. Seien Sie nicht verärgert. Das ist nicht persönlich gemeint – Ihr Enkel erkennt nun, dass es in seiner Welt eine Hierarchie gibt und dass seine Eltern ganz oben stehen.

In dieser Phase haben Kinder noch große Angst vor einer Trennung von den Eltern. Sie befürchten, dass die Eltern nicht zurückkommen. Wenn Sie babysitten, lügen Sie Ihr Enkelkind nie an. Sagen Sie ihm nicht, dass Mama in einer Minute zurückkomme, wenn sie den ganzen Abend ausgegangen ist. Vermitteln Sie ihm Sicherheit, indem Sie ihm Schritt für Schritt erklären, wie es abläuft: Oma wird es nun baden, ihm dann eine Geschichte vorlesen und es ins Bett bringen und am nächsten Morgen sind Mama und Papa wieder da. Je mehr Details Sie überzeugend anführen können, umso besser. Versichern Sie Ihren Enkeln: »Mama und Papa kommen immer zurück.«

Mit Mama schmusen
Die liebevolle Zuwendung der Mutter kann nahezu jeden Kummer eines Babys heilen. Ist die Mutter nicht da, kann Oma oder Opa an ihre Stelle treten.

Entthronung

Eine Zeit, in der Oma und Opa wirklich voll zu ihrem Recht kommen, ist die Ankunft eines Geschwisterchens in einer Familie. Das große Kind hat dann oft das Gefühl, dass seine Stellung bei den Eltern, ihre Liebe, in Gefahr ist. Viele flüchten sich in Babyverhalten und Wutanfälle und fühlen sich entthront. Als Oma können Sie Ihrem Enkelkind die besondere Aufmerksamkeit und Sicherheit schenken, die es in dieser Zeit sucht. Geben Sie ihm extra viel Liebe und stärken Sie durch Ihre uneingeschränkte Zuwendung sein Selbstwertgefühl und sein Selbstvertrauen.

»Mein Enkel hat das Down-Syndrom«

Brigittes Enkelkind – ihr erstes – hat ein Down-Syndrom und sie weiß nicht, wie sie damit umgehen soll. Sie hatte sich auf sein Heranwachsen und auf gemeinsame Unternehmungen gefreut. Sie sagt, er sei ein süßer kleiner Junge und lächle und plappere viel, aber sie könne keine Beziehung zu ihm aufbauen wie zu einem »normalen« Kind. Brigitte fühlt sich nicht als wirkliche Großmutter. Sie ist so unglücklich, dass sie sich oft in den Schlaf weint. Was kann sie tun?

Ich rate Brigitte dringend, sich nicht selbst zu bemitleiden und an ihren Enkel zu denken. Sie sollte ihm zur Seite stehen und stolz auf ihn und seine Leistungen sein.

Die Tochter meiner Freundin hat einen Sohn mit Down-Syndrom. Es war eine der größten Freuden in meinem Leben, dieses Kind kennenzulernen. Er ist jetzt sechs und geht in die Schule. Er ist klug und immer fröhlich. Er liebt Musik und wir singen zusammen, wobei er ein Tamburin schlägt. Ich gehe mit ihm und meinen Enkeln gemeinsam in den Park und sie spielen sehr schön miteinander. Er hält mit und hat viel Spaß. Die Kinder lieben ihn, für sie ist er völlig »normal«. Brigitte könnte viel Freude haben, wenn sie sich auf ihren Enkel einließe. Sie sollte sofort damit anfangen. Es wäre jammerschade, diese wunderbare erste Zeit zu versäumen.

Ein Baby mit Down-Syndrom hat genau dasselbe Recht wie jedes andere Kind auf das bestmögliche Leben. Das bedeutet, dass es geliebt, geschätzt, umsorgt und gebildet wird und so normal wie möglich leben kann. Kinder mit Down-Syndrom haben viele gewinnende Seiten: Sie sind zufrieden, kommen mit speziellen Hilfen in der Regelschule gut zurecht und manche können mit ein wenig Unterstützung ein selbstständiges Leben führen.

Daher lautet mein Rat an Brigitte: Warum auf so viel Glück verzichten? Statt zu weinen und zu hadern, sollte sie sich darum bemühen, ihrem Enkel zur Seite zu stehen und stolz auf ihn und seine Leistungen zu sein. Er wird es tausendfach zurückzahlen. Beginnen Sie an Ihren Enkel zu denken statt an sich selbst. Finden Sie heraus, wie Sie ihm helfen können. Er braucht Sie noch viel mehr als ein »normales« Baby.

6 Süße Träume mit Oma und Opa

Informieren Sie sich über die neuesten Ansichten zum Thema Schlaf; lassen Sie aber immer Ihre Kinder ihre eigenen Entscheidungen treffen.

Babys und Schlaf

Viele frischgebackene Eltern haben Mühe damit, dass ihr Baby schläft, und sind sehr verunsichert. Hier kann die Großmutter wertvolle Hilfe leisten. Dank Ihrer Erfahrung und Ihres ruhigen Selbstvertrauens wissen Sie, was Ihr Enkelkind braucht und wie man ein gutes Schlafverhalten fördert.

Allein schlafen

Es ist sehr wichtig, dass ein Baby lernt, allein zu schlafen. Eltern meinen oft, es würde automatisch einschlafen, wenn man es in einem ruhigen Zimmer in sein Bett legt. Doch das ist selten der Fall. Und das ist gut nachvollziehbar. Schließlich lebte das Baby bis zur Geburt im Körper seiner Mutter, wo ihm ihre Wärme und der konstante Herzschlag Sicherheit schenkten.

»Dank Ihrer Erfahrung und Ihres ruhigen Selbstvertrauens wissen Sie, was Ihr Enkelkind braucht und wie man ein gutes Schlafverhalten fördert.«

Alleinsein bedeutet zunächst einen großen Schock; das Baby gerät unter Stress und schreit. Man muss ihm beibringen, dass es normal ist, allein zu schlafen. Allerdings sollte man es dabei nie allein schreien lassen. Langes Schreien setzt das Gehirn unter Stress (s. S. 102) – ist das Baby erst einmal in dieser Verfassung, wird es nicht schlafen. Es muss sich sicher und geliebt fühlen. Dabei hilft in den ersten Wochen das Pucken, ebenso Streicheln und leises Zureden.

Gesunder Schlaf Beim Schlafen darf das Baby nicht zu warm zugedeckt sein; zu viele Decken behindern den Schlaf.

Was die Oma tun kann

Aus meiner langjährigen Erfahrung als Oma weiß ich, dass Babys und Kinder besser und länger schlafen, wenn es sinnvolle Schlafregeln gibt. Alle Kinder lieben Rituale – sie geben ihnen Sicherheit. Wenn es bislang kein Einschlafritual gegeben hat, lassen sich schlechte Gewohnheiten durch gute ersetzen, wenn man auf bestimmte Signale achtet und Routinen befolgt (s. S. 128 f.). Als Oma kann ich am Ende eines langen Tages noch die Zeit und Geduld für diese Rituale aufbringen, während die Eltern nach einem anstrengenden Tag oft gestresst sind.

Es gibt zahllose Bücher darüber, wie man den Schlaf von Babys und Kindern fördert. Ihre Familie bekommt sicherlich auch viele Tipps und entwickelt daraus ihr eigenes Vorgehen. Vielleicht zählt dabei Ihr Rat; möglicherweise werden Sie aber auch mit Methoden konfrontiert, die Ihnen fremd sind. Bitte stellen Sie sich dennoch darauf ein. Ich habe gelernt, mich nach den Regeln meiner Kinder zu richten, und erlebe, dass meine Enkel abends zufrieden ins Bett gehen.

Ein paar Dinge zur Erinnerung

Unterstützen Sie in jedem Fall die Methode, für die sich Ihre Kinder entschieden haben. Stehen Sie rückhaltlos dazu, um Ihrem Enkel unbeschwerte Schlafenszeiten zu ermöglichen. Folgende Erkenntnisse können Ihnen dabei nützlich sein:

Je öfter ein Baby schläft, umso mehr schläft es

Kleine Babys, die morgens und nachmittags regelmäßig schlafen, werden auch nachts gut schlafen. Ein Baby, das tagsüber wenig schläft, ist abends eher übermüdet und überdreht und schläft dann auch nachts schlecht.

Selbstständiges Einschlafen begünstigt besseren Schlaf

Ein Baby, das selbst einschlafen und sich selbst beruhigen und trösten kann, wird automatisch zufrieden schlafen. Doch das muss es erst mithilfe der Erwachsenen lernen; sie müssen ihm beibringen, auf angenehme und natürliche Art in den Schlaf zu finden.

Babys muss man beibringen, allein einzuschlafen

Ein Neugeborenes schläft in den ersten Wochen etwa 16 Stunden am Tag; Schlafen scheint für ein Baby etwas ganz Natürliches zu sein. Dennoch muss man einem Baby beibringen, allein in seinem Bettchen einzuschlafen, ohne dass es getragen, gestillt oder liebkost wird.

Wie ein Baby schläft

Sie erinnern sich sicherlich daran, dass sich das Schlafverhalten des Babys im ersten Jahr sowohl hinsichtlich der Schlafdauer wie der Schlafzeiten verändert. Ich führe diese Veränderungen hier kurz an, damit Sie die Eltern Ihres Enkels unterstützen und beruhigen können, wenn sie sich wegen Schlafproblemen Sorgen machen.

Die ersten paar Monate

Der Schlafrhythmus eines Babys ist in den ersten drei Monaten ziemlich unberechenbar, weil das Baby Nacht und Tag nicht unterscheiden kann. Das Wachsein wird weitgehend davon bestimmt, ob es Hunger hat oder nicht.

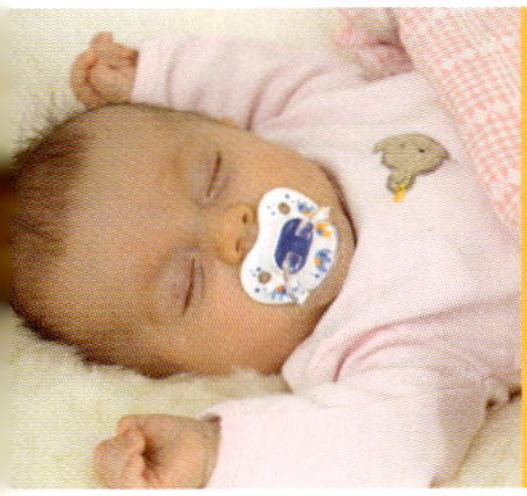

»Die meisten Babys schlafen nachts erst durch, wenn sie etwa 5,5 kg wiegen. In dieser Phase ist das Gewicht entscheidend, nicht das Alter.«

Doch bereits in den ersten drei Monaten kann man beginnen, den Nachtschlaf zu fördern, indem man das Baby zum Schlafen immer in ein verdunkeltes Zimmer legt. Sobald es versteht, dass vor allem die Nacht zum Schlafen da ist, wird es am Ende des dritten Monats tagsüber nur noch zwei- bis dreimal statt drei- bis viermal schlafen. Es wird nachts länger am Stück schlafen und mit drei Monaten möglicherweise durchschlafen – aber denken Sie bitte daran, dass dies vor allem von seinem Gewicht abhängt. Die meisten Babys schlafen nachts erst durch, wenn sie etwa 5,5 kg wiegen. In dieser Phase ist das Gewicht entscheidend, nicht das Alter.

Sechs Monate und älter

Mit sechs Monaten braucht das Baby nur noch 14 Stunden Schlaf am Tag. Sein Schlafbedarf hängt davon ab, wie schnell es sich entwickelt. Bis das Baby sechs Monate alt ist, haben die Eltern großen Einfluss auf seinen Schlaf und können ihm ein gutes Schlafverhalten beibringen. Mit neun Monaten benötigt es vor- und nachmittags je eine Schlafphase und schläft nachts fast zwölf Stunden durch.

Beim Kleinkind kann der Vormittagsschlaf etwas später liegen und etwa eineinhalb Stunden dauern; bald danach wird es den Nachmittagsschlaf auslassen. Mit knapp drei Jahren schläft es tagsüber nur noch eine Stunde und nachts elf bis zwölf Stunden.

Schlafsignale am Tag

Es hilft dem Baby auf seinem Weg, die Nacht als Hauptschlafenszeit zu sehen, wenn Sie ihm eindeutige Schlafsignale geben.

Tagsüber sollte es in einer hellen Umgebung sein und viel Spiel und Interaktion erleben – dabei kann die Oma viel tun. Sprechen Sie mit Ihrem Enkelkind und schauen Sie es an, machen Sie Ausflüge, lassen Sie es an lauten Haushaltsgeräuschen teilhaben, gestalten Sie die Mahlzeiten als Rituale. Während der Schlafenszeiten bleiben die Geräusche auf einem normalen Level.

Schlafsignale in der Nacht

Ein Baby muss lernen, dass es nachts dunkel und ruhig ist, daher sollte es nach dem ruhigen Einschlafritual in einen verdunkelten Raum gelegt werden. Ihre Tochter wird die Nachtmahlzeiten möglichst ruhig und kurz gestalten und das Baby nur wickeln, wenn es nötig ist.

Wenn Sie nachts zu Ihrem Enkelkind gehen, sprechen Sie nicht mit ihm, nehmen Sie es nicht hoch – außer wenn es erforderlich ist – und schalten Sie kein Licht an. Bleiben Sie nur kurz und seien Sie sehr sachlich. Es lernt bald, dass jetzt keine Spielzeit ist.

Viel Schlaf
Ein kleines Baby benötigt viel Schlaf. Sofern es nicht hungrig oder krank ist oder friert, schläft ein Baby etwa 60 Prozent seiner Zeit.

Sicheres Schlafen

Die Richtlinien für sicheren Schlaf haben sich seit unserer Zeit geändert. Seit den frühen 1990er Jahren haben viele Untersuchungen gezeigt, dass bestimmte Maßnahmen dem plötzlichen Kindstod vorbeugen können. Die genauen Ursachen des plötzlichen Kindstods sind aber weiterhin unklar. Wir kennen heute zahlreiche Risikofaktoren; durch Befolgen der neuesten Empfehlungen lässt sich das Risiko senken.

Die neuesten Richtlinien

Wir wissen heute viel mehr über den plötzlichen Kindstod als damals, als unsere Kinder klein waren. Manche Tipps kennen Sie vielleicht noch nicht. Die hier angeführten Maßnahmen basieren auf Forschungen zu den Ursachen des plötzlichen Kindstods und zur Vorbeugung. Ihre Kinder werden diese Empfehlungen kennen, aber auch Sie sollten gut informiert sein.

Legen Sie ein Baby zum Schlafen immer auf den Rücken

Halten Sie sich von Anfang an sowohl beim Tag- wie beim Nachtschlaf daran. Babys verlieren viel Wärme über Bauch, Hals, Gesicht und Kopf – damit regulieren sie ihre Körpertemperatur. Sie können ihre Temperatur nicht ebenso wirksam senken wie Erwachsene. In der Rückenlage wird zudem die Atmung nicht behindert. Wenn sich das Baby mit fünf oder sechs Monaten immer wieder auf den Bauch dreht, müssen Sie es aber nicht jedes Mal umdrehen.

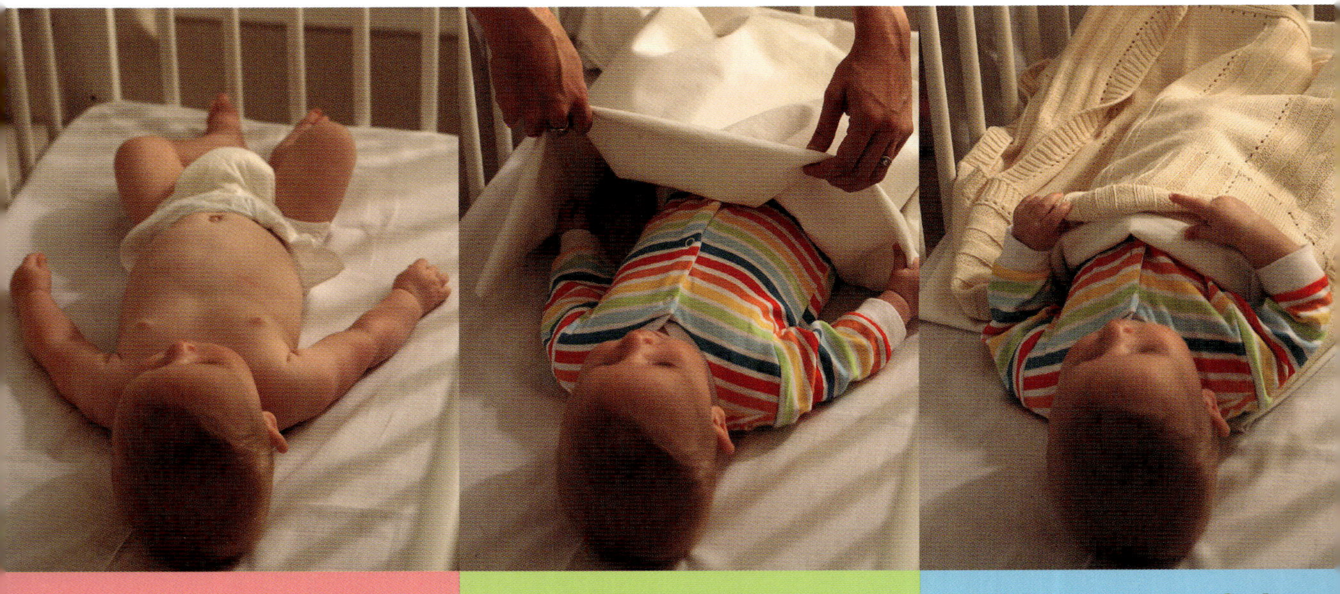

Die Füße liegen am Bettende. **Auch das Bettzeug liegt unten.** **Nicht zu warm zudecken.**

Füße ans Bettende

Die Füße des Babys sollten das Bettende berühren. Auf diese Weise wird es, auch wenn es viel zappelt, nicht mit dem Kopf ans obere Ende des Bettes rutschen, wo es keine Wärme mehr über den Kopf abgeben könnte. Legen Sie auch das Bettzeug ans Fußende.

Ein kühler Raum

Wie erwähnt kann ein Baby seine Körpertemperatur noch nicht gut regulieren – deshalb ist das Zimmer des Babys besser kühl als überheizt. Das Babyschlafzimmer sollte etwas kühler sein als die anderen Zimmer, etwa 18 °C. Decken Sie Ihr Enkelkind nicht zu sehr zu. Eine warme Zudecke – besser noch ein Schlafsack – ist gewöhnlich ausreichend, wenn die Zimmertemperatur 16–18 °C beträgt.

»Bei Fieber oder anderen Krankheitssymptomen, insbesondere bei Atemproblemen, wenden Sie sich sofort an den Arzt.«

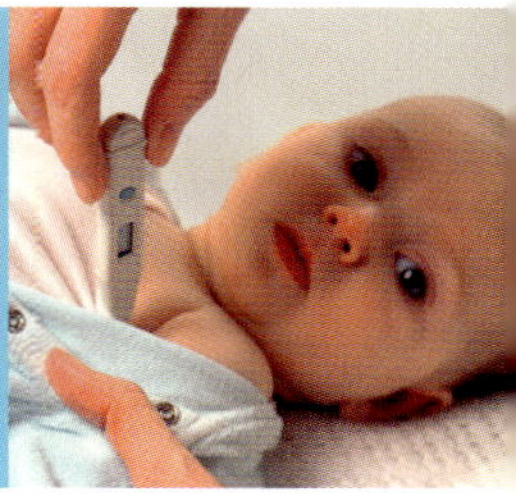

Rauchen und Babys

Rauchen im Umfeld des Babys erhöht das Risiko für den plötzlichen Kindstod; je höher die Belastung, umso größer das Risiko. Daher gilt die Regel, dass in der Wohnung nicht geraucht werden darf und auf keinen Fall im Kinderzimmer. Ich würde sogar so weit gehen zu sagen, dass Raucher mein Baby nicht tragen dürfen, da Teer und Nikotin in Kleidung, Haut und Haar des Rauchers festhängen und ich nicht will, dass mein Baby diese giftigen Substanzen einatmet.

Worauf Sie achten sollten

Bei Fieber oder anderen Krankheitssymptomen, insbesondere bei Atemproblemen, wenden Sie sich sofort an den Arzt. Das gilt auch, wenn das Baby schläfriger ist als üblich.

In einem Bett schlafen

Sehr kleine Babys, die bei den Eltern im Bett schlafen, haben ein höheres Risiko – vor allem, wenn die Eltern rauchen, etwas getrunken haben, Medikamente nehmen oder sehr erschöpft sind. Am besten sollte man ein Neugeborenes in den ersten acht Wochen nicht im Bett der Eltern schlafen lassen, denn in dieser Zeit besteht das höchste Risiko für den plötzlichen Kindstod.

Schlafprobleme

Die Experten wissen heute viel mehr über den Schlaf als früher. Wenn Sie das Warum und Weshalb des Schlafens verstehen, können Sie die modernen Prinzipien nachvollziehen, die Ihre Kinder vielleicht übernehmen.

Alte und neue Methoden

Nicht alle gängigen Praktiken beim Thema Schlafprobleme sind Ihnen neu. Einige, wie das Pucken, haben Sie vielleicht selbst angewandt. Aber andere entstammen dem 21. Jahrhundert und Ihre Kinder wenden vielleicht einige davon an oder entwickeln ihren individuellen Stil aus verschiedenen Ansätzen. Moderne Eltern analysieren Probleme genauer als wir damals und sie suchen klarere und strukturiertere Lösungen.

»Heutige Eltern analysieren Probleme genauer als wir damals und sie suchen klarere und strukturiertere Lösungen.«

Schlaftagebuch

Praktisch ist ein Schlaftagebuch; damit lassen sich Probleme aufspüren und mögliche Lösungswege finden. Ein Schlaftagebuch bietet noch weitere Vorteile; z. B. muss man sich nicht mehr persönlich schuldig fühlen für die Schlafprobleme des Babys. Sobald man das Schlafverhalten objektiv analysieren kann, muss man sich nicht mehr gegenseitig die Schuld zuschieben. Sie können Entwicklungen frühzeitig erkennen und hier gegensteuern. Es ist leicht festzustellen, ob Ihr Enkelkind genügend Schlaf bekommt, indem Sie die Schlafphasen addieren; ein Schlaftagebuch zeigt auch, wo und wann es schläft. Und am allerbesten: Sie erkennen, was die Familie tun kann, um das Schlafverhalten des Babys zu verbessern.

Tragen Sie die Beobachtungen in ein Heft ein. Jeder, der Ihr Enkelkind betreut, sollte damit vertraut sein und es führen. Innerhalb einer Woche sollte bereits ein Schlafmuster erkennbar sein.

Einträge ins Schlaftagebuch

- Zeitpunkt des Aufwachens.
- Zeit und Dauer des Nachtschlafs.
- Beginn der abendlichen Vorbereitungen fürs Schlafen.
- Zeitpunkt des abendlichen Zubettgehens.
- Zeitpunkt des Einschlafens.
- Zeit(en), wann es nachts aufwacht.
- Was Sie dann getan haben.
- Zeitpunkt, wann es wieder eingeschlafen ist.

Was ein Schlaftagebuch zeigt

Aus dem Schlaftagebuch gewannen die Experten von der Millpond Children's Sleep Clinic *(Teach your Child to Sleep)* die folgenden Erkenntnisse. Achten Sie bei Ihrem Enkelkind ebenfalls darauf. Durch die Analyse solcher Ergebnisse findet man heraus, wie man am besten vorgehen sollte und wie man dem Enkel gute Schlafgewohnheiten vermitteln kann.

Lächeln Sie Ihr Enkelkind an
Wie müde und erschöpft Sie auch sein mögen, lächeln Sie immer, wenn Sie zu Ihrem Enkelkind gehen. Wenn Sie es anlächeln, lächelt es zurück und das macht alle Mühe wett.

- Zu frühes Aufstehen mit der Folge von zu vielen Schlafphasen am Tag.
- Der erste Tagschlaf liegt zu früh und ist zu lang.
- Zu früher und zu kurzer Mittagsschlaf – das Baby schläft am frühen Abend nochmals.
- Drei Schlafphasen am Tag können je nach Alter des Babys zu viel sein.
- Das Baby schläft nach den ersten Schlafstunden nachts nicht wieder ein.
- Das Einschlafritual beginnt zu früh.
- Das Baby wird fürs Aufwachen belohnt, z. B. durch Schmusen oder Füttern.
- Nachtmahlzeiten sind ab dem neunten Monat nicht mehr nötig.

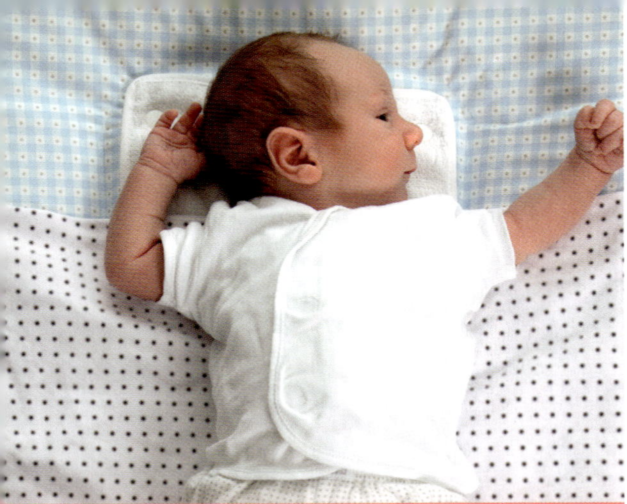

Das Baby auf die gefaltete Decke legen

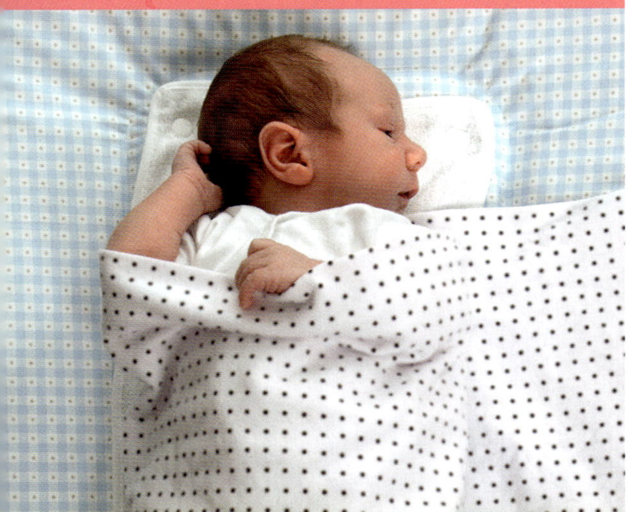

Eine Ecke überschlagen und feststecken

Andere Seite überschlagen und feststecken

Pucken (Einwickeln)

Erinnern Sie sich noch daran, dass das Pucken, also das feste Einwickeln des Babys in eine Decke, einen guten Schlaf fördert? Die Sinneserfahrung, eng umschlossen zu sein, gibt Babys ein tiefes Gefühl der Sicherheit. So lässt sich auch ein unzufriedenes Baby beruhigen. Zum Pucken benötigen Sie eine kleine leichte Decke.

- Falten Sie die Decke zu einem Dreieck; der Kopf des Babys liegt in der Mitte der langen Seite.
- Legen Sie einen Zipfel der Decke über das Baby und schieben Sie ihn fest unter seinen Rücken. Mit dem anderen Zipfel ebenso verfahren.
- Schlagen Sie das untere Ende der Decke fest unter Babys Füße, damit sie eingepackt sind. Der Kopf muss immer frei bleiben, die Arme sollen sich noch bewegen können. Dann legen Sie es auf dem Rücken in sein Bett.

Durch das Einwickeln fühlt sich das Baby sicher und geborgen. Wenn sich seine Gliedmaßen im Schlaf bewegen, wacht es davon nicht auf.

Nicht alle Babys mögen das Pucken, also keine Sorge, wenn das bei Ihrem Enkel der Fall ist. Behalten Sie das Baby im Auge, wenn es eingewickelt ist, und kontrollieren Sie seine Hauttemperatur. Ist dem Baby heiß, wickeln Sie es aus. Decken Sie beim Pucken niemals seinen Kopf zu und verwenden Sie nur dünne Decken.

Das Pucken ist nur geeignet bis zum Alter von etwa zehn Wochen. Danach wird das Baby schnell seine Arme befreien und die Decke wegstrampeln.

Schlaftechniken

Es gibt verschiedene Techniken, die den Schlaf des Babys fördern sollen und die Ihre Kinder vielleicht ausprobieren möchten. Sie müssen nicht mit allen einverstanden sein – ich selbst bin gegen das kontrollierte Schreien (s. S. 101 f. –, aber als Großeltern müssen Sie die Entscheidung Ihrer Kinder mittragen. Je klarer Sie die Grundlagen durchschauen, umso besser.

Besänftigen und Tätscheln

Diese Methode mag Ihnen ganz natürlich erscheinen und jede Oma wendet sie wohl instinktiv an – und das zu Recht. Dieses Vorgehen wurde einfach als Schlafhilfe formalisiert.

Jede Frau hält ein aufgeregtes Baby automatisch aufrecht an ihre Schulter, wiegt es sanft, tätschelt seinen Rücken und sagt leise »Pscht«.

Durch diese einfache Methode lassen sich die meisten Babys unter zehn Monaten beruhigen. Sie hören auf zu schreien, während sie lauschen und das feste, rhythmische Tätscheln spüren – sie vergessen das Schreien einfach. Mit dieser Methode kann man schon einem wenige Wochen alten Baby beibringen, sich in seinem Bettchen wieder zu beruhigen. Und das Baby lässt sich so an einen guten Schlafrhythmus heranführen.

Das Prinzip besteht darin, das Baby zunächst durch Pucken zu beruhigen und dann einige Minuten mit ihm auf den Knien einfach dazusitzen. Wenn es schreit, sagen Sie »Pscht« und tätscheln es aufrecht an Ihrer Schulter. Hört es auf, machen Sie noch kurz weiter, dann legen Sie es auf die Seite in sein Bettchen und tätscheln weiter seinen Rücken.

»Jede Oma würde instinktiv ein kleines Baby beruhigen und tätscheln. Die Methode wurde einfach zu einer Schlafhilfe formalisiert.«

Wenn es ruhig wird, sagen Sie weiter »Pscht« und tätscheln es. Fahren Sie fort, damit es in einen tieferen Schlaf sinken kann – mindestens fünf Minuten lang. Tätscheln Sie dabei immer leichter und reden Sie leiser; hören Sie allmählich auf und legen Sie das Baby auf den Rücken. Verlassen Sie das Zimmer nicht, falls es beim Einschlafen durch Gliederzuckungen aufwacht; erneutes Besänftigen und Tätscheln lassen es dann schnell wieder einschlafen.

Kleine Babys haben ein sehr gutes Gedächtnis. Sie erinnern sich an das sichere, ruhige Einschlummern; nach und nach lernen sie, dieses Gefühl wieder abzurufen und ohne Hilfe einzuschlafen. Das geschieht nur, wenn Sie ihm dieses Gefühl der Sicherheit geben, nicht, indem Sie es schreien lassen. Wenn es erneut heftig schreit, legen Sie es nochmals an Ihre Schulter und beruhigen es.

»Nach dem Beruhigen legen Sie Ihr Enkelkind in sein Bett. Wenn es schreit, tätscheln Sie es, sagen aber nichts und gehen dann hinaus.«

Schnelles Zurückkommen

Diese Methode ist weniger zugewandt als das Besänftigen und Tätscheln (s. S. 125), aber humaner als das kontrollierte Schreien (s. S. 101) und geeignet für Babys ab vier Monaten.

Sie beruhigen das Baby durch Besänftigen und Tätscheln und legen es in sein Bett. Wenn es schreit, tätscheln Sie es ohne Worte und gehen Sie dann hinaus. Schreit es wieder, warten Sie 30 Sekunden und gehen dann leise ins Zimmer. Schalten Sie kein Licht an und sprechen Sie nicht, tätscheln Sie es nur, damit es weiß, dass Sie da sind. Gehen Sie wieder.

Das wiederholen Sie, bis es einschläft; dehnen Sie dabei die Intervalle jeweils um einige Sekunden auf maximal eine Minute aus. In der ersten Nacht müssen Sie vielleicht oft kommen, in der zweiten und dritten schon weniger und bald kann Ihr Enkel allein einschlafen.

»Schrittweiser Rückzug bedeutet, dass die Eltern oder Großeltern sich jedes Mal ein bisschen mehr vom Kind entfernen.«

Schrittweiser Rückzug

Diese Methode ist gut geeignet für ängstliche Babys. Die Eltern oder Großeltern entfernen sich dabei jedes Mal ein bisschen weiter, um ihm die Chance zu geben, sich auf die Trennung einzustellen. Jede Phase sollte drei oder vier Tage lang beim Nacht- und Tagschlaf wiederholt werden.

Dies könnte etwa so ablaufen:

- Setzen Sie sich ans Bett Ihres Enkelkindes.
- Setzen Sie sich auf einen Stuhl auf der anderen Seite des Zimmers.
- Setzen Sie sich an die Tür.
- Setzen Sie sich vor die Tür.
- Setzen Sie sich außer Sichtweite.

Diese Methode kommt weitgehend ohne Tränen aus, auch wenn es einen Monat dauern kann, bis sie voll wirksam ist. Sie können sich jeden Schritt durch eine Tabelle verdeutlichen. Verlassen Sie das Zimmer Ihres Enkelkindes erst, wenn es gute zehn Minuten schläft, sonst wacht es wieder auf. Wenn Sie nicht da sind, haben Sie sein Vertrauen zerstört und müssen von vorn beginnen.

Schlafrituale

Ich halte sehr viel von Einschlafritualen; wenn sie früh zur Gewohnheit werden, gewährleisten sie, dass sich ein Kind geborgen fühlt und zufrieden einschläft. Bei meinen eigenen Kindern war mir ein entspanntes Zubettgehen immer sehr wichtig. Gelegentlich habe ich auch über Fehlverhalten hinweggesehen, weil es vor dem Schlafengehen nicht noch Tränen und Ärger geben sollte. Bei meinen Enkeln geht es mir genauso.

Kämpfe zur Schlafenszeit

Manche Babys schlafen von Geburt an nicht in ihrem Bett ein und kommen nur zur Ruhe, wenn sie in den Schlaf gestillt oder in den Armen der Eltern gehalten werden. Einschlafprobleme können auch entstehen, wenn man ein Baby in seinem Bettchen einfach schreien lässt. Das Baby lernt so, sich gegen den Schlaf zu wehren. Wo es abendliche Kämpfe gibt, leidet ein Baby sehr oft an Schlafmangel und schläft nur aus Erschöpfung ein. Dann entsteht eine Kettenreaktion – die Tage beginnen z.B. spät, die Schlafenszeiten am Tag sind völlig unregelmäßig. Ein Baby, das sich gegen das Einschlafen wehrt, braucht ein gutes Einschlafritual und regelmäßige Schlafenszeiten.

Das Einschlafritual

In einigen Familien meiner Enkel beginnt das Einschlafritual schon gegen 17.30 Uhr. Die Kinder wissen, dass Mama, Papa oder Oma gegen 18 Uhr ins Badezimmer geht und das Badewasser einlaufen lässt. Nach einem frühen Abendbrot gehen alle ins Bad, wo es lustig zugeht – beim Ausziehen, Spielen in der Badewanne und beim Herumtoben.

»Ein Baby, das gegen das Einschlafen kämpft, braucht ein gutes Einschlafritual und regelmäßige Schlafenszeiten. Es kann an Schlafmangel leiden.«

Während das Bad recht lautstark und lustig sein kann, wissen die Kinder, dass es einen Zeitplan gibt, nach dem sie innerhalb einer halben Stunde in ihrem Bett sein müssen. Beim Baden gibt es alle möglichen kleinen Rituale – mit den Fischen unter Wasser spielen; Wasser mit dem Becher in einen Eimer gießen; Magnetbuchstaben an die Wannenwand kleben; vielleicht Haarewaschen. Die Badezeit endet immer mit dem Zähneputzen.

Auch das Zähneputzen kann seinem eigenen Ritual folgen. Ihr Enkelkind kann auf Mamas oder Omas Knie sitzen, während ihm die Zähne geputzt werden. Oder es kann auf einem kleinen Hocker stehen und sich im Spiegel betrachten, während es zunächst selbst seine Zähne putzt.

Auch das Herausklettern aus der Wanne kann ein Ritual sein. Dabei wählen wir aus, mit welchem Handtuch das Kind abgetrocknet wird; wir wickeln es ins Handtuch und gehen in sein Zimmer; wir kämmen die Haare mit einer bestimmten Bürste. Im Kinderzimmer gibt es weitere Rituale: eincremen, vielleicht ein wenig Babymassage, die Windel anlegen und den Schlafanzug aussuchen und anziehen.

Entspannen für die Nacht

Nun folgt das Allerwichtigste: das große Ritual, ein Buch auszusuchen, aus dem vorgelesen wird, und zu entscheiden, wo vorgelesen wird. Manchmal sitzt das Kind auf meinem Schoß oder wir kuscheln uns gemeinsam aufs Sofa. Dann lese ich in Ruhe und gut betont die Geschichte vor.

Kleinen Kindern kündigt man am besten beizeiten ab, dass nun »die letzte Seite« kommt; unterlegen Sie diesen letzten Teil des Einschlafrituals mit ruhiger Musik. Ist das Buch vorgelesen, geht es ins Bett.

Als Nächstes wird das Zimmer verdunkelt und das Kind zugedeckt. Das eigentliche Zubettgehen kann wiederum einem Ritual folgen mit bestimmten Liedern – Ihr Enkelkind wünscht sich Lieder, die Sie ihm vorsingen. Dann gebe ich einen kurzen Gutenachtkuss und sage: »Träum süß. Bis morgen früh. Gute Nacht.« Ich gehe leise hinaus und schließe die Tür.

Älteren Babys gibt es Sicherheit, wenn sie die Erwachsenen in der Wohnung hören. Bei meinen eigenen Kindern habe ich gewöhnlich »Gute Nacht« gesagt, während ich das Zimmer verließ und hinunterging; dabei wurde meine Stimme immer leiser. So mache ich es auch, wenn ich meine Enkelkinder betreue.

Lustige Spiele beim Baden

Zähne putzen

Gutenachtgeschichte vorlesen

Schlafenszeiten

Das Schlafbedürfnis eines Kindes schwankt in den ersten sechs Lebensjahren – allerdings nicht so stark, wie viele Eltern meinen. Mit zwölf Monaten schläft ein Baby nur zweieinhalb Stunden am Tag und elfeinhalb Stunden in der Nacht. Danach wird der Tagschlaf kürzer; ein Zweijähriges schläft etwa eine Stunde am Tag und zwölf Stunden in der Nacht.

Schlafbedarf

Mit drei Jahren schläft Ihr Enkelkind tagsüber vielleicht eine Stunde oder lässt diesen Schlaf ganz aus. Nachts schläft es zwischen elf und zwölf Stunden, mit vier bis sechs Jahren elf Stunden und danach weniger als elf Stunden.

Das Kind hat nun feste Schlafenszeiten und schläft damit nachts genug, um tagsüber zufrieden und aktiv zu sein, zu spielen und gut zu essen. Mit drei Jahren sollte ein Kind, damit es elf Stunden schläft, nicht viel später als 19 Uhr zu Bett gehen; nach einem sehr aktiven Tag wird es vermutlich zwölf Stunden schlafen. Mit vier oder fünf Jahren kann die Schlafenszeit auf 19.30 Uhr verlegt werden, aber nicht viel später. Viele Kinder werden gegen 18.30 Uhr sehr müde und sind um 19 Uhr bereit für das Einschlafritual.

»Das Kind hat nun feste Schlafenszeiten und schläft damit nachts genug, um tagsüber zufrieden und aktiv zu sein, zu spielen und gut zu essen.«

Atmosphäre

Die Atmosphäre und die Umgebung, in der ein Baby schlafen geht, sollten schlaffördernd sein. Viele Kinder schlafen in einem verdunkelten – wenn auch keinem ganz dunklen – Zimmer am besten ein. Ich halte eine gleichbleibende Umgebung für sehr wichtig; dazu kann ein Nachtlicht oder etwas leise, beruhigende Musik gehören. Diese Umgebung sollte auch dann geschaffen werden, wenn das Kind woanders übernachtet, z. B. bei Ihnen. Das kann wie in meinem Fall bedeuten, dass man am Kinderzimmerfenster Rollläden und dichte Vorhänge anbringen muss.

Ein dunkler Raum erleichtert es auch, das Kind, wenn es sehr früh aufwacht, davon zu überzeugen, dass noch Nacht ist und es weiterschlafen muss. Es lässt sich dann noch einmal zur Ruhe bringen. Frühaufsteher sollten bei Ihnen die gleichen Hilfsmittel haben wie zu Hause, z.B. einen Wecker oder ein Licht, das die Aufstehzeit ankündigt. Wenn Ihr Enkel bei Ihnen übernachtet oder Sie mit ihm in Urlaub gehen, erleichtern solche Hilfen Ihnen und Ihren Enkeln das abendliche Zubettgehen und das morgendliche Aufstehen.

Ich finde nicht, dass es in der Wohnung mucksmäuschenstill sein muss, wenn ein Kind zu Bett geht. Normale Haushaltsgeräusche, wie die Spülmaschine, die Waschmaschine oder auch der Staubsauger, können sogar beruhigend wirken. Aber es ist sicher wichtig, den Lärmpegel einigermaßen zu dämpfen, nachdem das Kind zu Bett gegangen ist.

Sich selbst beschäftigen

Sobald ein Kind vom Babybett ins Kinderbett gewechselt ist und allein aufstehen kann, sollte man es anleiten, allein in seinem Zimmer zu spielen. Legen Sie ihm dazu Spielsachen und Bücher bereit.

Allein spielen
Kinder müssen lernen, sich selbst zu beschäftigen. Sie fördern dies, indem Sie Ihrem Enkel Ideen für Fantasiespiele geben. Bleiben Sie dabei, aber lassen Sie das Kind selbst spielen.

Müdigkeitszeichen erkennen

Wissen Sie noch, wie Sie bei Ihren eigenen Kindern lernten, die Anzeichen von Übermüdung zu erkennen? War dieser Punkt überschritten, schliefen sie viel schwerer ein. Jeder, der ein Baby betreut, muss auf diese besonderen Zeichen für Müdigkeit achten. Sie sind bei allen Babys ein wenig verschieden. Beobachten Sie das Baby genau, damit Sie wissen, worauf Sie achten sollten.

Schlaffenster

Schlaffenster sind Phasen, in denen das Einschlafen besonders leichtfällt – sie erstrecken sich beim Baby von den ersten Anzeichen der Müdigkeit bis zu dem Moment, in dem es problemlos einschläft. Bleibt es über diese Müdigkeitszeichen hinaus wach, wird es übermüdet und gereizt. Während des Schlaffensters fällt ein Baby in kurzer Zeit in den Tiefschlaf. Verpassen Sie das Fenster, wird das Baby unruhig und überdreht und kann schlechter einschlafen.

»Der Weg beginnt mit dem ersten Gähnen des Babys und endet damit, dass es schließlich in tiefen Schlaf fällt.«

Beobachten und handeln

Ich mag den Ansatz von Tracy Hogg, den sie in ihrem wunderbaren Buch »Babyflüsterer« beschreibt. Sie betrachtet das Einschlafen als einen Weg, der mit dem ersten Gähnen des Babys beginnt und damit endet, dass es schließlich in tiefen Schlaf fällt. Wir Erwachsenen müssen ihm helfen, diesen Weg zu gehen. Das tun wir, indem wir sein Schlaffenster erkennen und ihm beim Abschalten helfen. Mit Ihrer Erfahrung als Mutter fällt Ihnen das vermutlich leichter als Ihren Kindern; weisen Sie Ihre Kinder auf diese Müdigkeitssignale hin.

Wenn Sie Ihr Enkelkind genau beobachten, werden Sie bald wissen, wie es aussieht, wenn es müde ist; dann müssen Sie sofort handeln. Beobachten Sie also, was das Baby tut, wenn es müde ist. Bei einem sehr kleinen Baby ist ein Gähnen oft das deutlichste Signal. Ihr Enkelkind kann aber auch unruhig sein, mit Kopf, Armen und Beinen zucken. Es kann anfangen zu wimmern und wenn es mit sechs oder sieben Wochen seinen Kopf kontrollieren kann, dreht es vielleicht seinen Kopf weg von Ihnen oder dem Spielzeug, mit dem Sie spielen.

Wenn Sie Ihr Enkelkind tragen, schmiegt es seinen Kopf an Ihren Hals. Es sagt Ihnen, dass es schlafen muss; nun müssen Sie prompt handeln und ihm beim Einschlafen helfen. Ihr rasches Handeln erleichtert es ihm, die Fähigkeit zum Ruhigwerden zu erwerben. Sobald Sie die Anzeichen ausgemacht haben, schließt sich das Schlaffenster schon beinahe wieder. Wenn Sie das Schlaffenster verpassen oder verlängern wollen, wird es länger dauern, bis es einschläft, weil es übermüdet ist. Ein älteres Baby kann sich selbst wach halten, auch wenn es sehr schläfrig ist. Dann wird es so müde und überreizt, dass das Schlafen unmöglich wird.

Achten Sie auf ein Muster

Wenn es Ihnen schwerfällt, die Müdigkeitszeichen Ihres Enkelkindes zu erkennen, führen Sie ein Schlaftagebuch (s. S. 122 f.). Das hilft Ihnen, diese Signale wahrzunehmen. Schreiben Sie alle Beobachtungen während der Zeit, in der das Baby schlafen gelegt wird, und sein Verhalten davor auf. Nach drei oder vier Tagen sehen Sie ein Muster. So können Sie die Schlafsignale Ihres Enkelkindes bestimmen und die Schlafenszeiten babyfreundlicher gestalten.

Helfen Sie Ihrem Enkel auch, gerne in seinem Bettchen zu sein. Ein Baby verbringt dort viel Zeit und macht sich das Leben schwer, wenn es sich dagegen wehrt. Es liegt an uns, ihm dabei beizustehen. Wenn Sie erkennen, dass Ihr Enkelkind müde ist, helfen Sie ihm, Ruhe zu finden, bevor Sie es ins Bett legen. Das bereitet es darauf vor, gerne in sein Bettchen zu gehen.

Schlafprobleme bewältigen

Ich bekomme Hunderte Briefe von Eltern – und Großeltern –, die verzweifelt um Rat fragen, wie sie das Schlafverhalten ihrer Kinder verbessern können. Aufgrund meiner eigenen Erfahrungen war ich immer überzeugt, dass gute Schlafgewohnheiten zu wichtig sind, um sie erst im Schulalter einzuführen. Am besten werden die Grundlagen schon in den ersten Lebenswochen geschaffen.

Neue Forschungen zeigten, dass Kinder, die ständig zu lange aufbleiben dürfen, später häufiger an Schlaflosigkeit leiden. Das spätabendliche Fernsehen oder Computerspielen scheint die biologische Uhr von Kindern tiefgreifender zu stören als bei Erwachsenen und die Auswirkungen sind schwer auszugleichen. Hier sind einige häufige Probleme aufgeführt, mit denen viele meiner Leser und auch ich selbst in meiner Familie konfrontiert wurden.

Die Kinder wecken Mama und Papa zu früh auf

Schlaflösung: Bringen Sie den Kindern etwas über »Privatsphäre« bei Vermitteln Sie Ihren Enkeln von klein auf, was Privatsphäre bedeutet. Bringen Sie das Kind z. B. zur Toilette und warten Sie draußen; erklären Sie ihm, dass Sie ihm damit seine Privatsphäre geben. So akzeptieren Kinder bald, dass das Schlafzimmer ihrer Eltern manchmal nicht betreten werden darf. Vereinbaren Sie z. B., dass das Kind am Wochenende erst ab einer bestimmten Zeit zu den Eltern gehen darf. Es gibt hübsche Spielzeugwecker, z. B. mit einem Hasen, der durch das Öffnen seiner Augen das Signal zum Aufstehen gibt. Meine eigenen Enkel haben immer zufrieden abgewartet, bis der Hase das Aufstehen »erlaubte«.

»Versuchen Sie, die Kinder wieder zur Ruhe zu bringen, ohne sie aus dem Bett zu nehmen, und auf keinen Fall sollten sie ihr Zimmer verlassen. Das erfordert Geduld.«

Das Kind schläft nachts nicht durch

Schlaflösung: Sorgen Sie dafür, dass sich das Kind sicher fühlt Fangen Sie nicht an, es hochzunehmen und mit ihm zu schmusen oder zu spielen; sonst verbindet das Kind diese Tagesaktivitäten gedanklich mit der Nacht – Sie wollen ihm aber beibringen, dass die Nacht zum Schlafen da ist. Ist das Kind sehr aufgeregt, bleiben Sie bei ihm, streicheln Sie es in seinem Bettchen und besänftigen Sie es, bis es einschläft. Babys und Kleinkinder brauchen die Sicherheit, dass Mama, Papa oder Oma da ist.

Versuchen Sie, das Kind wieder zur Ruhe zu bringen, ohne es aus dem Bett zu nehmen und mit ihm das Zimmer zu verlassen. Hier können Sie als Oma gute Dienste leisten, um Mama und Papa ein wenig Zeit zum Schlafen zu geben.

»Es gibt hübsche Spielzeugwecker, die Ihrem Enkel das Signal zum Aufstehen geben.«

Das Kind will bei Ihnen schlafen

Schlaflösung: Konsequent sein Für kleine Kinder ist es am schönsten, mit den Erwachsenen zu kuscheln; doch wenn Sie das Kind bei sich schlafen lassen, will es nicht mehr ins eigene Bett. Also seien Sie streng. Ihnen gefällt es vielleicht, aber Mama und Papa nicht. Wenn Ihr Enkelkind in Ihr Zimmer kommt, stehen Sie auf und bringen Sie es in sein eigenes Bett zurück. Erklären Sie ihm, dass Erwachsene nachts ihre Privatsphäre brauchen.

Das Kind erlebt einen Nachtschreck

Schlaflösung: Keine Sorgen machen Während eines Nachtschrecks wirken Kinder wach, sie schreien oder schlagen um sich, sind aber in einem tranceähnlichen Zustand und nehmen Ihre Anwesenheit nicht wahr. Das wirkt beängstigend, doch das Kind wächst aus dieser Phase bald heraus. Versuchen Sie nicht, es aufzuwecken; es schiebt Sie wahrscheinlich weg. Bleiben Sie einfach da und beobachten Sie es zehn Minuten. Wenn alles in Ordnung ist, gehen Sie wieder.

Trotzanfälle zur Bettzeit

Schlaflösung: Ein Einschlafritual entwickeln Das Ritual beginnt 30–45 Minuten vor dem Zubettgehen und sollte jeden Abend gleich verlaufen. Wenn die Eltern wenig Zeit haben, kann hier die Oma einspringen.

Süße Träume
Das Einschlafritual kann mit einer Tasse Milch beginnen. Dann wird gebadet, der Schlafanzug angezogen, vorgelesen, vorgesungen und es gibt einen Gutenachtkuss.

»Soll ich mich für die Betreuung bezahlen lassen?«

Sandra ist 54; sie gab ihren Beruf auf, damit sie ihren Sohn und ihre Schwiegertochter bei der Betreuung ihres ersten Kindes unterstützen konnte. Die beiden sparen für ein eigenes Haus und sind beide berufstätig. Sandra weiß, dass Geld in der Familie ihres Sohnes knapp ist, doch das ist auch bei ihr der Fall, seit ihr Mann arbeitslos geworden ist. Nun fehlt ihr das bisherige Einkommen und sie möchte ihren Sohn fragen, ob er ihr für die Kinderbetreuung eine kleine Entschädigung bezahlen kann.

Es ist schwierig, aus einem Arrangement auszusteigen, das bereits einige Zeit existiert; doch ich denke, jede regelmäßige Betreuung sollte entlohnt werden, außer wenn die Großeltern das Geld nicht brauchen.

In diesem Fall gab Sandra sogar ihren Beruf auf, um sich ihrem Enkel zu widmen, daher hat sie meiner Meinung nach ein Recht auf Bezahlung. Vielleicht ist es Sandras Sohn nicht bewusst, wie knapp bei Kasse seine Eltern seit der Arbeitslosigkeit des Vaters sind. Es ist an der Zeit, dass Sandra dies ihrem Sohn und seiner Familie erklärt.

Jede regelmäßige Betreuung sollte entlohnt werden, außer wenn Sie das Geld nicht brauchen. Sandra sollte mit ihrem Sohn sprechen und dieses Thema ein für alle Mal klären.

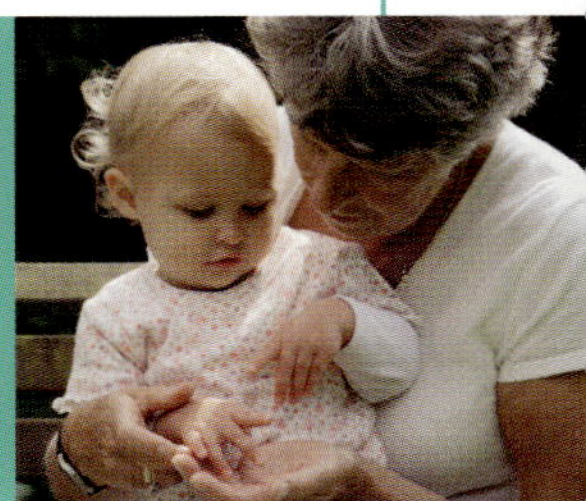

Manche würden sagen, dass Sandras Sohn und ihre Schwiegertochter ihre Großzügigkeit ausnutzen und sie natürlich bezahlt werden sollte. Sandra gab ihren Beruf für sie auf und sie hätten anbieten sollen, ihr einen Teil ihres Einkommens zu ersetzen. Das haben sie nicht getan – soll Sandra also darum bitten?

Geld ist immer ein heikles Thema, besonders innerhalb der Familie. Es wird oft einfach vorausgesetzt, dass Großeltern kostenlos die Enkel betreuen. Für viele Großeltern trifft das auch zu.

Jede Bezahlung muss für beide Seiten annehmbar sein schließlich will Sandra ihren Kindern das Leben auch nicht erschweren, indem sie zu viel verlangt. Sie könnte sich bei anderen Großmüttern erkundigen, was sie bekommen, oder sich im Internet informieren. Dann sollte Sandra einen Familienrat mit ihrem Mann, dem Sohn und der Schwiegertochter einberufen, um dieses Thema ein für alle Mal zu klären.

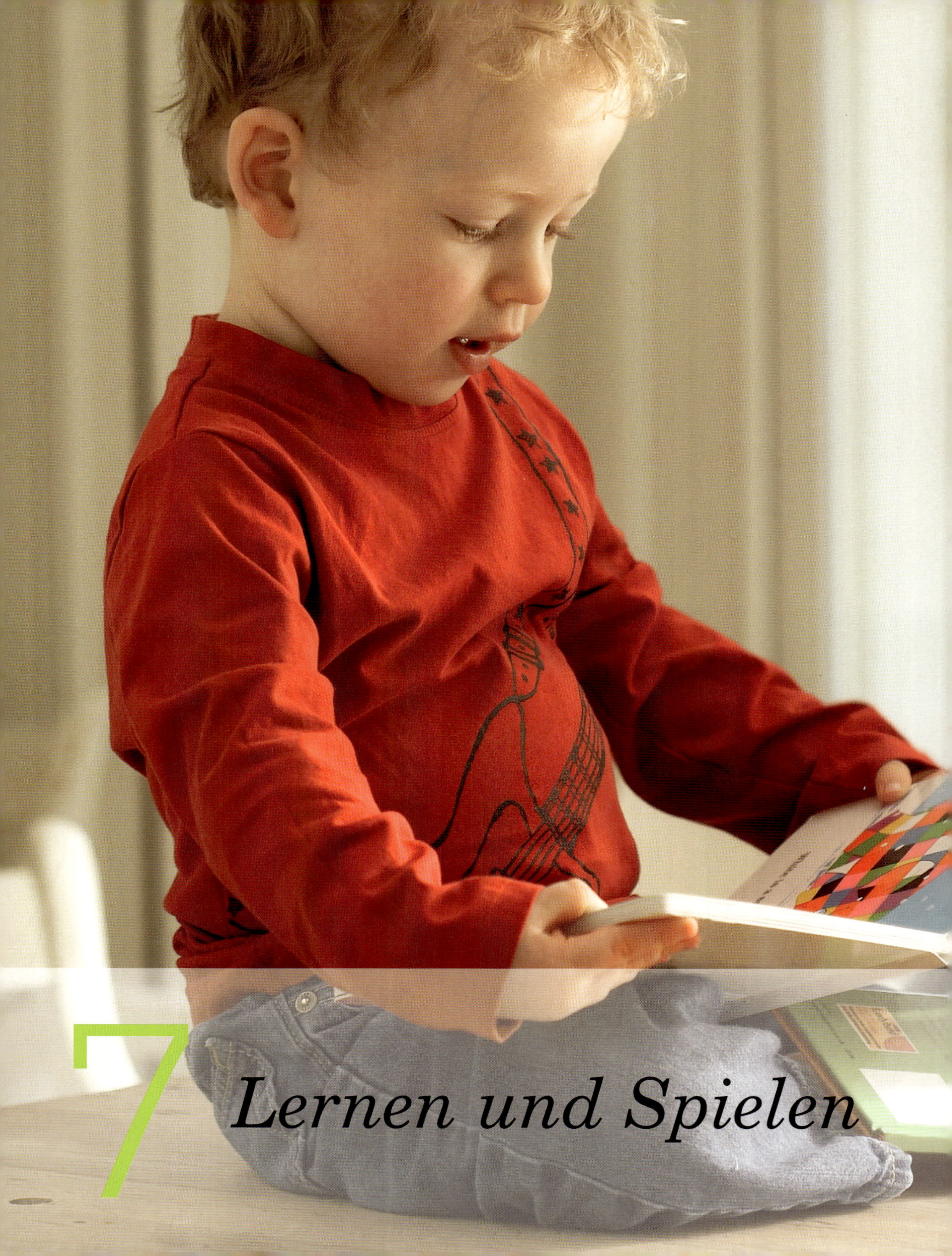

7 Lernen und Spielen

Spielen ist für ein kleines Kind äußerst wichtig. Mit Ihrer Geduld und Hingabe sind Sie der ideale Spielkamerad und Lehrer Ihres Enkels.

Mit Oma spielen und lernen

Sie sind der ideale Spielkamerad Ihres Enkelkindes. Aus den vielen Jahren mit Ihren eigenen Kindern wissen Sie instinktiv, welche gemeinsamen Aktivitäten einem Kind Spaß machen. Vom Baby bis zum Teenager gilt: Spielen bedeutet lernen. Spielen ist keine triviale Beschäftigung, sondern richtige »Arbeit«.

Wachsen und lernen

Beim Spielen entwickelt sich ein Baby in jeder Hinsicht. Glücklicherweise besitzen Babys einen starken Spieltrieb, der es uns leicht macht, sie in ihrer Entwicklung und beim Lernen zu unterstützen.

Durch Ihre spezielle Art, mit Ihrem Enkelkind zu spielen, fördern Sie nicht nur seine Abenteuerlust und Selbstständigkeit, sondern helfen ihm auch, von Geburt an seine Sinne zu erforschen – Sehen, Hören, Schmecken, Fühlen, Riechen – sowie Bewegung und Sprache zu entwickeln. Jedes Mal, wenn ein kleines Baby einen seiner Sinne nutzt, denkt es. Und jedes Mal entstehen dabei im Gehirn eine halbe Million Nervenbahnen pro Sekunde!

Wenn Sie also seine Finger oder Zehen mit einem Stofftier kitzeln, bilden sich Millionen von Gehirnverbindungen. Ebenso, wenn Sie beim Wickeln oder Baden miteinander plaudern; es erlebt, wie Sie lächeln und nicken, wenn Sie seine Arme und Beine bewegen. Sie sind sein bester Lehrer. Man kann die Bedeutung des Spiels bei Babys und Kleinkindern gar nicht hoch genug bewerten. Das Spiel bildet die Grundlage aller Lernprozesse. Als aktive Großeltern können Sie dazu

Interaktion
Babys reagieren freudig auf die liebevolle Zuwendung ihrer Großeltern. Dabei profitieren alle von dem Austausch – vom fröhlichen Wickeln bis zum Planschen in der Badewanne.

Sie sind Expertin

Großeltern können aufgrund ihrer Erfahrung, ihrer Lebensweisheit und ihrer vielfältigen Interessen und Hobbys das Kind anders fördern als seine Eltern. Ihr Enkel lernt mühelos von Ihnen. Sicher erleben Sie beim gemeinsamen Spielen und Lernen dieselbe Befriedigung wie ich selbst.

- Sie haben echtes Interesse an Ihrem Enkelkind; durch Ihre Zuwendung fühlt es sich als etwas ganz Besonderes – die perfekte Basis für Spiele und neue Lernschritte.
- Sie haben die Zeit, so lange zu spielen, bis es Ihrem Enkel langweilig wird.
- Sie freuen sich sichtbar schon über kleine Erfolge und stärken sein Selbstvertrauen.
- Nichts macht Ihnen zu viel Mühe; Ihre gemeinsamen Spiele stärken seine Konzentration und steigern seinen Forschergeist.
- Sie haben endlose Geduld und zeigen ihm, wie man etwas immer wieder versucht, bis man Erfolg hat – und dann *loben* Sie es.

Die Beziehung fördern
Es macht viel Freude, mit dem Enkel zu spielen und das Lernen zu fördern – und es ist wunderbar, dabei eine Beziehung zu ihm aufzubauen.

beitragen, die Grundlagen für eine sichere und glückliche Entwicklung Ihres Enkelkindes zu legen. Sie müssen sich dabei nur von Ihrem Enkel leiten lassen. Das ist die wichtigste Regel.

Und Ihr Enkelkind wird Ihnen immer Hinweise geben, was es zum jeweiligen Zeitpunkt lernen will und kann. Wenn Sie seiner Führung folgen, treffen Sie genau den richtigen Moment, in dem diese Fähigkeit am besten erworben werden kann.

Lehrreiche Momente

Seit ich einmal etwas über »lehrreiche Momente« gelesen habe, glaube ich, dass sie den einfachsten und besten Weg darstellen, einem Kind etwas beizubringen. Als Großeltern erleben Sie mehr solcher Momente mit Ihrem Enkel als seine Eltern – denn Sie haben die Zeit und den Wunsch, ihm bei jeder Gelegenheit die Welt zu erklären.

Nutzen Sie jede Gelegenheit

Ein lehrreicher Moment entsteht aus einer alltäglichen Situation heraus; Sie spüren, dass sich nun die Gelegenheit bietet, dem Kind etwas zu erklären. Das kann ein Begriff sein, eine Funktionsweise, die Bedeutung einer Sache, ein Ablauf, die Antwort auf eine Frage, ein Hinweis auf Interessantes, ein unbekanntes Wort, ein fremdes Gefühl.

»Ein lehrreicher Moment entsteht aus einer alltäglichen Situation; Sie spüren, dass sich nun die Gelegenheit bietet, dem Kind etwas zu erklären.«

Kinder lieben diese Momente. Die Situation ist entspannt und locker, sie »fühlt« sich nicht nach Lernen an. Und die Erkenntnis kommt Schritt für Schritt – so lernen Kinder. Ein lehrreicher Moment besitzt seine eigene Logik. Hier einige Situationen, wie ich sie in letzter Zeit mit meinen Enkeln erlebt habe:

- Sie arbeiten gemeinsam im Garten und sehen einen Wurm. Erklären Sie, wie Würmer den Boden belüften und auflockern und dass ein Wurm keine Augen hat, weil er immer im Dunklen lebt.
- Sie überqueren bei einer Ampel die Straße. Sprechen Sie über die Abfolge der Farben; erklären Sie, dass ROT STOPP bedeutet und GRÜN GEHEN. Zeigen Sie auch, wie man nach links, nach rechts, dann nochmals nach links schaut, bevor man losgeht.
- Wenn Ihr Enkelkind sich in die Badewanne setzt und der Wasserspiegel steigt – und beim Aufstehen fällt –, erklären Sie ihm, warum das so ist. Erklären Sie auch, warum manche Dinge schwimmen und andere untergehen.
- Sie verwenden ein Wort, das für ein Kleinkind schwer verständlich ist – z. B. Wörter wie »wiedererkennen«, »reflektieren« (im Spiegel): Erklären Sie sofort, was es bedeutet, und führen Sie ein Beispiel an.
- Nutzen Sie jede Gelegenheit, abstrakte Begriffe zu erklären: »Das ist hart, aber das ist weich«; »die Katze miaut, der Hund bellt«; »Vögel fliegen, Flugzeuge ebenso«.

Gemeinsame Interessen
Fördern Sie das Interesse des Kindes an Umwelt und Natur. Wer weiß – vielleicht wächst bei Ihnen ein Umweltschützer heran, wenn Sie ein gemeinsames Hobby wie Gärtnern haben.

Die Persönlichkeit Ihres Enkels

Bestimmt haben Sie früher gesagt, Ihre Kinder seien grundverschieden. Dadurch haben Sie gelernt, individuell auf jedes Kind einzugehen. Damit sind Sie gut gerüstet, um Ihrem Enkelkind zu helfen, seine eigene Individualität zu entwickeln. Seine Persönlichkeit ist viel stärker von seinem familiären Umfeld abhängig als von seinen Genen.

Unterstützen Sie die Entwicklung Ihres Enkels

Viele Charakterzüge beeinflussen die Zukunftsperspektiven Ihres Enkels, z. B. seine Beziehungsfähigkeit; seinen Umgang mit Menschen; die Fähigkeit, aus Fehlern zu lernen; seine Einsatzbereitschaft und die Fähigkeit, zu beobachten, sich zu konzentrieren oder kreativ, entschlossen und ehrgeizig zu handeln. Diese Eigenschaften helfen dem Kind auf seinem Weg; als Großeltern können Sie sie fördern. Ebenso können Sie angeborene Eigenschaften wie Selbstständigkeit, Offenheit, Beharrlichkeit, Freundlichkeit und Eigenverantwortung stärken.

»Jungen und Mädchen entwickeln sich unterschiedlich. Bei der Geburt ist das Gehirn eines Mädchens weiter entwickelt und es reift etwas schneller.«

Ist das Enkelkind »schwierig«, reagiert es damit oft auf eine problematische Familiensituation. Großeltern spielen hier eine besondere Rolle. Mit ihrer Ruhe und Gelassenheit können sie ein schwieriges Kind besänftigen.

Jungen und Mädchen unterschiedlich behandeln?

Studien zeigen, dass sich Jungen und Mädchen unterschiedlich entwickeln. Bei der Geburt ist das Gehirn eines Mädchens weiter entwickelt als bei einem Jungen und es reift etwas schneller.

Das bedeutet nicht, dass ein Geschlecht dem anderen überlegen sei; dieses Wissen fördert vielmehr das Verständnis für das Enkelkind. Wenn Sie die Unterschiede zwischen Jungen und Mädchen kennen, können Sie beim Spielen die Entwicklungsbereiche fördern, die mehr Aufmerksamkeit erfordern. Viel beschäftigte Eltern haben dazu oft kaum Zeit; aber als Großeltern bemerken Sie, dass Mädchen bei der Geburt Jungen gegenüber zweifach im Vorteil sind.

Sprechen Die Sprachzentren in der linken Gehirnhälfte sind bei Mädchen stärker ausgebildet als bei Jungen; daher erwerben Mädchen sämtliche sprachbezogenen Fähigkeiten früher. Als liebevolle Oma eines Jungen können Sie ihn hier durch Lieder und Klatschspiele fördern.

Emotionales Verständnis Bei Mädchen sind die beiden Gehirnhälften bei der Geburt bereits vernetzt (bei Jungs geschieht dies erst bis zum neunten Monat); daher sind Mädchen stärker in Einklang mit ihren Emotionen und sensibel für Gefühle ihrer Mitmenschen. Als einfühlsame Oma können Sie Ihrem Enkelsohn helfen, mit seinen Gefühlen umzugehen und Wut und Frustration zu verarbeiten.

Ihre besondere Art der Hilfe

Im Umgang mit Ihrem Enkelkind können Sie ruhig ein wenig »übertrieben« reagieren, d.h. sehr ausdrucksstark sprechen und im Spiel theatralisch handeln. Lachen und schmusen Sie viel mit Ihrem Enkelkind, vor allem solange es sehr klein ist.

Sprechen

- Sprechen Sie viel – und deutlich.
- Singen Sie immer wieder Lieder.
- Machen Sie viele Klatsch- und Handlungsspiele.
- Hören Sie gemeinsam CDs mit klassischer Musik.

Gefühle

- Schenken Sie ihm viel körperliche Nähe.
- Loben Sie Erfolge ausgiebig.
- Reagieren Sie bei Wut, Angst und Frustration sofort.
- Behandeln Sie Jungen und Mädchen gleich, wenn sie Trost brauchen – ein kleiner Junge muss seine Gefühle nicht unterdrücken, »weil er ein Junge ist«.

In Sprache »baden« Sprechen Sie beim Spielen immer viel – das fördert den Spracherwerb. Sprache ist eine sehr komplexe menschliche Fertigkeit und der Schlüssel zu Kommunikation und Bildung.

Wie sich Ihr Enkelkind entwickelt

Die besten Spielkameraden eines Kindes sind seine Eltern und seine Großeltern. Bei Ihnen ist es am aufmerksamsten; damit legt es im Zusammensein mit Ihnen die Grundlagen für eine sichere und glückliche Entwicklung. Wenn Sie die Entwicklungsschritte im ersten Jahr kennen, können Sie sich leicht Spiele ausdenken, die dies begünstigen. Und Sie werden wissen, welche Spielsachen dazu beitragen, sein Potenzial zu entfalten.

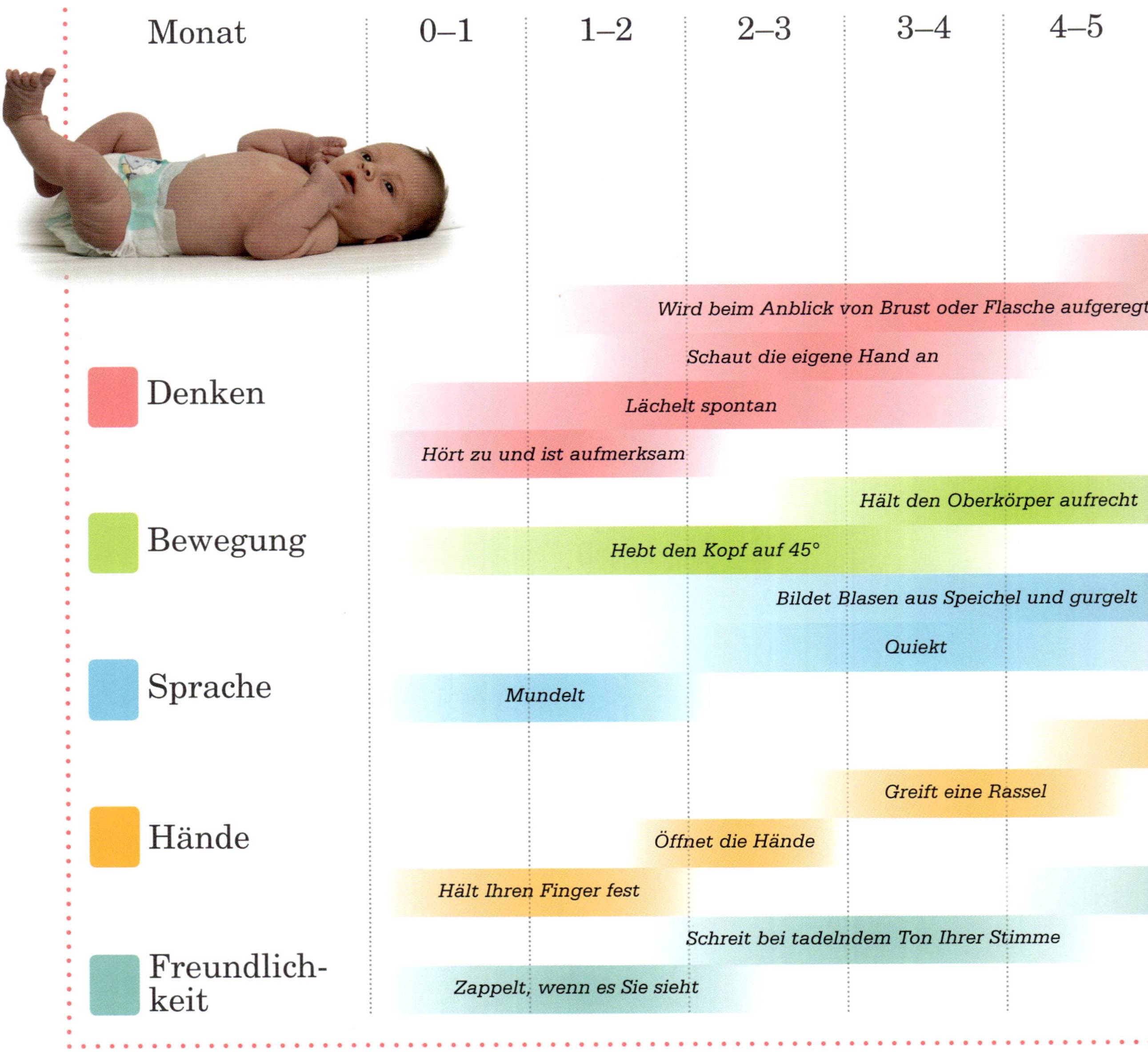

Ihr Enkelkind – Monat für Monat

Die wichtigsten Fähigkeiten Ihres Enkels sind unten aufgeführt. Das gibt Ihnen eine Vorstellung, wann Sie welche Anzeichen erkennen können; natürlich ist dieser Zeitplan sehr flexibel.

Ein Kind kann immer erst dann den nächsten Entwicklungsschritt erlangen, wenn es den vorigen erreicht hat. Sie helfen ihm dabei, wenn Sie Spiele anbieten, die den Erwerb von Fähigkeiten zum entwicklungsgemäßen Zeitpunkt unterstützen.

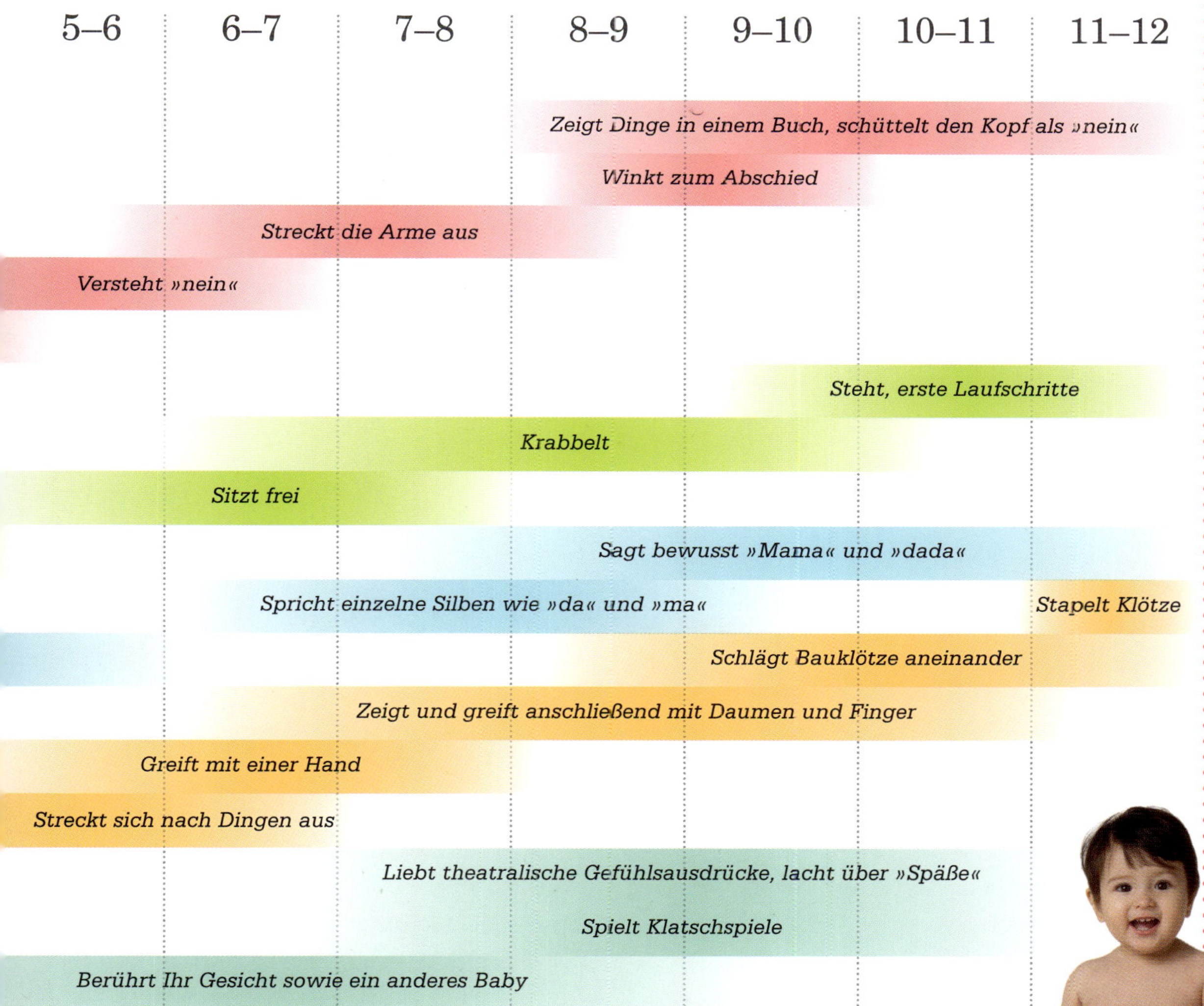

Geeignete Spiele

Wenn Sie in etwa wissen, wie sich Ihr Enkelkind im ersten Jahr entwickeln wird, können Sie sich Spiele ausdenken, die seine schlummernden Fähigkeiten zur Entfaltung bringen.

Erste Schritte

Wenn Sie bereits bei Ihrer zwei Wochen alten Enkelin Fähigkeiten zum Laufenlernen unterstützen wollen, ermuntern Sie sie, in der Bauchlage ihren Kopf zu heben. Kopfkontrolle ist der erste Schritt zum Laufenlernen, auch wenn die beiden Ereignisse ein Jahr oder länger auseinanderliegen. Machen Sie Spiele, bei denen sie versuchen muss, ihren Kopf zu heben.

Wenn Ihr sechs Monate alter Enkel mit Ihnen plappert, antworten Sie ebenso; Plappern, Lallen und Gurren sind frühe Sprechübungen. Und wenn Ihr Enkelkind mit zehn Monaten mit Finger und Daumen Erbsen greifen will, spornen Sie es an; dieser Pinzettengriff ist für das Schreiben erforderlich.

Sie sind ein Vorbild für Ihr Enkelkind. In den ersten Lebensjahren sind Erwachsene ein wichtiges Rollenvorbild; die Kinder imitieren sie in allen Bereichen. Wenn Sie oft lächeln und sanftmütig, freundlich, geduldig und nachsichtig sind, erwirbt Ihr Enkelkind diese Eigenschaften, indem es Sie imitiert.

Spiele, Neugeborenes bis sechs Monate

Sprechen ist mit das beste »Spiel« für Säuglinge; sprechen Sie möglichst viel mit Ihrem Enkel. Beschreiben Sie all Ihre Handlungen; sprechen Sie sanft und in Wir-Form: »Wir spielen dies«, »Wir tun das«. Hier finden Sie einige weitere Vorschläge, wie Sie die Entwicklung Ihres Enkelkindes in dieser Phase fördern können.

Spielsachen

- Mobiles und Babytrapez zum Betrachten und zur Hand-Augen-Koordination.
- Verformbares Spielzeug zum Greifen und In-den-Mund-Stecken.
- Stoffspielzeug mit unterschiedlichen Oberflächen.
- Rasseln, Glöckchen und Quietschtiere zeigen Ursache und Wirkung.

Frühe Sprachentwicklung

Singen Sie Wiegenlieder beim Kuscheln oder zum Einschlafen.

Körperliche Aktivitäten

Tanzen Sie, wiegen und schwingen Sie es im Rhythmus einfacher Melodien hin und her. Einfache, babygerechte Spiele sind Baby-Turnübungen und Kniereiterspiele (das Baby dabei gut festhalten).

Spiele, 7–12 Monate

Konzentrieren Sie sich in dieser Phase auf die Handgeschicklichkeit. Die folgenden Spiele helfen Ihrem Enkel, das Greifen, Schieben, Ziehen und den Pinzettengriff zu erlernen.

Spielsachen

- Frei stehende Rassel zum Daraufschlagen für die Hand-Augen-Koordination
- Kreisel
- Bälle zum Halten und Werfen
- Einfache Fahrzeuge zum Schieben und Ziehen
- Stoffbücher
- Stoffwürfel
- Badespielzeug für die Wanne

Sprachförderung

Pusten Sie in leere Papierrollen, ahmen Sie Tierlaute nach, singen Sie Lieder wie »Backe, backe Kuchen«.

Körperliche Aktivitäten

Aktivere Spiele wie Huckepack und kleine Turnübungen machen den meisten älteren Babys Spaß. Man kann nun schon anfangen, Bälle zu rollen. Versteckspiele wie »Guckguck« und »Welche Hand?« (verstecken Sie einen Gegenstand in einer Hand, lassen Sie es die richtige Hand bestimmen und loben Sie es, wenn es stimmt) sprechen seine Neugierde an.

Drinnen und draußen spielen

Topf und Deckel zusammenschlagen, mit Kochlöffeln auf einen Topf trommeln, Sand sieben, leere Dosen füllen, Wäscheklammern in Schachteln sortieren oder mit Holzwürfeln hantieren – all das erzeugt unterschiedliche Geräusche.

Helfen Sie ihm beim Ballspielen.

Die Handgeschicklichkeit fördern.

Topfschlagen lehrt Ursache und Wirkung.

Spiele, 12–18 Monate

Kreativspiele sind für Kinder dieses Alters sehr gut geeignet. Experimentieren Sie gemeinsam mit verschiedenen Materialien – scheren Sie sich nicht um das Chaos. Lassen Sie es stolz sein auf seine Leistungen, indem Sie seine Werke aufhängen.

Spielsachen

- Tamburin
- Spieldose
- Erste Puzzles
- Bunte Kreide und Stifte
- Laufwagen
- Bauklötze
- Bücher mit Stoffen und Farben
- Schiebe- und Ziehspielsachen

Sprechen

Es spricht die ersten Wörter und beginnt zu fragen. Kinderlieder fördern die Sprachentwicklung in besonderer Weise. Sprechen Sie so oft wie möglich mit Ihrem Enkel – in Erwachsenensprache, nicht in Babysprache.

Voller Energie

Bei einfachen Bewegungsspielen wie »Backe, backe Kuchen« oder »Wer will fleißige Handwerker sehen« und Verstecken baut Ihr Enkelkind überschüssige Energie ab.

Erstes Malen

Unter Ihrer Aufsicht kann es kneten, ausmalen und malen. Achten Sie auf ungiftige Materialien.

Drinnen und draußen spielen

Sandkasten und Planschbecken bieten viel Spaß. Geben Sie Ihrem Enkelkind Haushaltsdosen, Messbecher und Seifenblasen.

Spiele, 18–24 Monate

In diesem Alter sind Kinder ziemlich clever und wollen gefordert werden. Mit etwas Unterstützung kommt Ihr Enkelkind nun mit komplizierten Spielsachen und Spielen zurecht; es kann dabei seine neuen Fähigkeiten testen und üben.

Spielsachen

- Xylofon
- Formen-Sortierbox
- Puppen
- Telefon
- Ziehspielsachen
- Knete
- Musikspielzeug
- Dreirad

Sprechen

Lesen Sie Ihrem Enkel Bücher mit mehr Text vor; besonders geeignet sind Reime. Erfinden Sie Geschichten mit Ihrem Enkelkind als Hauptfigur. Erzählen Sie ihm von Ihrer Kindheit.

Aktivitäten und aktive Spiele

Machen Sie Bewegungsspiele wie »Ringelreihen«, »Es tanzt ein Bi-Ba-Butzemann«, »Meine Hände sind verschwunden«. Man kann sie auch mit mehreren Kindern spielen. Lassen Sie Ihr Enkelkind bei Spaziergängen auf dem Dreirad (mit Schiebestange) fahren.

Kleine Künstler

Lassen Sie es Collagen aus Papier, Styropor, Schnur, Reis, Stoffen und anderen Materialien wie Federn oder Steinen basteln. Es liebt Fingerfarben, kritzelt gern auf großen Papierbögen und modelliert mit Knete. Behalten Sie es dabei im Auge.

Spiele, 2–3½ Jahre

Fördern Sie das Rollenspiel als Möglichkeit, Gefühle auszudrücken – bestimmt spielen Sie auch gern mit. In der Bücherei kann Ihr Enkelkind sich selbst Bücher aussuchen.

Spielsachen

- Farben, Stifte
- Kinderschere zum Ausschneiden
- Arztkoffer, Feuerwehruniform oder Puppen für Rollenspiele
- Lego
- Puzzle mit großen Teilen (helfen Sie ihm dabei)
- Kindergeschirr, Kochgerätschaften
- Spielzeug-Haushaltsutensilien und -Werkzeuge, mit denen es Ihnen »helfen« kann

Sprechen

Ihr Enkelkind lernt jetzt ständig neue Wörter. Sprach- und Abzählspiele machen ihm Spaß, ebenso einfache Zungenbrecher und Witze.

Gruppenspiele

Nun kann Ihr Enkel bei musikalischen Aktivitäten und Musikspielen mitmachen, wie »Reise nach Jerusalem«, »Musikschlange« oder »Tanz und Stopp« sowie alle Spiele, bei denen etwas imitiert wird.

Jetzt ist es an der Zeit, Wachsmalstifte und Wasserfarben anzubieten. Ihr Enkelkind kann auch einfache Stempel aus Kartoffeln, Karotten und aufgeschnittenen Schwämmen herstellen.

Drinnen und draußen spielen

Kochen Sie gemeinsam und lassen Sie Ihr Enkelkind die Zutaten abmessen. Aktivitäten rund um die Natur, wie Regenbogen anschauen oder Samen aussäen, erweitern das Weltwissen Ihres Enkelkindes.

Spielen und lernen mit 3½–5 Jahren

Spielen Sie mit Ihrem Enkelkind zu Hause und machen Sie Ausflüge. Ausflüge sind nun sehr aufregend, da es seine Umwelt bewusst wahrnehmen und sich daran erinnern kann.

Spielsachen

- Spielsachen mit Buchstaben
- Tafel und Kreide
- Spielgarage, Flughafen oder Geschäfte
- Modellautos
- Fernglas
- Fotoapparat
- Pop-up-Bücher
- Ballspiele
- Einfache Naturexperimentierkästen
- Gartengeräte für Kinder

Zahlen

Führen Sie Ihr Enkelkind spielerisch an Zahlen heran. Durch Reime und Lieder mit Zahlen wird es vor der Schule mit dem Rechnen vertraut.

Spiele, Spiele

Ihr Enkelkind mag jetzt einfache Brettspiele, Würfelspiele und Kartenspiele.

Ein wahrer Künstler

In diesem Alter können Kinder einfache Masken und Handpuppen aus Papiertüten, Strümpfen und Stoffen selbst herstellen. Basteln Sie aus Schachteln und Rollen Spielmöbel, Fahrzeuge und Spielhäuser.

Ausflüge

Sie können mit Ihrem Enkel nun schon ins Kino, ins Theater und in Museumsveranstaltungen für Kinder gehen. Beliebt sind auch Zoos und Tierparks.

Was nur Großeltern können

Großeltern nehmen im Leben ihrer Enkelkinder eine einzigartige Stellung ein. Sie müssen sich nicht um die Gunst der Enkel bemühen. Sie sind von Natur aus etwas Besonderes. Besonders intensiv wird Ihre Beziehung, wenn Sie Ihrem Enkelkind gegenüber einfach Sie selbst sind! Dann werden Sie feststellen, dass Ihr Enkel in ganz besonderer Weise an Ihnen hängt.

Gemeinsamkeiten

Vielleicht haben Sie eine Lieblingsbeschäftigung (Gärtnern), ein Hobby (Vögel beobachten) oder ein spezielles Talent (Zeichnen, Stricken, Sticken oder Tennis), an dem Sie Ihr Enkelkind teilhaben lassen können. Dadurch können Sie ihm eine neue Welt eröffnen, in die nur Sie es einführen können.

Das Großartige daran ist, dass Sie selbst von dieser Sache begeistert sind. Das ist ansteckend und wird Ihr Enkelkind mitreißen. Sie übertragen damit Ihre Energie auf Ihre Enkel und können gemeinsam eine spannende Reise in eine neue Welt unternehmen. Sie sind dabei ein wohlwollender, geduldiger Lehrer und Ihr Enkelkind ein williger Schüler.

»Unternehmen Sie schon mit Ihren kleinen Enkelkindern besondere Aktivitäten, dann werden sie in Ihnen jahrelang einen Weggefährten haben.«

Beginnen Sie, wenn es klein ist

Wenn Sie schon mit Ihrem kleinen Enkelkind gemeinsam etwas unternehmen, sind Sie ihm beim Heranwachsen ein interessanter Weggefährte, der ihm besondere Erlebnisse ermöglicht. Und sobald das Kind alt genug ist, wird es Ihnen auch solche kleinen »Geschenke« in Form überraschender Erlebnisse machen. Es entsteht ein positiver Kreislauf, in dem jeder dem anderen etwas beibringt. Vermutlich hält dieses Geben und Nehmen ein Leben lang an. Ich selbst bin immer wieder überrascht und begeistert, wie meine Enkelkinder meine Interessen besser voranbringen, als ich es selbst fertiggebracht hätte.

Und natürlich erweitern Sie die Welt Ihres Enkelkindes auf Ihre ganz spezielle Art und Weise. Diese Bereicherung kann z. B. Insektenkunde, Briefmarkensammeln oder Schmuckherstellung sein – die Möglichkeiten sind endlos.

Gemeinsames Tun

Fördern Sie Ihr Enkelkind in den verschiedensten Aktivitäten. Es ist das gemeinsame Tun, das zählt.

Pflanzen aussäen

Ein Pflanzgefäß, z. B. ein Joghurtbecher, ist zum Aussäen geeignet. Bringen Sie Ihrem Enkelkind bei, was Pflanzen zum Wachsen brauchen – Wasser, Sonne und Erde. Verfolgen Sie regelmäßig das Wachstum der Pflanzen. Wählen Sie schnell wachsende Samen, wie Windengewächse. Noch besser ist es, im Garten Samen aus Samenkapseln zu gewinnen und sie einzupflanzen. Dabei lernt Ihr Enkelkind auf einfache und direkte Weise den Lebenszyklus kennen.

Blumen sammeln und pressen

Ich habe schon als Teenager Blumen gepresst und daher all meinen Enkelkindern kleine Blumenpressen gekauft. Im meinem Garten suchen wir Blumen aus und legen sie dann in die Presse. Wenn die Blumen getrocknet sind, gestalten wir daraus meist eine Gartencollage mit Glitter und Farbe – ein kleines Kunstwerk, das die ganze Familie bewundert.

Ein kleines Mikroskop

Alle meine Enkelkinder betrachten gerne Dinge unter dem Mikroskop. Tote Insekten und Spinnen finden wir besonders interessant, aber auch Pflanzen, z. B. die Unterseite eines Farnblattes mit den vielen Samenreihen. Selbst die Buchstaben auf Zeitungspapier sehen unter dem Mikroskop spannend aus.

Beobachten Sie, wie Pflanzen wachsen.

Pflücken Sie Blumen zum Pressen.

Zeigen Sie ihm das Mikroskopieren.

Fernsehen, Telefon und Computer

Die meisten Eltern und Großeltern finden (aus gutem Grund), dass Kinder heute zu viel vor dem Fernseher sitzen. Auch Handy und Internet verdrängen sinnvollere Aktivitäten. Als Großeltern sind wir vielleicht froh über die Ruhe, wenn unsere Enkel den ganzen Abend am Computer spielen – doch das ist keine konstruktive Ruhe. Es ist eine unnatürliche Stille, bei der sie sich in sich selbst zurückziehen.

Babys brauchen Menschen

Studien zeigen, dass ein direkter Zusammenhang zwischen Sprachstörungen und zu viel Fernsehen besteht. Wenn der Fernseher läuft, wird ein Baby stärker von den Bildern auf dem Bildschirm angezogen als von realen Menschen. Aber von einem Gerät lernt es nicht sprechen. Dazu benötigt das Baby die ungeteilte Aufmerksamkeit eines Erwachsenen und den Blickkontakt. So lernt das Gehirn.

»Es besteht ein Zusammenhang zwischen Sprachstörungen und Fernsehen. Ein Baby wird von den Bildern angezogen, aber von einem Gerät lernt es nicht sprechen.«

Natürlich sind Handys, Computer und Videospiele tolle Erfindungen – aber ihre übermäßige Nutzung durch Kinder bereitet mir Sorge. Meiner Meinung nach gehören Computerspiele nicht in die Hände von unter Achtjährigen, da sie die Spielsituationen emotional noch nicht verarbeiten können.

Was Sie wissen sollten, wenn Sie Ihre Enkelkinder betreuen

In den vergangenen zehn Jahren erhöhte sich die Zahl der Kinder, die wegen Überlastungsschmerzen am Arm (RSI-Syndrom) dem Arzt vorgestellt wurden, um 40 Prozent. Solche Erkrankungen kommen normalerweise nur bei

Wie viel Fernsehen?

Natürlich haben Sie keinen Einfluss auf die Vorgaben Ihrer Kinder; doch wenn Sie die Kleinen betreuen, schlage ich folgende Richtlinien vor:

- Bis zu 3 Jahren kein Fernsehen – frühes Fernsehen führt später zu schwacher Lese- und Rechenkompetenz.
- 3–5: eine halbe Stunde am Tag.
- 5–8: eine Stunde am Tag.
- 8–10: eineinhalb Stunden am Tag.

Erwachsenen vor, insbesondere bei Berufstätigen, die wiederholt dieselben Bewegungen ausführen, wie Sportlern, Fließbandarbeitern oder Sekretärinnen. Es ist besorgniserregend, dass dieses Krankheitsbild nun schon bei fünfjährigen Kids als direkte Folge vom zu vielen Sitzen am Computer auftritt.

Viele Kinder haben Haltungsprobleme und Rückenschmerzen – auch dies kannten wir bisher nur von älteren Menschen. Einer neuen Studie zufolge sind bereits zwei von drei Kindern ab zehn Jahren betroffen. Auch Haltungsschäden sind auf dem Vormarsch. Diese Fälle werden sich vermutlich künftig noch stärker häufen.

Gemeinsam erkunden
Zeigen Sie Ihrem Enkel beim gemeinsamen Surfen, wie man den Computer sinnvoll nutzt. Schauen Sie sich Podcasts von Riesenhaien an und reisen Sie per Internet um die Welt.

Warum Ihre Enkel gefährdet sind

Bis zur Pubertät entwickeln sich die Muskeln, Sehnen, Bänder und Gelenke. Eine zu hohe Belastung durch unnatürliche Bewegungsabläufe oder zu viel Druck beeinträchtigt dieses Wachstum. In der Folge entzünden sich Bänder und Muskeln durch die Überbeanspruchung. Es treten Verdickungen an den Bändern und Gelenkentzündungen auf – der Beginn einer leichten Arthritis. Bei anhaltender Schädigung kann sich dies zu einer vollständigen Arthritis ausweiten.

Fernsehen und Computer können heftige Familienstreitigkeiten auslösen. Sinnvollerweise werden solche Konflikte durch klare Regeln verhindert. Tragen Sie dazu bei, die Mediennutzung einzuschränken – bevor ein striktes Verbot erforderlich wird.

Zeitbegrenzung ohne Wutanfälle

Bei klaren Zeitabsprachen mit den Enkelkindern sind viele Großeltern etwas inkonsequent. Ich schlage feste Richtwerte vor; am besten ist es aber, den Kindern sinnvolle Alternativen anzubieten, z. B. einen Ausflug in der Park, Vorlesen oder Malen.

- ***Grenzen setzen:*** Es ist nicht fair, ein Kind spiel- oder handysüchtig werden zu lassen; sobald sich ein Verhalten verfestigt hat, ist es schwer zu ändern. Daher erachte ich bei Spielkonsolen, Computer und Fernsehen Beschränkungen als sinnvoll. Für Kinder bis zu drei Jahren sind sie absolut tabu, zwischen drei und fünf Jahren dürfen sie eine halbe Stunde am Tag die Medien nutzen, ab fünf Jahren eine Stunde. Setzen Sie früh Grenzen, dann wird das Kind sie verstehen und akzeptieren.
- ***Kindersicherung:*** Ich empfehle eine Kindersicherung für den Computer. Und: kein Computer oder Fernseher im Zimmer des Kindes.
- ***Bildschirmpausen einhalten:*** Sorgen Sie dafür, dass Ihr Enkelkind beim Spielen an der Spielkonsole alle 15–20 Minuten eine Pause einlegt. Dabei soll es aufstehen, sich strecken und sich bewegen – nicht nur das Spiel stoppen.

»Mir ist es zu viel – wie sage ich das?«

Maria fühlt sich wie eine Kinderfrau. Als ihr erstes Enkelkind kam, freute sie sich sehr, dass sie helfen konnte, und kam gelegentlich zum Babysitten. Dann nahm Marias Tochter eine Teilzeitstelle an und bat ihre Mutter, ihr Baby zwei Tage pro Woche zu betreuen. Zwar ist Maria gern mit ihrer Enkelin zusammen, doch sie fühlt sich überrumpelt. So viel Zeit wollte sie nicht aufbringen. Aber wie sagt sie ihrer Tochter und ihrem Schwiegersohn, dass es ihr zu viel ist?

Maria muss ihrer Tochter und ihrem Schwiegersohn sagen, wie sie sich fühlt. Sie müssen gemeinsam eine Lösung finden, die allen gerecht wird.

Man kann gut nachvollziehen, wie Maria in diese Lage geraten ist. Sie wollte Tochter und Schwiegersohn helfen, wie viele Großeltern es tun, und sie wurde unmerklich immer stärker einbezogen. Jetzt hat sie Angst, dass die beiden verärgert sind, wenn sie ihnen sagt, wie sie sich fühlt.

Maria sollte das Thema vorsichtig angehen, sonst fühlen sich ihre Tochter und ihr Schwiegersohn vielleicht kritisiert – das könnte familiäre Spannungen auslösen. Sie kann um ein klärendes Gespräch bitten, z. B. am Ende eines Betreuungstages. Dann kann Maria erklären, dass sie den beiden helfen möchte und sich gern um Ihre Enkelin kümmert, aber dass es ihr einfach zu viel ist.

Sie könnte um eine neue Absprache bitten. Wie könnte man die Zeit anders einteilen? Bei einem sachlichen Gespräch lassen sich durchaus konstruktive Möglichkeiten finden.

Diese Situation ist schwierig – einer meiner Freundinnen passierte genau dasselbe. Und sie brachte es nicht fertig, ihrer Tochter zu sagen, wie es ihr ging. Dann tat es ihr Mann. Er hatte genug davon, dass seine Frau sich immer wieder bei ihm beklagte, wie viel Zeit sie für die Betreuung ihrer Enkelin aufbrachte, und dass sie sich »ausgenutzt« fühlte. So sprach er das Thema irgendwann direkt an.

Ihm fiel das nicht schwer, weil er emotional nicht beteiligt war. Glücklicherweise nahmen es die Kinder gut auf und schätzen seither die Hilfe mehr. Meine Freundin ist nun viel zufriedener mit ihrem Engagement und bekommt gelegentlich sogar ein Geschenk.

8 Schöne Zeiten mit Oma und Opa

Sie werden feststellen, dass Ausflüge mit Ihrem Enkel ebenso viel Spaß machen wie Spiele zu Hause – Ihnen genauso wie dem Kind.

Erste Ausflüge

Für einen Ausflug mit Oma und Opa ist kein Baby zu jung. Da ein kleines Baby problemlos mitzunehmen ist, können Sie gut mit ihm unterwegs sein. Das Baby kann überall dabei sein und nimmt all die neuen Eindrücke auf, auch wenn es noch wenig vom Geschehen versteht.

Beginnen Sie mit kurzen Ausflügen

Zunächst wirkt schon ein Einkaufsbummel beängstigend und selbst als erfahrene Großeltern sind Sie vermutlich etwas nervös und unsicher, wie Ihr Enkelkind reagieren wird. Entspannen Sie sich – sonst übertragen sich Ihre Ängste auf das Baby.

Seien Sie anfangs nicht zu ehrgeizig – ein Besuch im örtlichen Park oder im Café ist ein guter Anfang. Ein solcher Ausflug macht Ihnen und Ihrem Enkelkind Spaß und ermöglicht Ihrer Tochter eine kleine Auszeit. Größere Unternehmungen planen Sie erst, wenn die kurzen Ausflüge zur Routine geworden sind. Meiden Sie die Hauptverkehrszeiten, insbesondere wenn Sie mit dem Bus oder Zug fahren.

Die Mahlzeiten

Wenn Ihr Enkelkind gestillt wird, müssen die Unternehmungen zwischen den Stillzeiten stattfinden – sofern Sie nicht abgepumpte Muttermilch mitnehmen können. Wenn es die Flasche bekommt, erleichtern Ihnen Einmalflaschen und Fertigmilch (s. S. 54) das Leben sehr.

Sobald Ihr Enkelkind Beikost erhält, nehmen Sie Gläschenkost, Breischüssel und Löffel, Lätzchen und eine Schnabeltasse mit, außerdem Getränke und etwas zum Knabbern, z. B. Zwieback. Sie können das Baby direkt aus dem Gläschen füttern; Reste müssen anschließend weggeworfen werden, weil sie mit Speichel versetzt sind und sich Bakterien darin rasch vermehren.

Was Sie mitnehmen müssen

Je besser Sie sich auf einen Ausflug mit Ihrem Enkelkind vorbereiten, umso angenehmer wird er sein. Folgende Liste wirkt anfangs vielleicht übertrieben, doch in Kürze werden Sie alles Wichtige griffbereit haben und es automatisch mitnehmen.

- Wickelunterlage oder Wickeltasche
- Einmalwindeln
- Baby-Kosmetiktücher
- Wundschutzcreme
- Plastiktüten für schmutzige Windeln
- Einmalflasche und Säuglingsnahrung für Flaschenbabys
- Schnuller oder Trostobjekt, wenn vorhanden
- Essenszubehör und Snacks für ein älteres Baby
- Sonnenhut oder Mütze
- Strickjacke
- Einige Spielsachen und Bücher

Wickeln

Auch wenn Ihr Enkel normalerweise mit Stoffwindeln gewickelt wird, lohnt es sich, für Ausflüge Einmalwindeln anzuschaffen. Damit können Sie Ihr Enkelkind bequem und ohne Aufwand wickeln, z. B. auf dem Rücksitz im Auto oder im Kofferraum. Legen Sie es dazu auf eine Decke oder ein Handtuch. Es genügt völlig, wenn Sie es mit dem Waschlappen sauber machen, sofern es kein »großes Malheur« gab. Nehmen Sie Kosmetiktücher mit und eine Tüte für schmutzige Windeln.

Den Kinderwagen mitnehmen

Die modernen Kinderwagen unterscheiden sich zum Teil sehr von unseren Modellen früher. Lassen Sie sich in die Handhabung des Wagens einweisen, bevor Sie allein damit unterwegs sind. Sie müssen den Wagen in wenigen Sekunden aufstellen und zusammenklappen können. Üben Sie dies zu Hause. Sie sollten ihn mit einer Hand aufstellen und mühelos zusammenklappen können und wissen, wie die Bremsen funktionieren – alles, während Sie das Baby auf dem Arm haben. Hier ein paar Sicherheitshinweise:

- Achten Sie immer darauf, dass der Wagen vollständig aufgeklappt ist und die Bremsen angezogen sind.
- Schnallen Sie Ihr Enkelkind im Buggy immer an.
- Lassen Sie es im Wagen niemals unbeaufsichtigt.
- Hängen Sie keine Einkaufstüten an die Handgriffe des Wagens; er kann aus dem Gleichgewicht kommen und umkippen.
- Wenn Sie anhalten, stellen Sie immer die Bremsen fest; falls Sie unbeabsichtigt die Hände vom Wagen nehmen, könnte er wegrollen.

Babytrage anlegen
In einer Babytrage können Sie Ihr Enkelkind wunderbar transportieren. Lassen Sie sich genau zeigen, wie man sie richtig anlegt – das ist anfangs ohne Hilfe gar nicht so einfach.

Ideen für gemeinsame Unternehmungen

Es gibt zahllose Aktivitäten für Großeltern und Enkelkinder; die Ideen können Ihnen also nie ausgehen.

- Treffen Sie sich mit anderen Eltern oder Großeltern zum Frühstück oder in Krabbelgruppen.
- Musikkurse machen Babys ab sechs Monaten viel Spaß.
- Schwimmen – sobald das Baby geimpft ist. Erkundigen Sie sich im Schwimmbad nach Angeboten für Eltern und Kind. Dabei sind auch Großeltern willkommen.
- Kurse für Babyturnen gibt es schon für Babys ab sechs Monaten; sie fördern Ihre Bindung zu ihm.
- Kurse für Babymassage in Familienzentren oder an Volkshochschulen schaffen eine enge Beziehung zum Enkelkind.
- Erkundigen Sie sich nach Babygymnastikkursen in Ihrer Gegend. Sie werden von Volkshochschulen und Familienzentren angeboten.

Mit dem Enkelkind einkaufen

Es ist bedeutend anstrengender, mit einem aktiven Kleinkind unterwegs zu sein als mit einem Baby; aber es kann viel Spaß machen. Schon ein normaler Einkauf wird zu einem gemeinsamen Erlebnis. Bereiten Sie sich jedoch immer gut vor. Ich gehe mit meinen Enkeln nie ohne Getränke und Snacks aus dem Haus. Es gibt nichts Schlimmeres, als irgendwo mit hungrigen Kindern festzusitzen!

Lernanlässe

Nutzen Sie Einkaufstouren mit Ihrem Enkelkind als Lernanlässe – z. B. über Farben: »Die Dose dort ist rot; diese Packung ist blau; das Glas hat ein gelbes Etikett.« Jedes Kind erkennt die Cornflakes-Packung, die es morgens beim Frühstück sieht, und versteht bald, was die Worte bedeuten. Etwa ab 18 Monaten können Sie das Kind fragen: »Siehst du die Cornflakes? Und wo ist die Marmelade?«

Sie fördern frühes Lesen, wenn Sie Ihrem Enkelkind beibringen, die Inhalte einer Packung oder Dose gedanklich mit den Lebensmitteln zu verbinden, die es zu Hause isst.

Wenn es z. B. regelmäßig Kakao trinkt, nehmen Sie die Marke, die es jeden Tag zu Hause sieht, aus dem Regal und fragen: »Was bedeutet dieses Wort?«, damit es mit dem Markennamen antwortet, weil es aus Erfahrung weiß, dass aus der Dose Kakao kommt. Alle meine Kinder konnten zuallererst – vor irgendetwas anderem – Lebensmittelverpackungen lesen.

Einkaufen ohne Gefahren

Damit Ihr Enkelkind, sobald es laufen kann, nicht in der Menschenmenge verloren geht, treffen Sie einige Vorsichtsmaßnahmen. Es muss möglichst früh seinen Namen, seine Adresse und die Telefonnummer kennen. Weitere Maßnahmen:

- Ziehen Sie ihm etwas Buntes an, damit Sie es aus der Ferne erkennen.
- Legen Sie einen »Code« fest, auf den hin Ihre Enkel zurückkommen. Mein Vater hatte einen bestimmten Pfiff. Bei meinen Kindern habe ich eine kleine Pfeife benutzt; so konnte ich mich immer bemerkbar machen. Nun mache ich dasselbe bei meinen Enkeln.
- Schärfen Sie ihm ein, dass es nie mit einem Fremden mitgehen darf.
- Machen Sie Ihr Enkelkind mit der näheren Umgebung seines Zuhauses vertraut. Weisen Sie bei jedem Ausflug auf Erkennungsmerkmale hin: »Da ist der Briefkasten an der Ecke, da ist das blaue Tor und dann kommt unser Haus.«

Ausflüge mit kleinen Kindern

Unternehmungen müssen nicht viel Geld kosten. Ihr Enkelkind ist bereits so glücklich über die Zuwendung, die es erhält, dass ihm die einfachsten Aktivitäten große Freude machen. Sei es eine Wanderung übers Land oder ein Tag am Meer – legen Sie viele Stopps ein, um alles, was die Aufmerksamkeit des Kindes fesselt, zu betrachten. Sie besitzen einen großen Luxus: Zeit. Genießen Sie es.

Sorgfältig planen

Bedenken Sie bei der Planung eines Ausflugs immer, wie Sie der Persönlichkeit Ihres Enkelkindes am besten gerecht werden. Ein ruhiges Kind, das sich lange konzentrieren kann, können Sie überallhin mitnehmen, ins Museum ebenso wie in ein Gartenzentrum. Ihm können Sie alles zeigen. Ein sehr aktives Kind dagegen braucht mehr »Auslauf«; ein Ausflug auf einen Spielplatz kommt ihm mehr entgegen.

Nehmen Sie immer genug zum Essen und Trinken mit, um Ihr Enkelkind die ganze Zeit bei Laune zu halten. Unternehmen Sie keinen Ausflug, wenn Sie oder das Kind sich nicht recht wohlfühlen; der Tag wird mit Sicherheit ein Desaster. Haben Sie keine Schuldgefühle, wenn Sie das Unternehmen verschieben.

Auf Autofahrten beachten Sie unbedingt die Sicherheitsvorschriften. Wenn Sie Ihr Enkelkind öfter mitnehmen, lohnt sich vielleicht die Anschaffung eines eigenen Kindersitzes, damit Sie ihn nicht immer von den Eltern ausleihen

Gemeinsam draußen
Eine gemeinsame Wanderung mit Picknick oder ein Ausflug an den Strand ist wunderbar. Die meisten Kinder finden es noch schöner, wenn auch der Opa dabei ist.

müssen. Transportieren Sie Ihr Enkelkind grundsätzlich angeschnallt im Kindersitz. Achten Sie darauf, dass er richtig befestigt ist. Die meisten Kinder werden nach etwa einer Stunde Fahrtzeit unruhig; machen Sie regelmäßige Pausen, damit sie umherlaufen und ihre überschüssige Energie loswerden können.

»Wenn Sie mit Ihren Enkelkindern im Auto unterwegs sind, beachten Sie unbedingt die Sicherheitsvorschriften.«

Sicherheit im Auto

Informieren Sie sich immer wieder über die neuesten Vorschriften zum Transport von Kindern im Auto. Hier einige Punkte zur Erinnerung:

- Nehmen Sie ein Baby oder Kind niemals auf Ihren Schoß; versuchen Sie sich nie gemeinsam mit einem Sicherheitsgurt anzuschnallen.
- Ein Kind muss immer in einem Kindersitz reisen, der seinem Gewicht und seiner Größe entspricht.
- Für Babys sind Sitze, die entgegen der Fahrtrichtung angebracht werden, am sichersten; sie passen auf den Vorder- wie auf den Rücksitz.
- Sitze entgegen der Fahrtrichtung dürfen auf einem Vordersitz mit Airbag nicht benutzt werden.
- Kaufen Sie keinen gebrauchten Kindersitz. Er könnte bei einem Unfall beschädigt worden sein.

Ihre Checkliste für Reisen

Wie bei jedem Ausflug mit Enkelkindern ist es entscheidend, im Voraus gut zu planen und alles vorzubereiten. Mit diesen Tipps klappt alles reibungslos:

- Reisen Sie frühmorgens oder nachts, wenn die Straßen leer sind.
- Nehmen Sie Ersatzkleidung für Ihr Enkelkind mit; bleiben Sie bei Missgeschicken gelassen und ziehen Sie es rasch um.
- Aus Sicherheitsgründen kleben Sie Besteck innen in den Vesperdosen fest.
- Nehmen Sie ein weiches Kleidungsstück wie einen Pulli mit, das Ihr Enkel als Kissen verwenden kann. Eine Decke ist ebenfalls sinnvoll.
- Nehmen Sie mehrere Tüten mit, in denen Sie anfallenden Müll verstauen können.
- Nehmen Sie Kosmetiktücher für Hände und Gesicht sowie Papiertaschentücher mit.
- Bringen Sie eine Sonnenblende am Fenster an.
- CDs mit Kinderliedern und Geschichten können ein wahrer Segen sein. Singen Sie gemeinsam mit.

Drinnen spielen

Sie können Ihrem Enkelkind keinen größeren Gefallen tun, als immer mit ihm zu spielen – auch wenn Sie einmal wenig Lust dazu haben. Lehnen Sie die Bitte »Oma, spielst du mit mir?« nie ab. Mit jedem Mal, das Sie auf den Boden sitzend mit Ihrem Enkelkind spielen, fördern Sie seine Entwicklung.

Am besten sind Spiele, bei denen das Kind nachdenken muss. Sie fördern die Entwicklung des Gehirns; es vergrößert sich in den ersten zwölf Monaten um *das Dreifache*. Jede Alltagssituation bietet Spiel- und Lernanlässe – je nach Bedarf setzt das Kind den Körper und seinen Verstand ein und übt die entsprechenden Fähigkeiten. Als erfahrene Großmutter haben Sie sicher viele Spielideen. Hier ein paar zusätzliche Vorschläge:

»Am besten sind Spiele, bei denen das Kind nachdenkt. Sie fördern die Entwicklung des Gehirns; es vergrößert sich in den ersten zwölf Monaten um das Dreifache.«

Auf dem Boden

Ihr Enkelkind ist begeistert, wenn Sie sich zum Spielen zu ihm auf den Boden setzen. Bis es frei sitzen kann, mag es diese Spiele:

- Setzen Sie sich zu ihm auf den Boden, halten Sie Blickkontakt, lachen und sprechen Sie.
- Wiegen Sie seinen Körper sachte vor und zurück.
- Lassen Sie es Ihre Finger greifen und ziehen Sie es langsam ein wenig hoch.
- Klatschen Sie mit seinen Händen.
- Bewegen Sie seine Beine und Arme.

Auf Ihrem Schoß

Setzen Sie Ihr Enkelkind zum Spielen auf Ihren Schoß. Diese Nähe schenkt ihm Sicherheit und das Gefühl, geliebt zu werden.

- »Lesen« Sie gemeinsam Bücher und Zeitschriften – lassen Sie es die Seiten von Zeitschriften zerknüllen.
- Spielen Sie Klatschspiele, z. B. »Backe, backe, Kuchen«.
- Legen Sie eine Stoffwindel über seinen Kopf und spielen Sie »Guckguck«.
- Ziehen Sie es an den Handgelenken in den Stand; das stärkt seine Beine und die Balance.
- Schütteln Sie gemeinsam Spielsachen, die Geräusche erzeugen.
- Spielen Sie Fingerspiele.
- Das Spiel »Ich bin das Füßchen Übermut ... und ich das Füßchen Tunichtgut« macht Ihrem Enkel seine Füße bewusst.

Spiele beim Baden

Am schönsten ist es für meine Enkelkinder, wenn ich mit ihnen bade. Folgende Spiele garantieren eine fröhliche Badezeit:

- Wasser von einer großen Dose in eine kleine gießen (zu viel) und von einer kleinen in eine große (zu wenig); so lernt es viel über Mengen.
- Seifenblasen pusten.
- Beim Haarewaschen »Igelstacheln« aus Shampoo-Schaum bilden.
- Das Gesicht nass machen als Vorbereitung aufs Schwimmen.

Sanfte Spiele beim Wickeln

Selbst das Wickeln bietet Gelegenheit zum Spielen. Halten Sie dabei immer Blickkontakt mit Ihrem Enkelkind. Babys lieben folgende Spiele:

- Sich umdrehen, um ein Spielzeug zu erreichen – halten Sie beim Wickeln besonders ansprechende Dinge bereit; sprechen Sie beim Windelwechsel mit Ihrem Enkel über das Spielzeug.
- Babygymnastik – halten Sie es an den Händen und ziehen Sie seinen Oberkörper hoch.
- Halten Sie seine Füße und heben Sie seinen Unterkörper hoch.
- Babymassage beim Eincremen.

Ein Lernspiel
»Guckguck« bietet dem Baby viel zu lernen, z. B., dass Dinge weiterhin existieren, auch wenn man sie nicht sieht. Es lernt auch vorwegzunehmen, was als Nächstes kommt, und wartet darauf, dass es geschieht.

Erste Ballspiele zur Hand-Augen-Koordination

Beginnen Sie mit Ballspielen, sobald Ihr Enkelkind frei sitzen und seinen Oberkörper drehen kann, um nach hinten zu greifen. So helfen Sie ihm:

- Rollen Sie einen großen Stoffball zwischen seine Beine und sagen Sie: »Fang.«
- Lassen Sie es den Ball zurückrollen; sagen Sie: »Gefangen«, wenn Sie ihn haben.
- Dann sagen Sie: »Auf die Plätze, fertig, los«, und rollen ihm den Ball zu.
- Wenn es älter wird, spielen Sie mit immer kleineren Bällen.
- Lassen Sie einen Stoffball ein paar Mal auf Ihrem Kopf hüpfen – Ihr Enkelkind wird begeistert sein.
- Werfen Sie ihm den Ball vorsichtig an den Kopf – hoffentlich lacht es wieder.

Vorlesen, vorlesen, vorlesen

Ich habe meinen Enkeln bei jeder Gelegenheit Geschichten vorgelesen. Wenn ich sie zur Schule gebracht habe und wir zu früh dran waren, habe ich mich hingesetzt und ihnen vorgelesen. Bald waren alle anderen Kinder auch dabei!

- Nutzen Sie jeden freien Moment zum Vorlesen.
- Es ist nie zu früh, mit dem Vorlesen anzufangen.
- Für den Anfang sind weiche Stoffbilderbücher zum Betrachten gut geeignet.
- Betrachten Sie Plastikbücher in der Badewanne.
- Legen Sie Stoffbilderbücher in sein Bettchen, damit es mit seinen Lieblingsbüchern schlafen kann.
- Lesen Sie ihm wann immer möglich eine Gutenachtgeschichte vor.
- Kaufen Sie Bücher für Ihr Enkelkind oder leihen Sie sie in der Bücherei aus – bringen Sie möglichst bei jedem Besuch ein neues mit.

Uneingeschränkte Aufmerksamkeit
Wenn Kinder erst Geschwister haben, ist es besonders schön, einmal mit Oma oder Opa allein zu sein. Mit Aktivitäten, die Ihr Enkel besonders mag, stärken Sie sein Selbstwertgefühl.

- Bücher sind tolle Geschenke – lesen Sie sie am besten gleich vor.
- Kaufen Sie Ihrem Enkelkind Bücher, die Sie selbst als Kind liebten, und erklären Sie ihm, warum.

So lernt Ihr Enkel, zufrieden mit anderen Kindern zu spielen

Wenn Ihr Enkelkind nicht mit anderen Kindern spielen mag oder bei einer Feier schüchtern ist, sind Sie sein sicherer Hafen. Zwingen Sie es nie mitzumachen. Es darf bei Ihnen bleiben, bis es sich bereit fühlt, sich der Gruppe anzuschließen.

- Nehmen Sie einige Spielsachen mit und spielen Sie gemeinsam – laden Sie andere Kinder ein mitzumachen.
- Beobachten Sie gemeinsam die anderen; sagen Sie: »Das ist lustig. Wollen wir mitmachen?«
- Lesen Sie allen Kindern eine Geschichte vor; Ihr Enkel darf dabei auf Ihrem Schoß sitzen.
- Setzen Sie sich zu den Kindern auf den Boden und spielen Sie mit ihren Spielsachen. Kommentieren Sie dabei Ihr Spiel.
- Achten Sie auf faires Teilen, z. B.:
  - Jeder bekommt das Spielzeug eine Minute.
  - Du bist an der Reihe, der Nächste ist dran, ich bin dran.
  - Erwähnen Sie die Worte »teilen« und »abwechseln« immer wieder.
  - Machen Sie das gemeinsame Spielen vor; sagen Sie: »Schau, die Oma spielt zusammen mit dir und Diana mit der Puppe.«
  - »Gibst du mir eine von deinen Rosinen? Danke, liebes Mädchen!«
  - »Leon spielt gerade mit der Knetmasse: Sollen wir Tee machen für unsere Puppe?«

Fragen beantworten
Kinder sind immer neugierig; sie wollen wissen, wie etwas funktioniert. Als Großeltern haben Sie die Geduld, ihre Fragen zu beantworten und alle möglichen Dinge zu erklären.

In der Küche lernen und spielen

Die Küche ist für Kinder ein höchst interessanter Ort. Hier gibt es sehr viele Möglichkeiten, mit Spaß und Freude Neues zu lernen.

- Lassen Sie Ihr Enkelkind dabeisitzen, wenn Sie Mahlzeiten zubereiten. Erklären Sie ihm, was Sie tun und warum.
- Binden Sie Ihrem Enkelkind eine Schürze um und geben Sie ihm verschiedene Utensilien. Stellen Sie es sicher auf einen Stuhl am Spülbecken und lassen es mit Wasser spielen.
- Lassen Sie Ihr Enkelkind beim Kochen helfen – Zutaten einrühren, Gemüse in die Pfanne geben, eine Dose halten.
- Lassen Sie es einen »Zaubertrank« mixen. Meine Enkel mischen mit Begeisterung die unglaublichsten Zutaten in einer großen Schüssel – eine tolle Möglichkeit, ihre Kreativität auszuleben.
- Bitten Sie es, Verschüttetes mit einem Küchentuch aufzuwischen.
- Lassen Sie es niedrige Arbeitsflächen mit einem feuchten Tuch abwischen.

Beim Kochen helfen
Jeder profitiert davon, wenn Kinder früh in der Küche helfen. Das Kind lernt etwas über das Kochen und wird selbstständiger. Und wenn es alt genug ist, kann es für Sie etwas zubereiten!

Draußen spielen

Es kann anstrengend sein, mit dem Enkel draußen zu spielen; vielleicht stellen Sie fest, dass Sie manche Muskeln lange nicht mehr benutzt haben. Wenn Sie fit sind, machen Spiele im Freien viel mehr Spaß; es beugt auch Schmerzen vor. Ausdauer ist ebenso gefordert. Bereiten Sie sich durch Sport darauf vor.

Im Park

Ich finde Ausflüge in den Park mit den Enkeln spannend, ehrlich gesagt aber auch anstrengend. Alle drei gleichzeitig im Auge zu behalten ist eine echte Herausforderung; gelegentlich bekomme ich Panik, wenn ich eines nicht mehr sehe. Doch wir haben eine Menge Spaß und die Kinder haben viel Platz zum Spielen. Ich habe gelernt, aufmerksam und achtsam zu sein, und bin beweglicher und kräftiger geworden als ich je gedacht hätte.

Klettern

In den meisten Parks gibt es vielseitige Klettergerüste für Kinder jeden Alters mit verschiedenen Schwierigkeitsgraden. Hier können die Kinder ihre Kraft und ihren Mut beweisen; doch wichtig ist der Grundsatz: »Immer nur ein Bein oder eine Hand bewegen, an drei Punkten festhalten.«

»Durch die Ausflüge in den Park mit meinen Enkeln bin ich beweglicher und kräftiger geworden, als ich je gedacht hätte.«

Rutschen und schaukeln

Von vielen Klettergerüsten führt eine Rutsche herab. Manche sind schwindelerregend hoch, aber wenn Ihre Enkel so wagemutig sind wie meine, schreckt sie das nicht ab. Sie testen ihren Mut, rutschen auf dem Bauch hinunter mit dem Kopf voran. Versichern Sie sich zuerst, dass die Kinder keine Höhenangst haben, und stehen Sie bereit, um sie unten aufzufangen.

Sobald sie sitzen können, lieben Babys und Kinder Schaukeln; in Parks gibt es sie oft für alle Altersgruppen. Vermutlich müssen Sie Ihre Enkel immer wieder anstoßen. Doch dabei können Sie gleichzeitig am besten aufpassen, dass nichts passiert.

Kicken, werfen und fangen

Ein kleiner Garten ist oft groß genug für einfache Wurf-, Fang- und Fußballspiele, doch im Park machen diese Spiele richtig Spaß. Ihr Enkel kann großen Kindern beim Fußball oder Federball zuschauen und möchte auch mitmachen. Der Park bietet ein ideales Gelände; solange Sie den Ball geduldig immer wieder holen, haben alle Spaß. Wenn Ihr Enkel sechs Jahre alt ist, können Sie ihm einen Baseballhandschuh schenken, das macht das Fangen interessanter.

Naturerlebnisse

Bringen Sie Ihrem Enkelkind bei jedem Spaziergang einige Grundlagen unserer Natur nahe:
»Die Blätter fallen im Herbst.«
»Es muss Winter sein, denn …? Die Bäume haben keine Blätter.«
»Es ist Frühling, weil die Schneeglöckchen/Narzissen/Krokusse blühen.«
»Wenn die Vögel frühmorgens singen, nennt man das ein Morgenkonzert.«
»Wenn ein Fuchs in die Stadt kommt, nennt man ihn einen Stadt-Fuchs.«

»Nirgends hat ein Kind mehr Erfolgserlebnisse als im Schwimmbad, wo es ständig kleine Fortschritte macht.«

Im Schwimmbad

Auch wenn Sie normalerweise nicht schwimmen gehen, sollten Sie mit Ihrem Enkel das Schwimmbad besuchen. Erstens macht das viel Spaß. Zweitens werden Sie erleben, wie tapfer, wagemutig und anstrengungsbereit Ihr Enkelkind ist und welche körperlichen Meisterleistungen es vollbringt. Drittens ist es sehr wichtig, dass es so früh wie möglich schwimmen lernt. Sie tun Ihren Enkeln einen großen Gefallen, wenn Sie sie mit Wasser vertraut machen. Nirgends hat ein Kind mehr Erfolgserlebnisse als im Schwimmbad, wo es ständig kleine Fortschritte macht.

Die Sicherheit ist das Wichtigste. Private Pools müssen immer abgedeckt oder eingezäunt sein, wenn sie nicht benutzt werden. Ein Kind muss immer eine Schwimmhilfe tragen, bis es sicher schwimmen kann. Eine Schwimmbrille schützt in öffentlichen Bädern mit hohem Chlorgehalt die Augen.

Lebenswichtige Fertigkeit
Schwimmen macht nicht nur Spaß, sondern ist auch lebenswichtig. Je früher Ihr Enkelkind schwimmen lernt, umso besser. Gehen Sie mit ihm ins Wasser; dabei tun Sie sich selbst etwas Gutes.

Fahrrad fahren

Meine Enkel hatten Laufräder aus Holz. Sie fuhren bereits mit zwei Jahren darauf und lernten dabei balancieren, lenken, Geschwindigkeiten einschätzen, bremsen und anhalten sowie sich verkehrssicher zu verhalten. Dabei entwickelt sich ihre gesamte Körperkraft. Diese Räder bereiten gut auf richtige Fahrräder vor und erleichtern den Übergang – ohne Stützräder.

Weitere Ideen für gemeinsame Aktivitäten im Freien

Sandkasten

Alle Kinder spielen gern im Sand; sie lernen dabei Sandburgen und Höhlen für Plastiktiere zu bauen und ihn in verschiedene Formen zu pressen.

Trampolin

Alle meine Enkelkinder hüpften schon mit 18 Monaten auf einem Babytrampolin. Das stärkt die Körperkraft und schult Koordination und Gleichgewichtssinn. Aber achten Sie bitte auf die Sicherheit.

Spielhaus

Ein Spielhaus ist ideal für Rollenspiele. Wenn Sie sich selbst hineinzwängen und so tun, als würden Sie Tee trinken, oder besser noch Kekse mitbringen, sind Ihre Enkel begeistert.

Gärtnern

Schon mit einfachen Erklärungen vermitteln Sie Ihren Enkeln grundlegende Kenntnisse darüber, wie Pflanzen wachsen. An einem kleinen Topf mit Erdbeerpflanzen können sie verfolgen, wie aus den Blüten essbare Früchte werden. Was für ein Wunder!

Gießen

Erklären Sie Ihrem Enkelkind, dass Pflanzen zum Wachsen Wasser benötigen. Schenken Sie ihm eine Kindergießkanne und eine Harke, damit es sich mit Ihnen um die Pflanzen kümmern kann.

Vögel füttern

Ein einfaches Vogelhaus und Meisenknödel am Baum erinnern Kinder daran, dass man sich um Wildtiere kümmern muss. Es ist spannend zu beobachten, wie die Vögel zur Fütterung kommen. Mithilfe eines Vogelbuches kann Ihr Enkelkind bald verschiedene Arten unterscheiden und Sie haben viel Freude beim gemeinsamen Beobachten der Vögel.

Ferien mit den Enkelkindern

Es ist anspruchsvoll, mit den Enkeln allein – oder gemeinsam mit dem Partner – Urlaub zu machen. Sie erinnern sich an die Pannen, die es früher bei den Reisen Ihrer jungen Familie gab. Aber Sie haben alle gemeistert! Doch seither hat sich vieles verändert – informieren Sie sich und planen Sie genau.

Nur mit einem Kind

Ich verreise am liebsten mit jeweils nur einem Enkelkind. Denn so erhält jedes meine volle Aufmerksamkeit und wir haben viel Zeit allein miteinander. Damit wird der Urlaub wirklich zu etwas Besonderem und festigt unsere Beziehung. Diese uneingeschränkte Zuwendung ist besonders hilfreich für ein Enkelkind, das sich durch die Ankunft eines neuen Babys entthront fühlt. Auf einen Schlag können Sie das Selbstvertrauen des Kindes, sein Sicherheitsgefühl und den Glauben an sich selbst wiederherstellen. Und Sie gewinnen einen Freund fürs Leben.

Stellen Sie unbedingt sicher, dass Ihr Hotel kindgerecht eingerichtet ist und Kinder wirklich willkommen sind. Informieren Sie sich umfassend und lesen Sie die Bewertungen im Internet Achten Sie auf Angebote wie Kinderbetreuung, Kindergerichte, kindgerechte Essenszeiten, Hochstuhl und Kinderbetten, Spielzimmer und bewachten Spielplatz. Machen Sie sich die Mühe, solche Dinge herauszufinden. Denn wenn Ihre Enkelkinder nicht glücklich sind, werden auch Sie nicht viel vom Urlaub haben.

Wichtige Fähigkeiten
Unterstützen Sie Ihr Enkelkind bei gemeinsamen Tätigkeiten draußen. Es ist ein tolles Erfolgserlebnis, wenn es etwas schafft, das ihm allein nicht gelungen wäre.

Was Sie mitnehmen sollten

Orientieren Sie sich an der folgenden Checkliste, damit Sie alles Nötige für Ihr Enkelkind dabeihaben. Kommen Sie bei einer Flugreise frühzeitig zum Flughafen, damit Sie das Kind nicht drängen müssen. Planen Sie viel Zeit für die Anfahrt ein.

- Pass und Impfausweise, wenn nötig
- Wickeltasche
- Buggy
- Thermoskanne für kühle Getränke
- Lieblingsspiele, Bücher, CDs
- Sonnenhut oder Wollmütze
- Schwimmflügel
- Geeignete Kleidung
- Mückensalbe
- Wasserfeste Sonnencreme
- After-Sun-Lotion
- Insektenspray
- Antihistaminpräparat für Kinder
- Paracetamol oder Ibuprofen für Kinder
- Lutschbonbons für Start und Landung

Sicher in der Sonne

Kinder besitzen nur wenig Hautpigment und sind daher weniger geschützt vor den ultravioletten Strahlen der Sonne als Erwachsene. Direkte Sonneneinstrahlung kann zu späteren Hautschäden und Hautkrebs führen. So schützen Sie Ihr Enkelkind:

- Verwenden Sie Sonnencreme mit Lichtschutzfaktor 30 für Kleinkinder und 50 für Babys. 20 Minuten vor dem Hinausgehen cremen Sie Gesicht, Nacken, Ohren, Arme und Beine ein. Wenn Ihr Kind immer wieder ins Wasser geht, tragen Sie die Creme etwa jede halbe Stunde erneut auf.
- Bei sehr starker Hitze gehen Sie zwischen 11 und 16 Uhr nicht mit ihm hinaus.
- Setzen Sie ihm einen Hut mit breiter Krempe auf und ziehen Sie ihm schützende Kleidung an.
- Denken Sie daran, dass auch an bewölkten Tagen Sonnenbrandgefahr besteht.
- Bringen Sie am Kinderwagen oder Buggy einen Sonnenschutz an.
- Wenn es in der Sonne spielt, setzen Sie ihm einen Sonnenhut auf, ziehen Sie ihm UV-undurchlässige Kleidung an und cremen es regelmäßig ein.

Großeltern in der Ferne

Nicht alle Großeltern haben das Glück, gleich um die Ecke zu ihren Enkeln zu wohnen. Vielleicht leben Sie in einer anderen Stadt oder sogar in einem anderen Land und sehen Ihre Familie nur ein- oder zweimal im Jahr. Dennoch können Sie engen Kontakt halten. Die moderne Technik macht es leicht.

Auf ins Netz

Bestimmt wollen Sie bei der Entwicklung Ihrer kleinen Enkelkinder jeden Schritt mitbekommen; wenn Sie nicht in der Nähe wohnen, sind Sie darauf angewiesen, dass die Eltern Sie regelmäßig informieren. Wenn Sie noch keinen Computer mit Internetanschluss besitzen, sollten Sie jetzt online gehen. Das erleichtert den familiären Kontakt sehr.

Die Eltern können Ihnen regelmäßig Fotos per E-Mail zusenden, so dass Sie nicht lange auf Abzüge warten müssen. Viele junge Familien stellen nach der Geburt ihres Kindes eine Homepage ins Internet, auf der sie regelmäßig Bilder und Berichte für die ganze Familie veröffentlichen. Das ist eine tolle Möglichkeit, alle ohne viel Aufwand über Babys Fortschritte auf dem Laufenden zu halten.

Mütter und Väter können Meilensteine auch auf Videofilmen festhalten und diese übers Internet verschicken. So können Oma und Opa das entzückende erste Lächeln und die ersten Schritte ihres Enkels »live« erleben. Und Sie können z. B. sich selbst beim Vorlesen aufnehmen, damit Ihr Enkelkind Ihre Stimme kennenlernt.

»Wenn Sie weit von Ihren Enkeln entfernt leben, erleichtert es das Internet heute, in Kontakt zu bleiben.«

Nehmen Sie Kontakt auf

Warten Sie bei Ihren größeren Enkeln nicht immer ab, bis sie sich melden. Es ist ebenso wichtig – wenn nicht wichtiger –, dass sie von Ihnen hören. Am einfachsten ist es, zum Telefonhörer zu greifen und das Enkelkind anzurufen. Tun Sie das oft, wenn es alt genug ist. Sprechen Sie nicht nur nach einem Telefonat mit seinen Eltern mit ihm, sondern rufen Sie es extra an. Das macht es stolz. Keine Sorge, wenn ein kleines Kind nicht viel sagt. Es freut sich, Ihre Stimme zu hören, und seine Eltern sagen Ihnen bestimmt, dass es dabei gelächelt hat.

Noch besser ist es, wenn Sie Ihre Enkel über einen Internettelefondienst wie Skype anrufen. Dabei können Sie sich auch sehen. Das ist besonders wichtig, wenn Sie sie nur selten besuchen können. Jüngeren Kindern fällt so auch das Reden leichter und sie können ihre Zeichnungen oder neuen Spielzeuge zeigen, damit Sie sie bewundern. Diese Dienste sind kostenlos; Sie können so lange reden, wie Sie wollen, ohne sich um die Telefonrechnung zu sorgen.

Wir haben heutzutage alle mit E-Mail und SMS zu tun; beides bietet tolle Möglichkeiten, in stetigem Kontakt mit den Enkelkindern zu bleiben. Wenn Sie E-Mails noch nicht nutzen, sollten Sie sich nun damit vertraut machen. Vergessen Sie aber auch nicht die altmodische Post. Kinder lieben es, Karten und Päckchen zu bekommen. Es müssen keine teuren Geschenke sein – nur kleine Dinge wie lustige Sticker oder einige Buntstifte. Bitten Sie sie, auch Ihnen kleine Bilder und Karten zu schicken.

Wann immer möglich, nehmen Sie die Mühe auf sich und besuchen Sie Ihre Enkelkinder. Alle Technik der Welt kann das Gefühl, das Enkelkind im Arm zu halten, nicht ersetzen.

Zu Hause anrufen
Es ist toll, übers Internet mit dem Enkelkind zu telefonieren. Wenn es Sie besucht, kann es auf diese Weise mit zu Hause in Kontakt bleiben und bekommt kein Heimweh.

»Ich habe Angst, meine Enkel zu verlieren«

Saras Sohn und ihre Schwiegertochter trennen sich. Sara ist sehr bestürzt. Sie macht sich Gedanken, ob sie ihre Enkel noch sehen wird, ein sechsjähriges Mädchen und einen vierjährigen Jungen. Sie befürchtet, den Kontakt zu verlieren. Ihre Schwiegertochter will zu ihren Eltern nach Australien ziehen und ein neues Leben beginnen. Sara glaubt, sie könnte sich Besuche nicht leisten, und findet, dass ihre Schwiegertochter keine Rücksicht auf sie nimmt. Was kann sie tun?

Ich rate Sara zu überlegen, wie sie ihre Enkel in dieser Zeit beschützen und trösten kann. Wenn sie wegziehen, gibt es viele Möglichkeiten, in Kontakt zu bleiben.

Es ist sehr traurig, dass die Ehe von Saras Sohn zerbricht. Das ist für Sara schlimm, aber für ihre Enkelkinder ist es noch viel traumatischer. Sara sollte sich auf sie und die kommenden Schwierigkeiten konzentrieren statt auf sich selbst.

Wenn sich Eltern scheiden lassen, können Großeltern der Fels sein, auf den Kinder bauen können. Sie können Liebe und Sicherheit schenken. Es wäre schwer für Sara, wenn ihre Schwiegertochter nach Australien zöge, weil es anstrengender wäre, diese wichtige Rolle im Leben ihrer Enkel zu spielen. Aber vielleicht kommt es nie so weit. Im Moment sollte Sara ihr Selbstmitleid vergessen und überlegen, wie sie ihre Enkel vor einem Trauma durch die Trennung ihrer Eltern schützen kann.

Viele Kinder geschiedener Eltern sagen, dass ihre Großeltern ihnen in der Trennungszeit viel Trost schenkten. Daher sollte Sara den Kindern Halt bieten. Sie sollte ihnen ihre Ängste nehmen, indem sie ihre Fragen beantwortet und sie tröstet. Die Kinder haben sicher schon länger gespürt, dass Mama und Papa sich nicht mehr verstehen. Sara sollte jede Gelegenheit nutzen, bei ihnen zu sein. Sie kann ihnen den Übergang in die nächste Phase ihres Lebens erleichtern, sei es zu Hause oder in Australien.

Wenn sie wegziehen, gibt es keinen Grund, warum Sara den Kontakt zu ihren Enkeln verlieren sollte. Sie kann durch Briefe, Karten, E-Mails und Internettelefonate Kontakt halten. Und sie kann ab sofort auf einen Besuch sparen.

9 Großeltern als Betreuer

Feste Vorgaben für die Betreuung bedeuten, dass Sie nur begrenzte Zeit mit Ihrem Enkel verbringen – damit ist diese Zeit kostbar. Weitere Einschränkungen können durch den Betreuungsort entstehen. Es ist etwas anderes, beim Enkelkind zu Hause einen Morgen oder einen Nachmittag lang Gast zu sein, als das Kind bei sich zu Hause zu betreuen. Denn überall gelten andere Regeln.

Bei Ihren Kindern zu Hause sind Sie zu Recht an die dort übliche Vorgehensweise gebunden. Ich denke, es ist auch der einzig gangbare Weg, sich an geltende Regeln zu halten, sofern Ihnen nicht freie Hand gelassen wird. Gelegentlich müssen Sie dadurch Ihre Prioritäten verändern und vielleicht auch einmal Ihren Stolz hinunterschlucken.

»Die Betreuung gibt Ihnen die Chance, mit Ihrem Enkelkind allein zu sein und einander kennenzulernen.«

Als Großeltern setzen Sie sich selbst am besten an die letzte Stelle. Ihre Ansichten zählen nur, wenn Sie gefragt werden. Sie besitzen Erfahrung und sind sensibel für die Bedürfnisse anderer. Selbstdarstellung haben Sie nicht nötig. Schließen Sie, wenn nötig, Kompromisse.

In Ihrer Wohnung oder bei Ihren Kindern?

Folgende Punkte sollten Sie mit Ihrer Familie diskutieren, bevor Sie entscheiden, ob Sie Ihre Enkel bei sich oder bei Ihren Kindern betreuen. Ich selbst verhalte mich automatisch überall anders. In der Wohnung meiner Kinder sehe ich mich nur als Betreuerin, die nicht das Sagen hat.

- **Haushalt** In Ihrer eigenen Wohnung können Sie ein Auge zudrücken – aber kaum bei Ihren Kindern.
- **Zeitplan** Bei sich zu Hause sind Sie flexibel. Bei Ihren Kindern halten Sie sich an deren Routinen.
- **Initiative** Bei sich zu Hause legen Sie selbst die Bedingungen fest; bei Ihren Kindern halten Sie sich an die Familienregeln.
- **Entscheidungen** Bei sich zu Hause tun Sie das, was Sie für das Beste halten, bei Ihren Kindern das, was nach deren Meinung das Beste ist.
- **Notfälle** Bei sich zu Hause handeln Sie im Notfall nach Ihrem Ermessen. Bei Ihren Kindern beraten Sie sich mit diesen.

- **Mahlzeiten** Bei sich zu Hause können Sie dazu eine lockere Einstellung haben. Bei Ihren Kindern halten Sie sich an deren Regeln.
- **Erziehung** Bei sich zu Hause können Sie flexibel sein. Bei Ihren Kindern halten Sie sich an die bestehenden Grundsätze..

Babysitten

Ihr Sohn und Ihre Tochter können ihren freien Abend viel mehr genießen, wenn sie wissen, dass Sie, die Sie die Kinder ebenso lieben und behüten wie sie selbst, bei ihnen sind. Gefragt sind Ihre Erfahrung und Ihre Fürsorge. Doch auch

»Ihre Kinder genießen ihren freien Abend viel mehr, wenn sie wissen, dass Sie, die Sie die Enkel ebenso lieben wie sie selbst, bei ihnen sind.«

wenn Sie die Verantwortung haben, ersetzen Sie doch nur die Eltern. Sie sind sozusagen Ersatzeltern; Ihre Kinder wollen nicht, dass Sie stark vom gewohnten abendlichen Ablauf abweichen. Wenn Sie bis spätabends babysitten, planen Sie vorab den Heimweg – entweder fahren Ihre Kinder Sie heim oder Sie nehmen ein Taxi.

Übernachten

Damit der Abend möglichst angenehm wird, wollen Sie vielleicht über Nacht bleiben. Dann können Sie zu Bett gehen, bevor Ihre Kinder heimkommen, und müssen nicht auf sie warten.

Das ist für alle Beteiligten eine gute Lösung: Sie können Ihrem Enkelkind vorlesen, vorsingen, das Licht ausmachen, es zuvor vielleicht baden. Sie sind entspannt, was sich auf das Kind überträgt. Und sobald es im Bett ist, haben Sie etwas Zeit für sich selbst.

Sprechen Sie ab, wo Sie sich hinlegen können. Ich habe anfangs auf dem Sofa geschlafen, aber als ich älter wurde, wurde mir klar, dass ich ein richtiges Bett brauche. Meine Kinder verstehen das. Besonders schön ist es, wenn sich morgens ein kleiner warmer Körper an mich kuschelt und wir ein wenig schmusen.

Wenn Sie regelmäßig bei Ihren Kindern übernachten, sollten Sie Ihre wichtigsten Utensilien bei ihnen deponieren, damit Sie nicht immer alles mitnehmen müssen. Entscheiden Sie zusammen mit Ihren Kindern, wer morgens aufsteht und die Enkel versorgt. Wenn Sie sehr entgegenkommend sind, können Sie das Frühstück machen, sobald die Enkel aufwachen. Meine drei Enkelinnen in einer meiner Familien sind Frühaufsteher; wir gehen immer alle in die Küche und machen Pfannkuchen. Danach bringe ich sie am Wochenende zu ihrem samstäglichen Gymnastikkurs – und schaue ihnen dort voller Großmutterstolz zu!

Leckeres Frühstück
Alle Kinder rühren gerne Teig an; lassen Sie Ihr Enkelkind den Pfannenkuchenteig zum Frühstück zubereiten. Dann schmecken ihm die Pfannkuchen umso besser.

Ein stärkeres Engagement

Manche Großeltern engagieren sich gern intensiver und regelmäßiger bei der Betreuung ihrer Enkel, vielleicht ein paar Tage in der Woche oder mehr. Das bedeutet eine recht hohe Beanspruchung. Treffen Sie am besten gleich zu Beginn eine Übereinkunft mit Ihrem Sohn und Ihrer Tochter über den Zeitumfang und Ihre Aufgaben bei der Betreuung.

Manchen Großeltern mag dies zu formell erscheinen; doch es entstehen schnell Probleme, wenn Großeltern und Eltern unterschiedliche Erwartungen haben. Schließlich geht es um das Wohl des Enkelkindes, das allen Beteiligten sehr am Herzen liegt.

Überlegen Sie genau, in welchem Umfang Sie sich bei der Kinderbetreuung engagieren wollen und welche Aufgaben Sie nicht übernehmen wollen; wie viel Zeit Sie aufbringen können und wie anstrengend Ihre Aufgaben sind. Stimmen Sie dies auch mit Ihrem Partner ab. Dann können Sie eine Lösung finden und überlegen, ob diese praktikabel ist und welche Konsequenzen sie für alle Beteiligten hat.

Opas Rolle
Zwar übernimmt die Oma den Großteil der Betreuung, doch auch der Opa sollte eingebunden werden.

Die Bedeutung der Großeltern

Großeltern spielen in Deutschland eine wichtige Rolle bei der Kinderbetreuung in jungen Familien. Etwa zwei Drittel der Großeltern beteiligen sich an der Betreuung ihrer Enkelkinder. Über ein Drittel aller Kinder unter sechs Jahren werden nach einer aktuellen Studie des Deutschen Jugendinstituts mindestens einmal wöchentlich von den Großeltern versorgt. Bei berufstätigen Müttern betreuen sie rund die Hälfte aller Kinder unter 14 Jahren.

Bei den Kindern oder bei Ihnen?

Die Antwort auf diese Frage muss nicht unbedingt von vornherein feststehen. Unten finden Sie einige Punkte, die Sie vor dieser Entscheidung bedenken sollten. Denken Sie dabei ebenso an sich selbst wie an Ihre Kinder. Gibt es im Haus Ihrer Kinder etwa viele Treppen? Dann wäre die Versorgung Ihres Enkels für Sie sehr anstrengend, wenn Ihre Wohnung auf einer Ebene liegt.

- **Ausstattung** Bei Ihren Kindern zu Hause ist die gesamte Ausstattung des Enkelkindes – Buggy, Hochstuhl, Bett usw. – vorhanden, was die Betreuung sehr erleichtert. Wäre es möglich, dass Sie bei sich ein Kinderzimmer einrichten?
- **Familiäres Umfeld** Ihr Enkelkind fühlt sich in seinem Zuhause am wohlsten; vielleicht ist es in der ungewohnten Umgebung bei Ihnen eher unruhig.
- **Küche** Die Küche Ihrer Kinder wird kindersicher sein. Ihre nicht unbedingt, daher müssen Sie Vorsichtsmaßnahmen treffen.
- **Platz** Haben Sie genügend Platz, um Zubehör wie Buggy und Hochstuhl aufzubewahren?
- **Garten** Der Garten Ihrer Kinder ist vermutlich kindgerecht gestaltet, vielleicht mit Sandkasten und Spielgeräten. Wie ist es mit Ihrem Garten? Gibt es z. B. giftige Pflanzen?

»Bezahlung oder nicht – diese Frage sollte geklärt werden, bevor Sie intensiv in die Betreuung einsteigen.«

Möchten Sie bezahlt werden?

Anhand einiger Richtlinien können Sie entscheiden, was in Ihrem Fall angebracht ist. Wenn Sie z. B. Zeit aufbringen, in der Sie selbst Geld verdienen könnten, läge eine Bezahlung nahe. Dasselbe gilt, wenn Sie Ihren Beruf aufgegeben haben, um Ihren Sohn oder Ihre Tochter bei der Betreuung zu unterstützen.

Wie auch immer Ihre persönliche Situation aussieht – die Frage »Bezahlung oder nicht« sollte unbedingt geklärt werden, bevor Sie intensiv in die Betreuung einsteigen. Und sei es nur, damit später kein Streit entsteht. Bedenken Sie folgende Punkte:

- Halten Sie eine Bezahlung für angebracht? (Normalerweise würden Sie in dieser Zeit Geld verdienen, also warum nicht?)

- Möchten Sie nach Tagen oder nach Stunden bezahlt werden?
- Wenn ja, mit welchem Betrag?
- Wäre es einfacher, einen »Pauschallohn« zu vereinbaren, also einen festen Gesamtbetrag für die regelmäßige Betreuung in einer Woche?
- Suchen Sie nach Richtwerten – kennen Sie andere Großmütter, die Enkel betreuen? Was erhalten diese? Informieren Sie sich auch im Internet.

Was Sie tun könnten

Meine Richtlinie lautet immer, sich als Helferin der Mutter zu betrachten. Doch was bedeutet das? Sieht man Sie auch als Putzfrau, Waschfrau und Köchin? Das hängt nicht nur davon ab, was Sie tun wollen, sondern auch davon, wie fit Sie sind. Vielleicht haben Sie mit 60 Jahren noch viel Kondition, aber mit 65 könnten Ihre Kräfte bereits nachgelassen haben. Klären Sie diesen Rahmen und stellen Sie für die folgenden Bereiche eine Liste auf:

Aufgaben, die ich gern übernehme und die nicht zu anstrengend sind

- Mahlzeiten zubereiten.
- In den Park gehen.
- Das Baby wickeln und anziehen.
- Gelegentlich einkaufen gehen.

Aufgaben, die ich gelegentlich übernehmen würde

- Eine Trommel Wäsche waschen.
- Wäsche aufhängen, abnehmen, zusammenlegen und aufräumen.
- Die Spülmaschine einräumen und ausräumen.

Aufgaben, die ich nicht übernehmen möchte

- Putzen.
- Abends alle Spielsachen aufräumen.
- Den Küchenboden wischen.
- Bettwäsche wechseln.

Dann fragen Sie Ihr Kind, was ihm noch wichtig wäre. Stimmen Sie nur zu, wenn Sie die Aufgabe wirklich gern übernehmen. Lassen Sie sich nicht überrumpeln und tun Sie nicht mehr, als Sie bewältigen können. Es ist in Ordnung, klar zu sagen, was Sie erledigen können und was nicht.

Gleiche Einstellungen

Wenn Sie sich intensiv in der Kinderbetreuung engagieren, sollten Sie auch mitbestimmen können, wie das Kind versorgt wird. Das gilt insbesondere, wenn Sie es bei sich zu Hause betreuen. Es muss ein gewisser Ausgleich im Geben und Nehmen zwischen Ihnen und Ihrer Tochter oder Ihrem Sohn bestehen. Sie müssen alle von Anfang an wissen, wer wo wie viel zu sagen hat. Machen Sie deutlich, wie Sie gerne vorgehen möchten. Viele Abläufe sind Ihnen noch vertraut, über manches sollten Sie sich allerdings verständigen:

- Was gilt **prinzipiell** bei den Mahlzeiten – z. B. zuerst das Gemüse, dann Fleisch/Fisch/Eiweiß und zum Nachtisch Obst?
- Was darf das Kind **naschen** – Smoothies, Joghurt, Rosinen?
- Was bekommt Ihr Enkelkind zu **trinken** – Wasser, verdünnten Fruchtsaft, Milch?
- Werden die **Schlafenszeiten** tagsüber genau eingehalten?
- Wie gehen Sie mit **Wutanfällen** um?
- Sollen Sie die **Stille Treppe** einsetzen?

Im Gespräch bleiben

Unstimmigkeiten sollten erst gar nicht entstehen – daher sind regelmäßige Gespräche empfehlenswert. Sie bieten automatisch die Gelegenheit, positive Erlebnisse, aber auch Probleme anzusprechen. Regelmäßig bedeutet nicht unbedingt fest geplant. Ihre Rückmeldung können Sie aus einem aktuellen Anlass heraus geben: »Ich habe Clara heute beim Kochen neben mich auf den Küchentisch gesetzt. Das hat ihr sehr gefallen. Ist das okay für dich?«

Sicherheit zu Hause

Sie erinnern sich aus Ihrer Zeit als Eltern bestimmt an all die grundlegenden Sicherheitsstandards und haben automatisch immer ein Auge auf Ihre Enkel. Aber beim ersten Enkelkind ist Ihre Wohnung vielleicht noch nicht kindersicher. Analysieren Sie mögliche Gefahrenherde, bevor Ihre kleinen Enkel zu Ihnen kommen.

Viele Dinge im Haushalt sind für Kinder gefährlich. Jedes Jahr werden viele Kinder ins Krankenhaus eingeliefert, weil sie aus dem Fenster gefallen sind, sich am Herd verbrannt oder an heißen Getränken verbrüht haben, Gegenstände verschluckt oder Haushaltsreiniger getrunken haben. Ihr Enkelkind ist von Natur aus abenteuerlustig und neugierig. Man unterschätzt leicht die Gefahren, denen es ausgesetzt ist, wenn es seine Umgebung erkundet. Denn seine Mobilität und seine Geschicklichkeit entwickeln sich rasant.

Sicherheitsvorkehrungen

Ihre Wohnung sollte auf jeder Etage mit **Rauchmeldern** ausgestattet sein. Diese sind nicht teuer und einfach zu installieren. Sie sind nur wirksam, wenn sie an der Decke, nicht an der Wand angebracht sind.

In der Küche herrscht die größte Brandgefahr; daher sollte hier ein **Feuerlöscher** stehen. Feuerlöscher müssen regelmäßig kontrolliert und gewartet werden.

Stellen Sie sicher, dass **Fenster** fest verschlossen oder gesichert sind, damit sie nur einen Spaltbreit geöffnet werden können, insbesondere in höheren Stockwerken. Stellen Sie keine Möbel unters Fenster – Kinder klettern darauf und können herunterfallen.

Nicht vergessen
Vermutlich haben Sie bereits Rauchmelder in Ihrer Wohnung; kontrollieren Sie regelmäßig ihre Funktion. An Treppen bringen Sie Schutzgitter an.

Sichern Sie Treppen oben und unten mit **Treppenschutzgittern** mit vertikalen Gitterstäben, an denen Ihr Enkelkind nicht hochklettern kann; der Verschluss sollte kindersicher sein.

»Ihr Enkelkind ist von Natur aus abenteuerlustig und neugierig. Man unterschätzt leicht die Gefahren, wenn es seine Umgebung erkundet.«

Bränden vorbeugen

Hausbrände können tödlich sein, wenn Sie oder Ihr Enkelkind Rauch und giftige Gase einatmen. Doch der Brandgefahr und möglichen Schäden kann man auf vielfältige Weise vorbeugen.

- Rauchen Sie in der Wohnung nicht – in der Nähe Ihres Enkels gar nicht.
- Lassen Sie Pfannen mit heißem Fett nicht unbeaufsichtigt.
- Schließen Sie brennbare Flüssigkeiten weg.
- Verwenden Sie bei offenen Feuern Feuerschutzgitter.
- Halten Sie Streichhölzer und Feuerzeuge unter Verschluss.
- Achten Sie auf nicht brennbare Kleidung bei Ihrem Enkelkind.
- Lassen Sie Feuerlöscher jedes Jahr warten.
- Halten Sie in der Küche Feuerlöscher und Brandschutzdecke bereit.
- Bringen Sie Rauchmelder an und prüfen Sie regelmäßig die Batterien.
- Installieren Sie einen Kohlenmonoxidmelder; er ist in Baumärkten erhältlich.
- Stellen Sie brennende Kerzen außer Reichweite von Kindern und Haustieren. Lassen Sie Kerzen nur unter Aufsicht brennen.
- Informieren Sie sich genau, was bei Feuer zu tun ist; decken Sie z. B. eine brennende Pfanne mit einer Branddecke, einem feuchten Tuch oder einem Deckel ab.

Wachsames Auge
Wenn Sie Ihr Enkelkind bei sich zu Hause betreuen, sichern Sie Schranktüren und bewahren Sie Medikamente außer Reichweite auf.

Allgemeine Sicherheitstipps

Bei Ihrem ersten Enkelkind sind Ihnen vermutlich die Vorsichtsmaßnahmen nicht mehr so geläufig. Kontrollieren Sie Ihre Wohnung unter folgenden Aspekten; achten Sie auf mögliche Problembereiche und beseitigen Sie Gefahren.

- Verstauen Sie alle Medikamente in einem verschlossenen Schrank oder weit oben – auch wenn sie kindersichere Verschlüsse haben.
- Bewahren Sie Desinfektionsmittel, Reinigungsmittel usw. im Originalbehälter außer Reichweite von Kindern auf.
- Bewahren Sie spitze Gegenstände wie Messer und Scheren außer Reichweite auf.
- Legen Sie keine Tischdecken auf. Ein Kleinkind zieht sie schnell herunter und bekommt alles, was auf dem Tisch steht, auf den Kopf.
- Lassen Sie keine heißen oder alkoholischen Getränke in seiner Reichweite stehen.
- Lassen Sie keine Zigaretten, Streichhölzer oder Feuerzeuge liegen.
- Bewahren Sie Tiernäpfe außer Reichweite auf.
- Achten Sie auf lose hängende Kabel von Lampen, Fernseher oder Stereoanlage.
- Hängen Sie Vorhangschnüre hoch.
- Sichern Sie Steckdosen mit farblich neutralen Schutzkappen. So ziehen sie keine Aufmerksamkeit auf sich.
- Wenn Sie einen offenen Kamin oder ein Gasfeuer haben, verwenden Sie immer ein Feuerschutzgitter.
- Trennen Sie sich von giftigen Pflanzen.
- Stellen Sie zerbrechliche Gegenstände außer Reichweite.
- Bewahren Sie Plastiktüten außer Reichweite des Kindes auf.
- Lassen Sie keine gefährlichen Dinge wie Elektrorasierer oder Haarschneider in Reichweite des Kindes. Ein normaler Alltagsgegenstand kann für ein Kind lebensgefährlich sein.
- Ihre Haustiere sind den Kontakt mit kleinen Kindern vielleicht nicht gewohnt. Lassen Sie Ihr Enkelkind niemals unbeaufsichtigt bei Tieren, besonders Hunden. Sobald es alt genug ist, bringen Sie ihm den behutsamen Umgang mit Tieren bei.

»Es wird mir einfach zu viel«

Elena ist 74 und die Hauptbetreuerin ihrer drei Enkelkinder, da Mutter und Vater (ihr Sohn) beide berufstätig sind. Sie haben ein schönes Haus, ein großes Auto und unternehmen schöne Urlaubsreisen. Elena sagt, sie seien sehr großzügig zu ihr. Sie bezahlen sie wirklich gut und alles klappt reibungslos. Ihr Problem ist, dass ihre Kräfte nachlassen und sie nicht mehr so viel Energie hat wie früher. Abends fällt sie todmüde ins Bett. Wie kann sie ihnen sagen, dass es ihr zu viel wird?

Ich rate Elena, ihren Kindern zu erklären, dass sie sich um ihre Gesundheit sorgt und kürzertreten muss. Sie werden es verstehen und darauf Rücksicht nehmen.

Ich weiß, wie leicht man über seine Kräfte lebt, bis man zusammenbricht. Aber die Gesundheit ist sehr wichtig. Wenn Elena so weitermacht, kann sie wirklich krank werden.

Elenas Kinder lieben und schätzen sie ganz offensichtlich und wollen sich auch um sie kümmern. Vermutlich erkennen sie wirklich nicht, wie anstrengend die Versorgung der drei Enkel für Elena ist. Und Elena tut so, als könne sie alles locker schaffen. Wie sollen ihre Kinder da wissen, dass etwas nicht stimmt? Es wird Zeit für ein ehrliches Wort.

Glücklicherweise sind die familiären Beziehungen so gut, dass Elena ein konstruktives Gespräch über ihre Situation führen kann. Sie sollte erklären, dass sie sich um ihre Gesundheit sorgt und dass sie überhaupt nicht mehr helfen könnte, wenn sie krank wird. Sie muss offen sagen, dass sie gern kürzertreten würde. Ihre Kinder werden vermutlich überrascht sein, dass sie Elenas Verfassung nicht wahrgenommen haben. Bestimmt werden sie Rücksicht nehmen. Ich war in einer ähnlichen Situation. Meine Kinder reagierten wunderbar, als ich erklärte, dass ich meinen Einsatz reduzieren müsse.

Vielleicht hätten Elenas Kinder merken sollen, dass ihre Kräfte nachlassen. Doch viele Eltern sind heutzutage so eingebunden und gestresst, dass sie ihre ganze Energie brauchen, um den Alltag zu bewältigen. Selbst wenn sie es bemerkt hätten, wäre es schwierig gewesen, richtig zu reagieren. Es ist besser, offen zu sein.

10 Erste Hilfe

Bestimmt wissen Sie noch, wie man kleinere Wehwehchen verarztet; doch für den Notfall sollten Sie Ihre Kenntnisse in Erster Hilfe auffrischen.

Erste Hilfe im Notfall

Als Großeltern werden Sie bei der Betreuung Ihrer Enkel gelegentlich mit kleineren Unfällen, Schnittwunden und blauen Flecken konfrontiert. Es kann aber auch einmal ein Notfall eintreten – seien Sie darauf ebenso vorbereitet.

Mein Notfall

Einen solchen Notfall erlebte ich kürzlich selbst. Meine zweijährige Enkelin Evie übernachtete bei mir. Wir hatten einen schönen Abend. Zu meinem Entsetzen wachte sie mitten in der Nacht auf und konnte nicht mehr atmen. Sie hatte einen sehr schweren Kruppanfall. Und ich geriet in Panik! Ich lief durchs Haus und überlegte ständig: »Was soll ich tun? Ich könnte es mir nie verzeihen, wenn dem Kind etwas geschehen würde.« Ich dachte sogar daran, mit einem

»Holen Sie im Notfall schnell Hilfe. Ein Sanitäter sagte mir, sie kämen lieber einmal zu viel als einmal zu wenig.«

Küchenmesser einen Luftröhrenschnitt zu machen. Glücklicherweise kehrte der gesunde Menschenverstand zurück. Ich besann mich darauf, was ich in all meinen Büchern geschrieben hatte: Wenn ein Kind Atemprobleme hat, rufen Sie den Rettungsdienst. Das tat ich. Sie kamen unglaublich schnell, brachten uns ins Krankenhaus und alles war gut.

Also zögern Sie nicht. Holen Sie im Notfall schnell Hilfe. Die Sanitäter, die zu uns kamen, sagten, sie kämen lieber einmal zu viel als einmal zu wenig.

Erste-Hilfe-Kasten für zu Hause

Bewahren Sie die folgenden Dinge in einem deutlich gekennzeichneten Kasten auf. Sie sollten mit dem Gebrauch aller Hilfsmittel vertraut sein. Empfehlenswert ist zusätzlich ein Paracetamol-Präparat für Kinder gegen Schmerzen und Fieber.

- Elastische Binden
- Mullbinden
- Dreieckstuch
- Gaze-Auflage
- Wundauflagen
- Wundkompressen
- Antiseptische Tücher
- Zinksalbe
- Pflaster auf der Rolle
- Pflasterstrips
- Schere
- Fieberthermometer
- Pinzette
- Sicherheitsnadeln
- Watte

Prioritäten

Wenn Ihr Enkelkind einen Unfall hat, müssen Sie die richtigen Prioritäten setzen. Bitten Sie einen anderen Erwachsenen, Hilfe zu holen, während Sie die hier angeführten Fragen durchgehen. Detaillierte Anleitungen finden Sie auf S. 202 ff.

Wenn Sie allein sind, gehen Sie nach den Fragen vor und führen Sie, wenn nötig, eine Minute lang Wiederbelebungsmaßnahmen durch, bevor Sie den Rettungsdienst rufen.

Bestehen akute Gefahren?

Sichern Sie den Bereich. Gehen Sie aber kein Risiko ein – nähern Sie sich dem Kind nicht, wenn Sie dadurch selbst in Gefahr geraten. Wenn möglich entfernen Sie die Gefahrenquelle.

Ist das Kind bei Bewusstsein?

Rufen Sie laut und deutlich seinen Namen. Tätscheln Sie Fuß oder Schultern (niemals schütteln, um die Reaktion zu testen). Wenn es reagiert, ist es bei Bewusstsein. Bewegen Sie es nicht. Untersuchen Sie es vorsichtig, versorgen Sie Verletzungen. Reagiert es nicht, ist es bewusstlos. Kontrollieren Sie, ob es atmet.

Atmet es?

Öffnen Sie die Atemwege, indem Sie den Kopf nach hinten neigen und das Kinn anheben. Beugen Sie sich nah zum Mund, um den Atem zu hören und ihn an Ihrer Wange zu spüren. Beobachten Sie, ob sich der Brustkorb hebt und senkt – maximal zehn Sekunden lang. Gibt es keine Atemzeichen, beginnen Sie mit der Wiederbelebung (s. S. 202 ff.). Fahren Sie fort, bis Hilfe eintrifft.

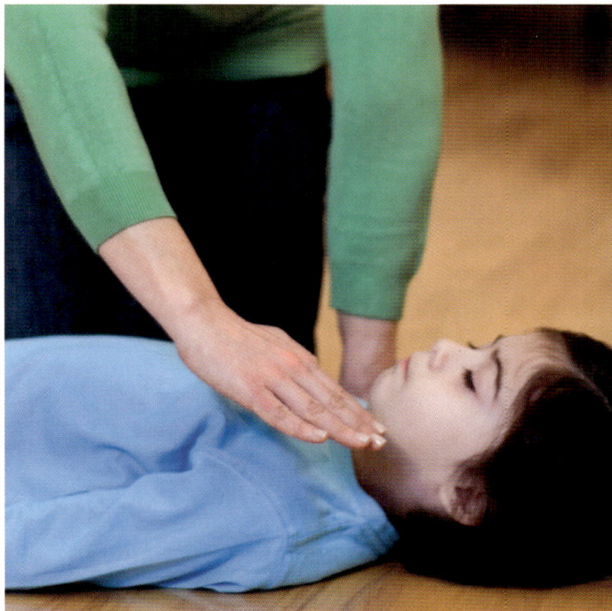

Ist Ihr Enkelkind bei Bewusstsein?

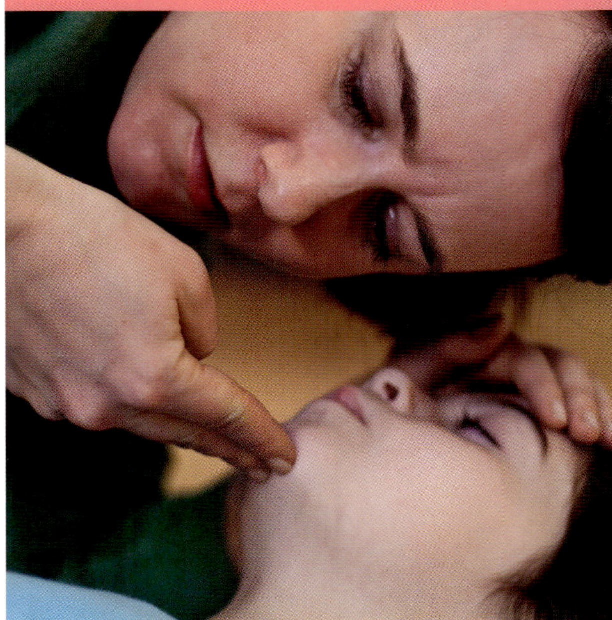

Atmet es?

Das ABC der Wiederbelebung

Wenn Ihr Enkelkind bei einem Notfall das Bewusstsein verliert, kontrollieren Sie die folgenden entscheidenden Punkte in der angegebenen Reihenfolge.

A Atemwege freihalten

Sie müssen frei sein. Um die Atemwege zu öffnen, neigen Sie den Kopf des Kindes nach hinten und heben das Kinn an (s. S. 202 und 204).

B Beatmung

Wenn das Kind keine Atemzeichen zeigt, entfernen Sie mögliche Fremdkörper aus dem Mund; greifen Sie aber nicht nach hinten in den Hals. Heben Sie das Kinn wieder an und beginnen Sie mit Herzdruckmassage und Beatmung (s. S. 202 ff.).

C Kreislauffunktion (»Circulation«)

Gibt es starke Blutungen? Stoppen Sie die Blutung und rufen Sie den Rettungsdienst.

Neue Empfehlungen

Die Empfehlungen zu Erste-Hilfe-Maßnahmen werden ständig überarbeitet und verbessert und können sich seit Ihrer Zeit als Eltern geändert haben. Frischen Sie Ihr Wissen auf, damit Sie bei Unfällen schnell, wirksam und ruhig handeln können. Um wirksam Erste Hilfe leisten zu können, müssen Sie die nachfolgend beschriebenen Techniken verstehen und üben. Halten Sie einen Erste-Hilfe-Kasten für Notfälle bereit – außerhalb der Reichweite des Kindes. Im Auto muss ebenfalls ein Verbandskasten mitgeführt werden – das ist gesetzlich vorgeschrieben.

»Empfehlungen zur Ersten Hilfe werden ständig verbessert und können sich seit Ihrer Zeit als Eltern verändert haben. Frischen Sie Ihr Wissen auf.«

Erste-Hilfe-Training

Um die folgenden Notfallmaßnahmen umsetzen zu können, müssen Sie sie auswendig kennen. Wenn Sie erst in diesem Buch nachschlagen müssen, geht kostbare Zeit verloren; diese Verzögerung könnte über Leben und Tod des Kindes entscheiden.

Dieses Buch kann Sie nicht zu einem Experten in Erster Hilfe ausbilden. Wenn Sie es richtig erlernen möchten, müssen Sie einen Kurs mit einer Abschlussprüfung absolvieren. Entsprechende Kurse werden vom Roten Kreuz und von anderen Hilfsorganisationen angeboten.

Bewusstlosigkeit

Wenn ein Kind bewusstlos ist und nicht atmet, kommt es zu einem Herzstillstand und das Gehirn kann geschädigt werden. Dann müssen Sie rasch seinen Zustand beurteilen, damit Sie wissen, welche Hilfsmaßnahmen erforderlich sind.

Prioritäten

Bei Bewusstlosigkeit funktionieren die Muskeln nicht, die die Zunge im Mund nach vorne halten. Daher fällt die Zunge zurück in den Rachen und verlegt die Atemwege. Bei einem bewusstlosen Kind müssen zuerst die Atemwege freigelegt werden, indem man seinen Kopf nach hinten neigt, dann wird die Atmung kontrolliert (dies erfragt der Notarzt als Erstes).

Wenn es atmet, bringen Sie es in die stabile Seitenlage (s. unten), um die Atemwege offen zu halten, und rufen dann Hilfe. Atmet es nicht, führen Sie Wiederbelebungsmaßnahmen durch (s. S. 203 und 205). Wenn Sie allein sind, reanimieren Sie eine Minute lang und rufen Sie dann den Rettungsdienst.

Um ein Baby in die Seitenlage zu bringen, nehmen Sie es mit Ihnen zugewandtem Gesicht auf Ihren Arm; der Kopf liegt dabei tiefer als der Körper, um die Atemwege offen zu halten (s. unten).

Um ein Kind in die Seitenlage zu bringen, knien Sie sich neben es. Die Beine des Kindes strecken; den näher liegenden Arm angewinkelt nach oben legen, die Handinnenfläche zeigt nach oben. Den entfernteren Arm am Handgelenk greifen und über die Brust legen, der Handrücken des Kindes liegt an dessen Wange. Die Hand festhalten und nach dem entfernen Oberschenkel greifen. Das Bein beugen und das Kind zu sich herüberziehen.

Stabile Seitenlage bei Babys

Stabile Seitenlage bei Kindern

Bewusstloses Baby

Ein bewusstloses Baby (unter einem Jahr), das nicht atmet, braucht eine Herz-Lungen-Wiederbelebung (kardiopulmonale Reanimation, HLW), damit seine Lunge mit Luft versorgt wird. Kontrollieren Sie zuerst folgende Lebenszeichen.

Reaktion testen

Um festzustellen, ob ein Baby bewusstlos ist, tätscheln Sie seine Fußsohle und rufen seinen Namen. Reagiert es innerhalb von zehn Sekunden nicht, ist es bewusstlos. Rufen Sie Hilfe.

Atemwege freilegen

Legen Sie das Baby in Rückenlage auf eine feste Fläche. Bringen Sie seinen Kopf durch Anfassen an Stirn und Kinn in waagrechte Position. Heben Sie mit ein oder zwei Fingern Babys Kinn leicht an. So löst sich die Zunge vom Rachen. Drücken Sie nicht auf das weiche Gewebe unter dem Kinn; dies kann die Atemwege verlegen.

Atmung kontrollieren

Schauen, hören und fühlen Sie nach Atemzeichen. Beobachten Sie, ob sich Brust und Bauch des Babys bewegen. Hören Sie auf Atemgeräusche und spüren Sie den Atem an Ihrer Wange – maximal zehn Sekunden. Atmet das Baby nicht, beginnen Sie die Herz-Lungen-Wiederbelebung (s. S. 203).

Wenn das Baby atmet, halten Sie es in der Seitenlage (s. S. 201), bis Hilfe eintrifft. Halten Sie es in Ihren Armen mit tiefer liegendem Kopf, damit es nicht an seiner Zunge ersticken oder Erbrochenes verschlucken kann.

Reaktion testen.

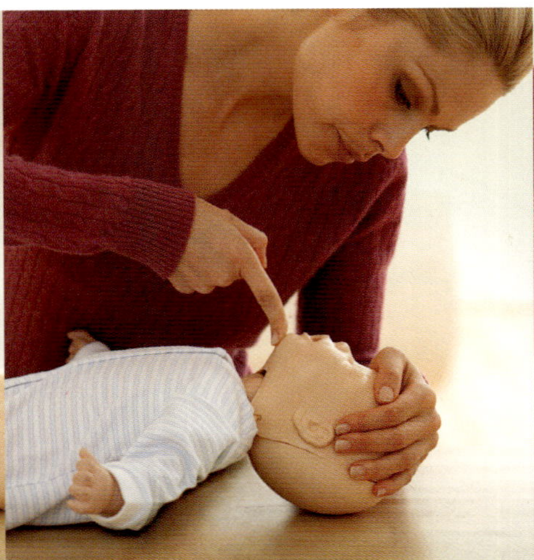

Atemwege freilegen.

Atmung kontrollieren.

HLW unter einem Jahr

Atemwege kontrollieren

Heben Sie das Kinn mit zwei Fingerspitzen an und halten die Stirn mit der anderen Hand. Entfernen Sie Fremdkörper aus dem Mund, fassen Sie aber nicht in Babys Rachen.

Fünfmal beatmen

Normal einatmen und die Lippen dicht um Mund und Nase des Babys legen. Etwa eine Sekunde lang gleichmäßig Luft in Mund und Nase des Kindes blasen, bis sich sein Brustkorb hebt. Lippen lösen und den Brustkorb senken lassen. Fünfmal jeweils eine Sekunde beatmen.

Herzdruckmassage vorbereiten

Beginnen Sie mit der Herzdruckmassage, wenn keine normale Atmung feststellbar ist. Setzen Sie zwei Fingerkuppen einer Hand auf das untere Drittel des Brustbeins.

Herzdruckmassage durchführen

Mit den zwei Fingern das Brustbein nach unten drücken. Brustbein nach jeder Kompression vollständig entlasten, dabei den Kontakt zwischen Fingern und Brustkorb des Babys halten. 30-mal das Brustbein nach unten drücken (Frequenz: 100 pro Minute).

Herzmassage und Beatmung wiederholen

Nach den 30 Kompressionen geben Sie wieder zwei Beatmungen. Führen Sie beides im schnellen Wechsel über einen Zeitraum von jeweils einer Minute kontinuierlich fort. Setzen Sie die Herzdruckmassagen und Atemspenden weiter fort, bis das Baby wieder normal atmet oder der Rettungsdienst eintrifft.

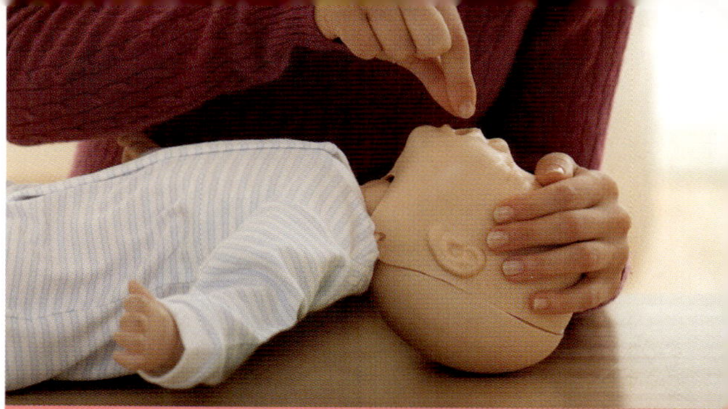

Atemwege kontrollieren.

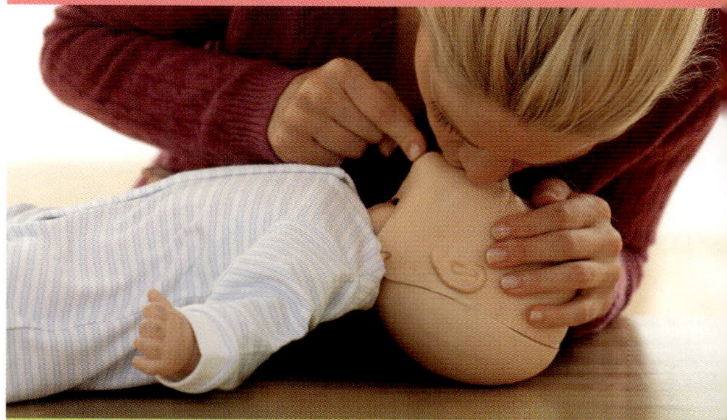

Fünfmal beatmen.

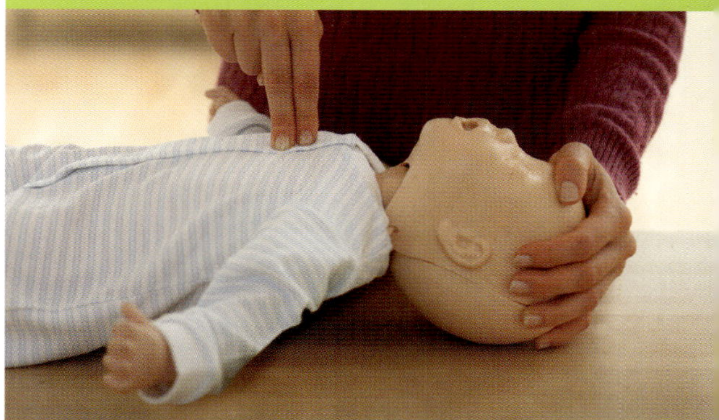

Herzdruckmassage durchführen.

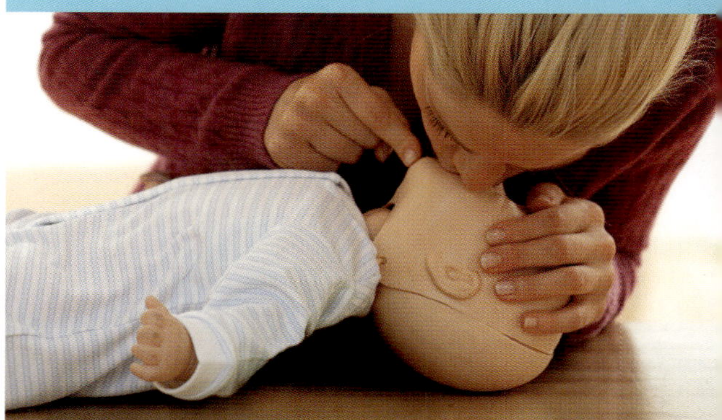

Wiederholen, bis Hilfe eintrifft.

Bewusstloses Kind (ein Jahr bis zur Pubertät)

Atmet ein bewusstloses Kind nicht, muss eine Herz-Lungen-Wiederbelebung (HLW) durchgeführt werden, um die Lunge mit Luft zu versorgen. Unser Atem erhält ausreichend Sauerstoff, um einen anderen Menschen am Leben zu erhalten. Dann müssen Sie das mit Sauerstoff angereicherte Blut durch den Körper pumpen (Herzdruckmassage).

Reaktion testen
Um festzustellen, ob das Kind bei Bewusstsein ist, klopfen Sie auf seine Schulter und rufen seinen Namen. Reagiert es nicht, ist es bewusstlos. Rufen Sie Hilfe.

Atemwege freilegen
Legen Sie das Kind in Rückenlage auf einen festen Untergrund. Legen Sie eine Hand an seine Stirn und neigen Sie vorsichtig den Kopf nach hinten. Heben Sie sein Kinn mit den Fingerspitzen Ihrer anderen Hand an. Drücken Sie nicht auf das weiche Gewebe unter dem Kinn; dies könnte die Atemwege verlegen.

Atmung kontrollieren
Schauen, hören und fühlen Sie nach Atemzeichen. Beobachten Sie, ob sich Brust und Bauch des Kindes bewegen. Hören Sie auf Atemgeräusche und fühlen Sie den Atem an Ihrer Wange – maximal zehn Sekunden lang. Atmet es nicht, beginnen Sie die Herz-Lungen-Wiederbelebung (s. S. 205).

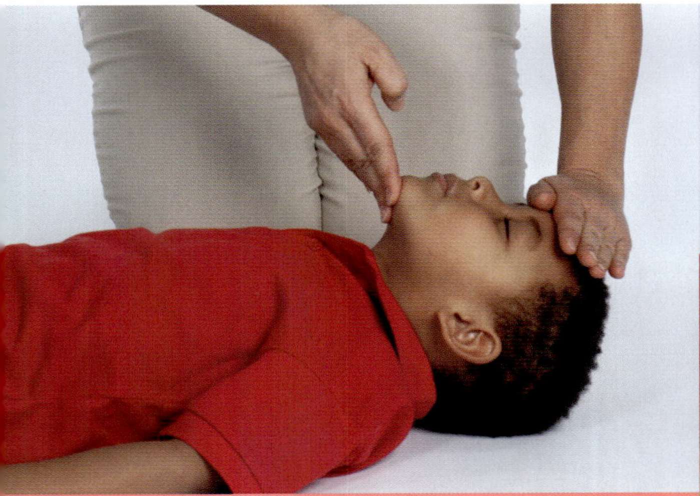

Atemwege freilegen.

Atmung kontrollieren.

HWL bei Kindern

Atemwege kontrollieren

Legen Sie eine Hand an die Stirn, die andere unter das Kinn und nehmen Sie sichtbare Fremdkörper heraus, schieben Sie aber nicht den Finger in den Rachen des Kindes.

Fünfmal beatmen

Nasenlöcher des Kindes mit Daumen und Zeigefinger verschließen. Einatmen, Lippen dicht um seinen Mund legen, etwa eine Sekunde Luft in den Mund blasen, bis sich der Brustkorb hebt. Lippen lösen und Brustkorb senken lassen. Fünfmal beatmen.

Herzdruckmassage vorbereiten

Wenn keine normale Atmung feststellbar ist, bereiten Sie die Herzdruckmassage vor. Dazu setzen Sie den Ballen einer Hand auf das untere Drittel des Brustbeins.

Herzdruckmassage durchführen

Mit gestrecktem Arm das Brustbein etwa um ein Drittel der Brustkorbhöhe herunterdrücken. Das Brustbein nach jeder Kompression vollständig entlasten, dabei den Kontakt zwischen Hand und Brustkorb halten. 30-mal das Brustbein nach unten drücken (Frequenz: 100 pro Minute). Druck- und Entlastungsdauer sollten gleich sein.

Herzmassage und Beatmung wiederholen

Nach den 30 Kompressionen geben Sie wieder zwei Beatmungen. Führen Sie beides im schnellen Wechsel über einen Zeitraum von jeweils einer Minute kontinuierlich fort, bis das Kind wieder normal atmet oder der Rettungsdienst eintrifft.

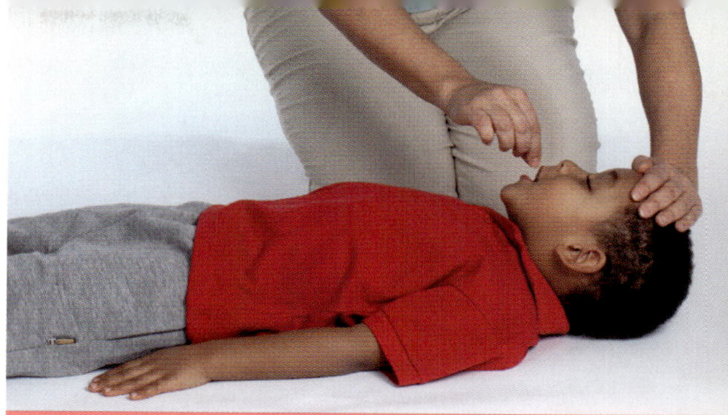

Atemwege kontrollieren.

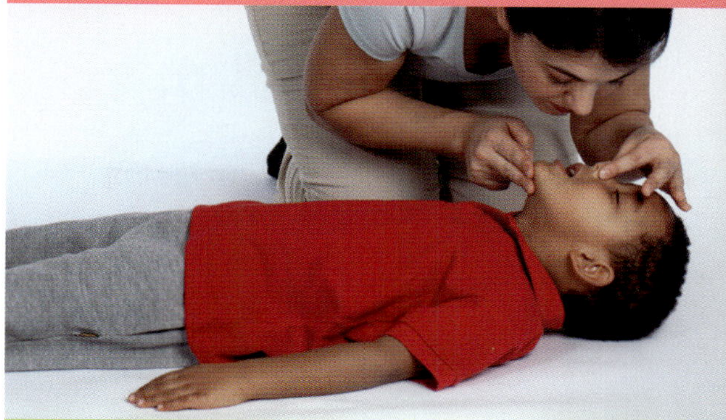

Fünfmal beatmen.

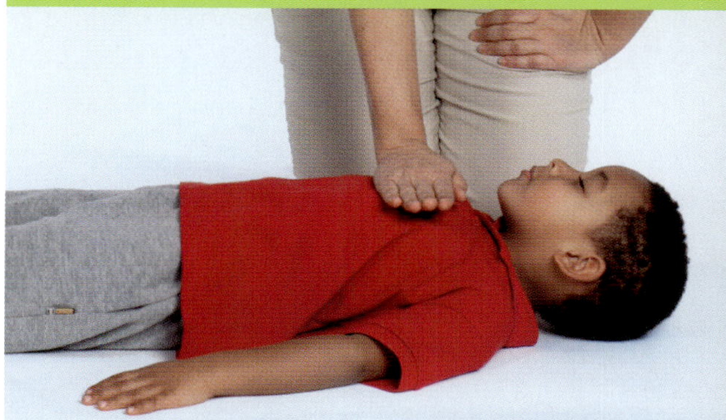

Herzdruckmassage durchführen.

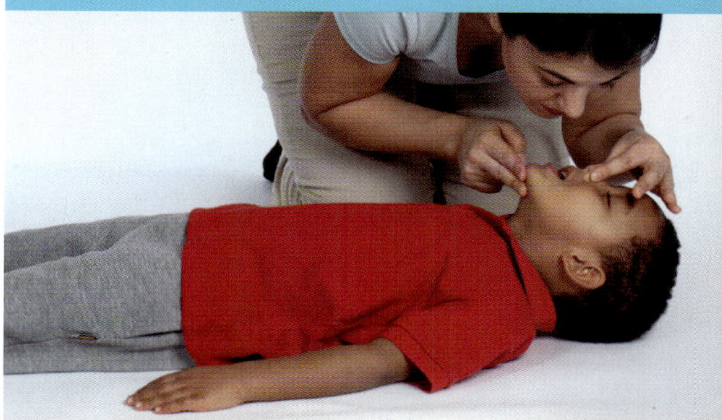

Wiederholen, bis Hilfe eintrifft.

Weitere Notfälle

Auch weitere Unfälle, wie Verschlucken, Verbrennungen und Verbrühungen, Kopfverletzungen, Ertrinken und Stromschlag, können möglicherweise lebensbedrohlich sein. Auch bei Vergiftungen müssen Sie richtig handeln können. Bereiten Sie sich daher gut auf solche Notfälle vor.

Verschlucken / Ersticken

Hier besteht eine besondere Gefahr, weil Kinder oft kleine Dinge in den Mund stecken. Sie können sich auch an Nahrungsmitteln verschlucken. Wichtig ist schnelles Handeln, denn wenn das Kind nicht mehr genügend Sauerstoff erhält, verliert es das Bewusstsein. Sind die Atemwege nur teilweise verlegt, kann das Kind noch schreien, sprechen, husten und atmen. Bei vollständiger Blockade kann es weder sprechen noch husten oder atmen und braucht sofort Hilfe.

Hilfe bei Erstickungsgefahr
Legen Sie das Baby längs über Ihren Arm; klopfen Sie ihm mit der flachen Hand auf den Rücken. Hilft das nicht, drehen Sie es auf den Rücken und drücken auf das Brustbein.

Bei einem Baby (unter einem Jahr)

Wenn ein Baby Essen oder einen kleinen Gegenstand verschluckt, gerät es schnell in Panik. Versuchen Sie, den Fremdkörper umgehend zu entfernen.

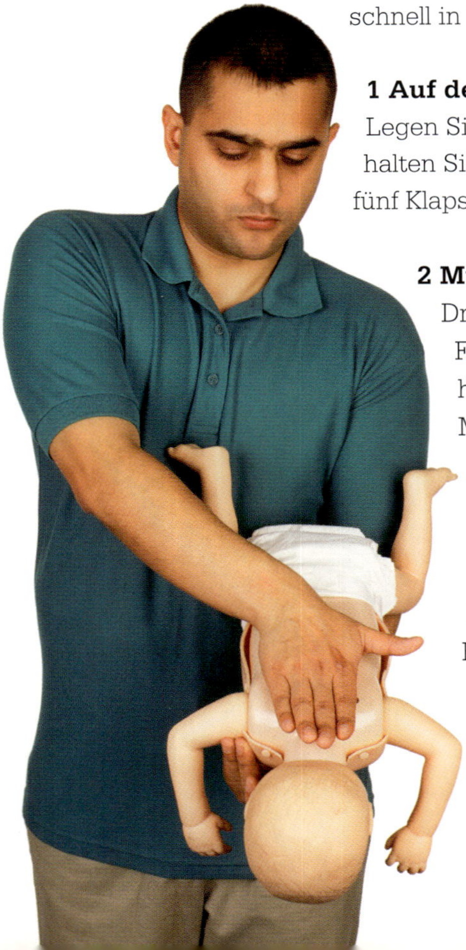

1 Auf den Rücken klopfen
Legen Sie das Baby mit dem Gesicht nach unten auf Ihren Unterarm und halten Sie es dabei mit der Hand. Geben Sie ihm mit der flachen Hand fünf Klapse zwischen die Schulterblätter.

2 Mund kontrollieren
Drehen Sie es mit dem Gesicht nach oben; prüfen Sie, ob der Fremdkörper freigesetzt wurde. Holen Sie ihn mit dem Finger heraus. Fassen Sie aber nicht in den Rachen und wischen Sie den Mund nicht aus; das Objekt könnte tiefer rutschen.

3 Brustbein drücken
Wenn die Maßnahmen nicht ausreichen, legen Sie das Baby auf den Rücken und drücken Sie fünfmal schnell und kräftig auf sein Brustbein, direkt unterhalb der Linie zwischen den Brustwarzen. Kontrollieren Sie wieder den Mund.

4 Wiederholen
Wenn die Brustmassage nicht wirkt, wiederholen Sie die Schritte 1–3 dreimal und rufen dann den Rettungsdienst.

Bei einem Kind (über einem Jahr)

Ältere Kinder können den Fremdkörper vielleicht aushusten. Wenn das Kind bewusstlos wird, beginnen Sie mit der Herz-Lungen-Wiederbelebung (s. S. 204f.).

Husten

Wenn es atmet, beruhigen Sie es und lassen es den Fremdkörper aushusten.

Auf den Rücken klopfen

Wenn es nicht husten kann, beugen Sie es nach vorn und stellen sich hinter das Kind. Schlagen Sie mit der flachen Hand fünfmal zwischen die Schulterblätter.

Mund kontrollieren

Holen Sie sichtbare Fremdkörper aus dem Mund. Fassen Sie nicht in den Rachen und wischen Sie den Mund nicht aus – das Objekt könnte tiefer rutschen.

Oberbauchkompression durchführen

Helfen die Schläge nicht, legen Sie Ihre Arme von hinten um seinen Oberbauch. Ihre geballte Faust liegt zwischen Nabel und Brustbeinende. Mit der anderen Hand die Faust umfassen und bis zu fünfmal kräftig nach hinten oben ziehen.

Wiederholen

Lässt sich die Atemwegblockade nicht beseitigen, müssen Rückenschläge oder Oberbauchkompression im Wechsel durchgeführt werden, bis der Fremdkörper entfernt ist oder der Rettungsdienst eintrifft.

Lassen Sie das Kind husten.

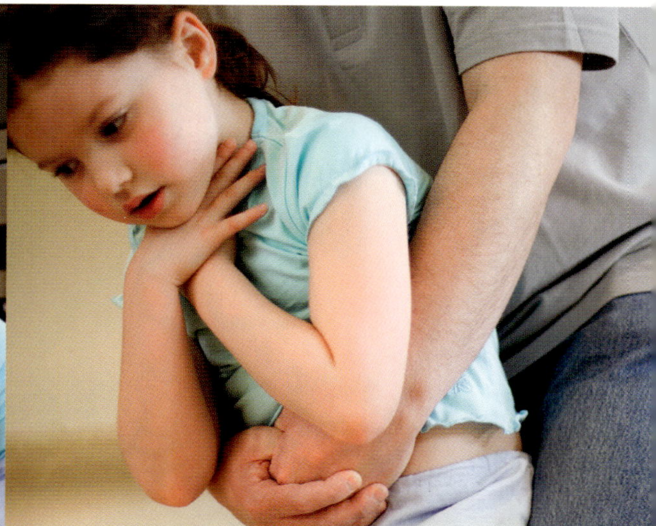

Oberbauchkompression durchführen.

Verbrennungen und Verbrühungen

Wenn die Kleidung Ihres Enkelkindes Feuer fängt, legen Sie es sofort auf den Boden und ersticken Sie die Flammen mit einer schweren, nicht brennbaren Jacke oder Decke. Lassen Sie jede Verbrennung eines Kindes ärztlich versorgen.

Was Sie tun sollten

- Halten Sie die verbrannte Stelle etwa zehn Minuten unter fließendes kaltes Wasser – aus dem Wasserhahn oder aus einem Schlauch oder der Dusche. Tragen Sie kein Fett und keine Kühlsprays oder -gels auf.
- Sofern die Kleidung nicht festklebt, entfernen Sie sie vorsichtig – schneiden Sie sie notfalls weg. Stoff, der an der Haut klebt, bitte nicht entfernen.
- Decken Sie die Verbrennung mit Frischhaltefolie ab. Legen Sie sie längs über die Wunde – nicht herumwickeln, da das Gewebe anschwellen kann. Alternativ verwenden Sie eine sterile, fusselfreie Wundauflage, niemals faserndes Material oder einen Klebeverband.
- Berühren Sie den Bereich nicht. Stechen Sie Blasen nie auf.
- Rufen Sie ärztliche Hilfe. Bei Bewusstlosigkeit kontrollieren Sie die Atmung. Seien Sie bereit, die Wiederbelebung (s. S. 202 ff.) durchzuführen.
- Bei einer großflächigen Verbrennung rufen Sie den Rettungsdienst; dann legen Sie das Kind hin und gießen zehn Minuten lang Wasser auf die Wunde. Kontrollieren Sie, ob das Kind atmet (s. S. 202 ff.).

Verbrennungen versorgen
Halten Sie die Verbrennung zehn Minuten unter fließendes kaltes Wasser; das senkt die Temperatur und verhindert eine weitere Hautschädigung.

Vergiftungen

Wie Sie wissen, nehmen kleine Kinder auch verbotene Dinge in den Mund. So gehen Sie vor, wenn Ihr Enkelkind etwas Giftiges zu sich genommen hat:

Was Sie tun sollten

- Versuchen Sie zu erfahren, was und wie viel es verschluckt hat. Wenn es nichts sagen kann, achten Sie auf Hinweise wie offene Flaschen oder giftige Pflanzen in der Nähe.
- Rufen Sie den Giftnotruf an und berichten Sie, was Ihr Enkel verschluckt hat. Nehmen Sie ggf. eine Probe mit ins Krankenhaus.
- Lassen Sie das Kind niemals erbrechen; das kann weitere Schäden verursachen.

Blutungen

Kleine Schnitte und Kratzer kommen bei Kindern jeden Alters immer wieder vor; wichtig ist es, ernstere Wunden zu erkennen und behandeln zu können, um einen starken Blutverlust zu verhindern.

Was Sie tun sollten

- Drücken Sie fest auf die Wunde, um die Blutung zu stoppen. Legen Sie Ihr Kind hin und lagern Sie den verletzten Körperteil über Herzhöhe.
- Decken Sie die Wunde mit einer sterilen Auflage und einem Verband ab.
- Fahren Sie ins Krankenhaus, wenn die Wunde nach zehn Minuten noch blutet, die Wunde sehr tief oder verschmutzt ist oder ein Fremdkörper darin steckt.

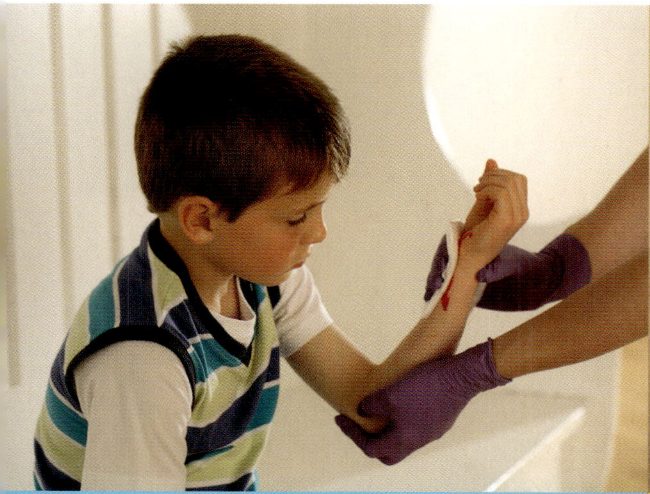

Verletzte Stelle hochhalten und abdrücken.

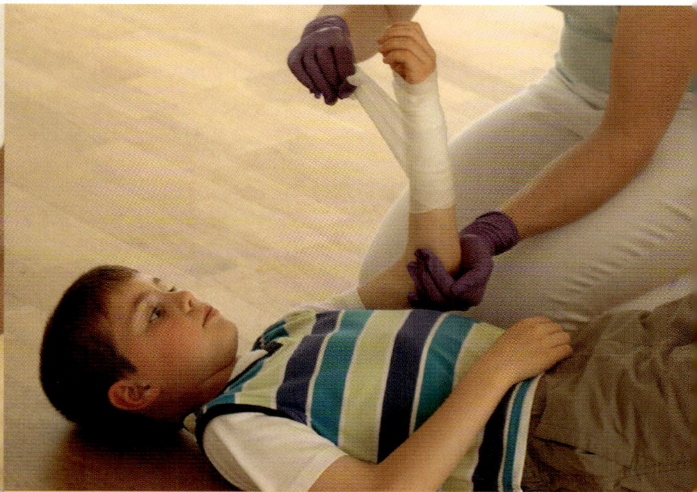

Steril abdecken und verbinden.

Kopfverletzungen

Wenn Ihr Kind sich den Kopf stößt, erholt es sich gewöhnlich nach wenigen Minuten wieder. Bei einem starken Stoß kann eine Beule entstehen. Grund zur Besorgnis besteht bei einer schweren Blutung oder einer Gehirnerschütterung – dabei kommt es zu kurzzeitiger Bewusstlosigkeit und Gedächtnisverlust. Schwerwiegender ist die Hirnprellung. Sie entwickelt sich Stunden oder Tage nach einem heftigen Schlag, dabei treten Schwellungen im Gehirn auf – achten Sie auf Benommenheit, Kopfschmerzen und Übelkeit nach der Verletzung.

Was Sie tun sollten

- Wenn Ihr Kind benommen ist, setzen oder legen Sie es auf den Boden, nicht auf einen Stuhl – es könnte herunterfallen. Legen Sie eine kalte Kompresse auf die Beule, damit die Schwellung zurückgeht.
- Wenn Ihr Enkel das Bewusstsein verliert, kontrollieren Sie seine Atmung und rufen den Rettungsdienst.

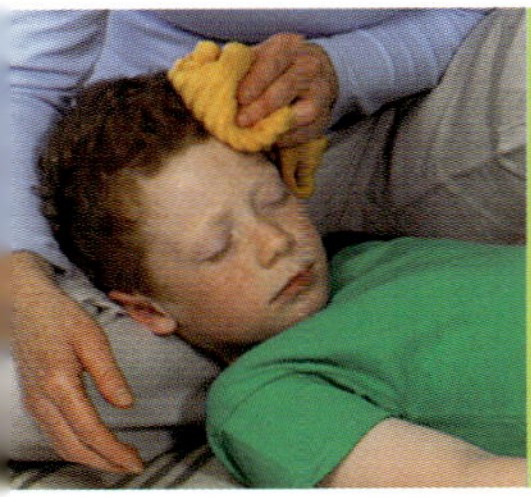

»Grund zur Besorgnis besteht bei einer schweren Blutung oder Gehirnerschütterung oder sogar einer Hirnprellung.«

- Überwachen Sie bei Bewusstlosigkeit seine Atmung; seien Sie bereit, bei Bedarf eine Wiederbelebung durchzuführen (s. S. 202 ff.).
- Bei kurzzeitigem Bewusstseinsverlust kann eine Gehirnerschütterung vorliegen – achten Sie auf Schwindel, Übelkeit, Kopfschmerzen und Gedächtnisverlust. Rufen Sie den Arzt. Beobachten Sie es in den nächsten Stunden.
- Bleibt es bei Bewusstsein, beobachten Sie es zwei Stunden lang genau. Ist es schläfrig, benommen oder verwirrt oder leidet an wiederkehrender Übelkeit oder Erbrechen, kann eine Hirnprellung bestehen. Bringen Sie es ins Krankenhaus.
- Eine Blutung der Kopfhaut stillen Sie mit einer sauberen Kompresse. Bei einer großen Wunde bringen Sie das Kind ins Krankenhaus. Berühren Sie die Wunde nicht mit den Fingern. Einen kleinen Schnitt säubern Sie mit Wasser und Seife und legen einen Verband an.
- Wässriges Blut, das aus Ohren oder Nase kommt, kann einen Schädelbruch anzeigen. Dies ist ein Notfall. Lassen Sie die Flüssigkeit austreten, verschließen Sie das Ohr nicht.

Ertrinken

Babys und Kleinkinder können schon in wenige Zentimeter hohem Wasser ertrinken. Lassen Sie Ihr Enkelkind niemals unbeaufsichtigt im Badezimmer. Befolgen Sie bei einem Badeunfall diese Schritte:

Was Sie tun sollten

- Nehmen Sie es aus dem Wasser; halten Sie den Kopf tiefer als die Brust, damit es kein Wasser einatmet.
- Ziehen Sie ihm nasse Kleidung aus und wärmen es mit einem Handtuch.
- Wenn es bewusstlos ist und atmet, bringen Sie es in die Seitenlage und rufen den Rettungsdienst. Atmet es nicht, führen Sie eine Reanimation (s. S. 202 ff.) durch.

Elektrischer Schlag

Reduzieren Sie das Risiko eines Stromschlags, indem Sie Steckdosenabdeckungen anbringen und elektrische Geräte von kleinen Kindern fernhalten. Wenn Ihr Enkel einen elektrischen Schlag bekommt, verhalten Sie sich so:

Was Sie tun sollten

- Schalten Sie die Sicherungen im Sicherungskasten aus.
- Ist das nicht möglich, stellen Sie sich auf isolierendes Material, z. B. ein Buch oder eine Holzkiste, und schieben Sie mit einem Stück Holz, z. B. einem Besenstiel, die Stromquelle vom Kind weg.
- Alternativ wickeln Sie ein trockenes Handtuch um die Füße Ihres Kindes und ziehen es daran von der Stromquelle weg.
- Ist es bewusstlos, rufen Sie den Rettungsdienst. Atmet es nicht, beginnen Sie die Wiederbelebung (s. S. 202 ff.).

Schock

Schwere Verletzungen (großflächige Verbrennung, schwere Blutung) können einen Schock auslösen. Symptome sind: blasse, schwitzige Haut, die sich kalt anfühlt; schneller, schwacher Puls; flache, schnelle Atmung.

Was Sie tun sollten

- Legen Sie das Kind auf eine Decke und decken es mit einer weiteren Decke zu, damit ihm warm ist. Kontrollieren Sie, ob es Verletzungen hat, und behandeln Sie diese so gut wie möglich (s. S. 209).
- Rufen Sie den Rettungsdienst.
- Heben Sie vorsichtig seine Füße an und stützen Sie sie mit Kissen oder einem Stapel Bücher ab, damit sie über Herzhöhe gelagert sind.

Bisse und Stiche

Kinder lieben Tiere, doch wenn Ihr Enkelkind aufgeregt und unbedacht ist, kann es von einem Tier auch einmal gebissen werden. Bisse und Stiche von Insekten und anderen Tieren sind gewöhnlich nichts Ernstes, sofern keine allergische Reaktion auftritt; sie können aber stark jucken.

Tierbisse

Ihr Enkelkind kann gebissen werden, wenn es ein Tier ärgert oder zu wild mit dem Haustier spielt. Ein solcher Biss kann für das Kind traumatisch sein; ernst ist er allerdings selten. Die größte Gefahr besteht darin, dass sich eine tiefe Bisswunde durch Bakterien infizieren kann.

Als Erstes sollten Sie das Kind trösten – es hat bestimmt einen argen Schreck erlitten. Hat es das Tier geärgert, erklären Sie ihm, dass das Tier sich einfach gewehrt hat und dieser Biss eine einmalige Reaktion ist.

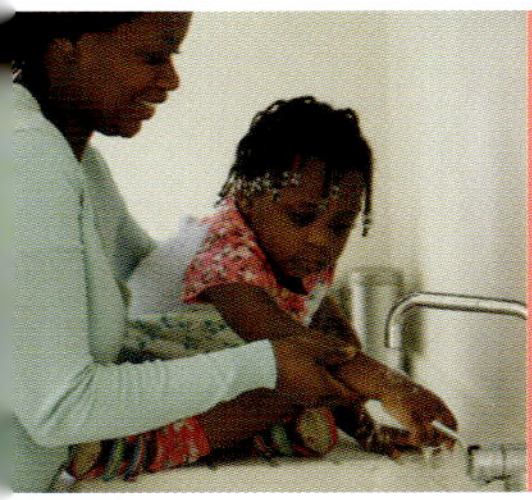

»Ein Biss kann für ein Kind traumatisch sein, ernst ist er allerdings selten. Als Erstes sollten Sie Ihr Enkelkind trösten.«

Was Sie tun sollten

- Waschen Sie die Wunde gründlich mit warmem Wasser und decken Sie sie mit einer Wundauflage ab.
- Bei einem schweren Biss stillen Sie die Blutung möglichst durch direkten Druck und lagern Sie den verletzten Körperteil hoch.
- Decken Sie die Wunde mit einer Wundauflage ab, die Sie mit einem Verband fixieren, und bringen Sie Ihr Enkelkind ins Krankenhaus. Vielleicht bekommt es eine Tetanusspritze.
- Wurde Ihr Kind im Ausland von einem Hund gebissen, bringen Sie es sofort zum Arzt. Es braucht vielleicht eine Tollwutimpfung.

Schlangenbisse

In Deutschland ist die Kreuzotter die einzige giftige Schlange. Ihr Biss ist selten tödlich. Im Ausland können Sie jedoch gefährlicheren Schlangen begegnen. Als Symptome zeigen sich je nach Schlangenart Bissspuren auf der Haut, Schmerzen, Rötung oder eine Schwellung der Bissstelle.

Was Sie tun sollten

- Beruhigen Sie Ihr Enkelkind und lagern Sie Kopf und Schultern hoch. Rufen Sie den Rettungsdienst.
- Während Sie auf Hilfe warten, halten Sie das Kind ruhig, damit sich das Gift nicht ausbreitet. Legen Sie einen Druckverband an der Bissstelle an und einen weiteren an Gliedmaßen in Richtung Körpermitte.
- Markieren Sie die Bissstelle und notieren Sie, wie die Schlange ausgesehen hat, damit die Ärzte das richtige Gegengift auswählen können.

Bisse und Stiche von Insekten

Die meisten Insektenbisse und -stiche verschwinden nach wenigen Stunden. Ernster sind Stiche im Mund oder Hals – die Schwellung kann die Atemwege verlegen.

Was Sie tun sollten

- Wenn der Stachel sichtbar ist, streifen Sie ihn mit der Kante einer Kreditkarte ab – mit einer Pinzette wird Gift in die Wunde gedrückt.
- Lagern Sie den betroffenen Bereich hoch und kühlen Sie ihn.
- Bei einem Stich im Mund geben Sie einen Eiswürfel zu lutschen (Kinder über einem Jahr) oder kaltes Wasser zu trinken. Entsteht eine Schwellung, holen Sie schnell Hilfe.
- Bei einer Schwellung von Gesicht und Hals, verquollenen Augen, rotfleckiger Haut oder Keuchen und Schnappatmung kann eine allergische Reaktion vorliegen. Rufen Sie sofort den Rettungsdienst.

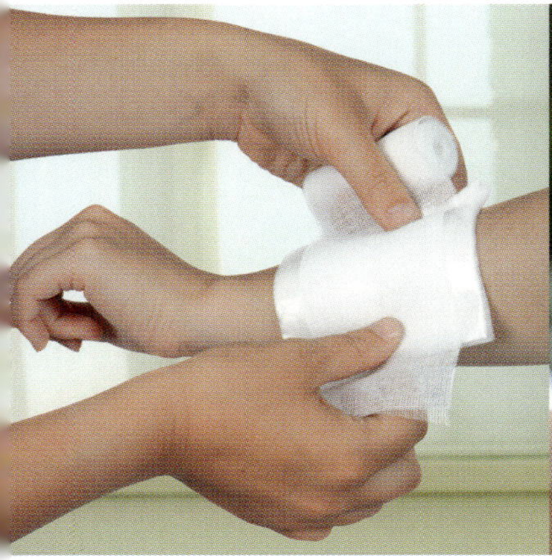

Bei einem Biss: Die gesäuberte Wunde decken Sie sie mit einer Wundauflage ab und verbinden sie.

Bei einem Insektenstich: Lagern Sie die Stichstelle hoch; eine kalte Kompresse hilft gegen die Schwellung.

Ragt der Stachel aus der Haut, streifen Sie ihn vorsichtig mit der Kante einer Kreditkarte ab.

Beulen und Schrammen

Sie wissen sicher noch, wie man kleine Schnitt- und Schürfwunden und andere kleine Verletzungen verarztet. Dennoch ist es hilfreich, hierbei auf dem neuesten Stand zu sein. Meist sind solche Unfälle harmlos und Sie können Ihr Enkelkind zu Hause mit tröstenden Worten und einfachen Maßnahmen behandeln.

Schnitt- und Schürfwunden

Ein oberflächlicher, nicht infizierter Schnitt oder eine Schürfung erfordert keine weitere Behandlung. Ein Schnitt mit starker Blutung kann einen Schock verursachen (s. S. 211) und ist als Notfall zu behandeln. Ein ausgefranster Schnitt muss genäht werden; ist der Schnitt tief oder verschmutzt, besteht das Risiko einer Tetanusinfektion (s. S. 209, Behandlung von schweren Verletzungen).

Was Sie tun sollten

- Spülen Sie die Wunde unter fließendem Wasser aus und tupfen sie mit einer Mullkompresse trocken. Decken Sie sie mit sterilem Verbandsmull ab.
- Lagern Sie den verletzten Teil über Herzhöhe hoch, um den Blutfluss zu verlangsamen. Berühren Sie die Wunde nicht.
- Säubern Sie die Wundumgebung mit Wasser und Seife. Wischen Sie immer von der Wunde weg, jeweils mit einem neuen Stück Mull. Trocken tupfen, die Abdeckung entfernen und die Wunde steril verbinden.
- Blutet die Wunde stark oder ist sie verschmutzt oder tief, bringen Sie das Kind ins Krankenhaus.

Blasen

Bei Verbrennungen, durch Druck oder Reibung bildet sich als Schutzpolster eine Blase. Blasen entstehen häufig an der Ferse, wenn Schuhe nicht richtig passen oder das Kind sie ohne Strümpfe trägt. Sie sind nur dann ernst, wenn sie Folge eines schweren Sonnenbrandes sind, aufplatzen und sich infizieren oder sehr groß und schmerzhaft sind. Konsultieren Sie dann einen Arzt.

Stechen Sie eine Blase nicht auf. In wenigen Tagen bildet sich darunter neue Haut, die Flüssigkeit baut sich ab, die Blase trocknet aus und bildet sich zurück.

Was Sie tun sollten

- Waschen Sie die Stelle mit sauberem Wasser und trocknen Sie sie mit einem sterilen Tupfer. Ist Waschen nicht möglich, halten Sie sie so sauber wie möglich.
- Decken Sie die Blase mit einer großen Wundkompresse ab. Gepolsterte Blasenpflaster bieten zusätzlichen Schutz.

Blutergüsse

Aktive Kinder bekommen leicht blaue Flecken und Blutergüsse. Diese sind selten ernst; meist verschwinden sie innerhalb von 10–14 Tagen.

Was Sie tun sollten

- Bei kleineren blauen Flecken genügt eine tröstende Umarmung.
- Wenden Sie sich sofort an den Arzt, wenn die Schmerzen nach 24 Stunden schlimmer werden (Ist etwas gebrochen?) oder das Kind häufig ohne ersichtlichen Grund blaue Flecken hat (Besteht eine ernste Erkrankung?).

Splitter

Sofern Splitter nicht tief im Fleisch festsitzen oder zu schmerzhaft zu entfernen sind, können sie problemlos zu Hause behandelt werden.

Was Sie tun sollten

- Stellen Sie fest, was für ein Splitter es ist – Glasteile müssen von einem Arzt entfernt werden.
- Ziehen Sie den Splitter mit einer sterilisierten Pinzette im gleichen Winkel heraus, wie er eingedrungen ist, ohne dass er bricht.
- Säubern Sie die Haut mit Wasser und Seife.
- Steckt der Splitter unter der Haut oder ist die Wunde verschmutzt, wenden Sie sich an einen Arzt.

Splitter entfernen Sterilisieren Sie die Pinzette über einer Flamme und lassen Sie sie abkühlen. Ziehen Sie den Splitter im gleichen Winkel heraus, wie er eingedrungen ist. Dann säubern Sie die Stelle.

Unwohlsein

Sie erinnern sich sicher an die Krankheitszeichen bei einem kleinen Kind – es ist blass, antriebs- und appetitlos. Wenn Sie sich Sorgen machen, rufen Sie den Arzt. Beobachten Sie die Symptome Ihres Enkels möglichst genau; je mehr Informationen Sie dem Arzt geben, umso genauer ist seine Diagnose.

Fieber

Falls Ihr Enkelkind in Ihrer Obhut Fieber bekommt, ist es gut, wenn Sie Ihre Erinnerung ans Fiebermessen auffrischen. Die heutigen Thermometer sind viel einfacher zu handhaben als die, die ich bei meinen Kindern hatte.

Normale Körpertemperatur

Die normale Körpertemperatur eines Kindes liegt zwischen 36 und 37 °C. Ein Wert über 37 °C wird als Fieber bezeichnet; eine Unterkühlung entsteht, wenn er unter 35 °C sinkt. Die Körpertemperatur eines Kindes verändert sich je nach seinen Aktivitäten und der Tageszeit. Wenn es Fieber hat, messen Sie daher nach 20 Minuten nochmals – vielleicht ist die Temperatur wieder gefallen. Beurteilen Sie niemals allein aufgrund der Temperatur, ob ein Kind krank ist oder nicht. Es kann auch ohne hohes Fieber krank sein oder trotz Fieber recht fit.

Thermometer

Ich hatte früher ein Quecksilberthermometer, doch dieses kann zerbrechen – das ist gefährlich. Heute gibt es Digitalthermometer. Wenn Sie Ihr Enkelkind auch bei sich zu Hause betreuen, sollten Sie sich eines anschaffen.

Was Sie tun sollten

Am zuverlässigsten messen Sie Fieber im After. Legen Sie das Baby auf den Rücken und heben Sie mit einer Hand die Beine an den Fußknöcheln an. Führen Sie mit der anderen Hand das Thermometer etwa einen Zentimeter tief in den After ein. Die Messung sollte mindestens drei Minuten dauern. Kleinkinder legen Sie am besten mit dem Bauch nach unten auf Ihren Schoß.

Beliebt ist heute das Fiebermessen im Ohr. Am Trommelfell lässt sich über eine Infrarotmessung die Körpertemperatur sehr genau feststellen. Diese Messung dauert nur wenige Sekunden.

Bei der Messung im Mund besteht die Gefahr, dass das Kind das Thermometer zerbeißt. Es muss die Spitze des Thermometers unter der Zunge behalten. Die Lippen müssen fest geschlossen sein. Die Messzeit beträgt mindestens fünf Minuten.

Die Messung in den Achselhöhlen ist ab dem Schulalter möglich. Der dort gemessene Wert liegt etwa 0,5 bis 1 °C unter der tatsächlichen Körpertemperatur.

Erbrechen

Gelegentliches Erbrechen ist oft einfach eine Reaktion auf ungewohntes oder übermäßiges Essen. Wenden Sie sich aber an der Arzt, wenn Ihr Enkelkind innerhalb von sechs Stunden wiederholt spuckt oder das Erbrechen von Durchfall, Fieber, Magenschmerzen oder Kopfschmerzen begleitet ist.

Was Sie tun sollten

- Stellen Sie einen Eimer neben das Bett, falls es nochmals spuckt.
- Trösten Sie das Kind und geben Sie ihm alle 10–15 Minuten etwas Wasser zu trinken, um einer Austrocknung vorzubeugen.
- Lassen Sie es den Mund ausspülen, um den Geschmack loszuwerden.

Hirnhautentzündung (Meningitis)

Meningitis ist eine schwere Krankheit. Es ist wichtig, die Symptome zu kennen, da bei Bestätigung der Diagnose eine sofortige Notfallbehandlung erforderlich ist. Wenden Sie sich bei Verdacht auf Meningitis unverzüglich an den Arzt.

Symptome

- Hohes Fieber (bis 40 °C), steifer Hals und Kopfschmerzen.
- Apathie, Benommenheit und Verwirrung; Lichtempfindlichkeit.
- Purpurroter Ausschlag, der nicht verblasst, wenn ein Glas darauf gedrückt wird.
- Bei Babys unter 18 Monaten nach oben gewölbte Fontanelle.
- Kalte Hände und Füße; fleckige oder blasse Haut
- Schmerzen in Gelenken und Gliedmaßen.

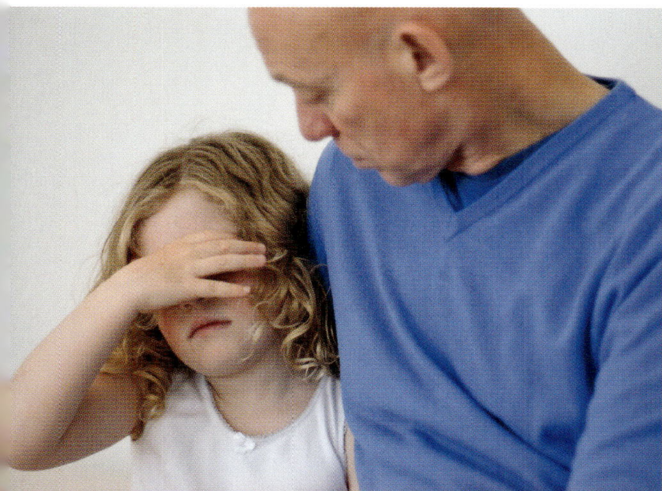

Ist es lichtempfindlich?

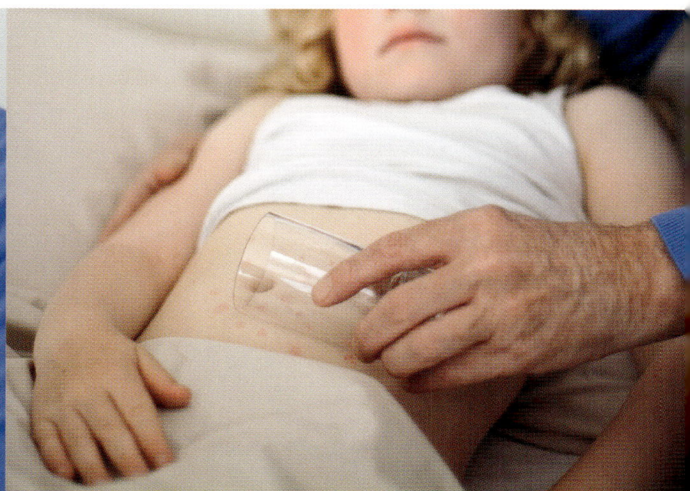

Mit einem Glas prüfen Sie den Ausschlag.

Register

Nützliche Adressen

Kurse für Großeltern oder Selbsthilfegruppen für Großeltern zu verschiedenen Schwerpunkten gibt es in vielen Städten. Bitte informieren Sie sich vor Ort über die aktuellen Angebote.

Großeltern-Report
Online-Magazin für Großeltern
http://grosseltern-report.de

BIGE Bundesinitiative Großeltern
von Trennung und Scheidung betroffener Kinder
Ansprechpartner: Rita und Jürgen Boegershausen
Abteistraße 1
45239 Essen
Tel. und Fax: 0201/49 33 20
www.grosseltern-initiative.de

Allgemeine Informationen Deutscher Kinderschutzbund e.V.
– Bundesverband –
Schöneberger Straße 15
10963 Berlin
Tel.: 030/21 48 09-0
www.dksb.de

Bundesverband Elterninitiativen (BAGE e.V.)
Landwehrstraße 60–62
80336 München
Tel.: 089/961 60 60 60

GfG
Gesellschaft für Geburtsvorbereitung, Familienbildung und Frauengesundheit
Bundesverband e.V.
Antwerpener Straße 43
13353 Berlin
Tel.: 030/45 02 69 20
www.gfg-bv.de

Tagesmütter Bundesverband für Kinderbetreuung in Tagespflege e.V.
Moerser Straße 25
47798 Krefeld
Tel.: 02151/154 15 90
www.tagesmuetter-bundesverband.de

Bundesarbeitsgemeinschaft „Mehr Sicherheit für Kinder" e.V.
Heilsbachstraße 13
53123 Bonn
Tel.: 0228/68 83 40
www.kindersicherheit.de

Deutsche Gesellschaft für Ernährung e. V. (DGE)
Godesberger Allee 18
53175 Bonn
Tel: 0228/37 76-600
www.dge.de

Erste Hilfe und Notfälle

Notrufnummern:
Rettungsdienst 112
Feuerwehr 112
Polizei 110

www.erste-hilfe-fuer-kinder.de
www.kinderaerzte-im-netz.de

Giftnotruf
030/192 40
089/192 40
0551/192 40
www.giftnotruf.de

Adressen in Österreich

Vergiftungszentrale
Allgemeines Krankenhaus Wien
Währinger Gürtel 18–20
Ebene 6a
1090 Wien
Tel.: 01/404 00 22 22
www.akh-wien.ac.at/viz

Jugendinformationsstelle im Bundesministerium für Gesundheit, Familie und Jugend
Franz-Josefs-Kai 51
1020 Wien
Tel.: 01/522 70 30
Tel.: 0800/24 02 66 (kostenlos)
www.jugendinfo.at

Adressen in der Schweiz

Grosseltern-Initiative
Postfach 2412
8026 Zürich
Tel. +41/79/645 95 54
www.grosselterninitiative.ch

Giftnotruf
Schweizerisches Toxikologisches Informationszentrum
Freiestrasse 16
8028 Zürich
Notfall-Nummer: 01/251 51 51

Pro Familia Schweiz
Marktgasse 36
3011 Bern 23
Tel.: 031/381 90 30
www.profamilia.ch

Schweizerische Vereinigung der Elternorganisationen
Bibenlosstrasse 6
5620 Bremgarten
Tel.: 056/633 42 10
www.sveo.ch

Dank

Ganz besonders danke ich Jinny Johnson. Sie begleitete mich als Redakteurin kompetent und kooperativ durch alle Höhen und Tiefen in der Entstehung eines Buches, das heutigen Großeltern eine echte Hilfestellung bietet.

Für die wunderschönen Fotos in diesem Buch danke ich vielmals der Fotografin Ruth Jenkinson und der Art-Direktorin Isabel de Cordova.

Das Lektoratsteam von Dorling Kindersley, insbesondere Daniel Mills, hat mich beharrlich unterstützt – ihnen allen vielen Dank. Ebenso bedanke ich mich bei meiner Assistentin Hajni Domokos; sie hat das Originalmanuskript getippt.

Zu guter Letzt danke ich meinen vier Söhnen und ihren Frauen dafür, dass sie mir ermöglicht haben, die Großmutter zu sein, die ich immer sein wollte. Und ich danke meinen Enkeln, die mir liebevoll helfen, die Rolle ihrer Großmutter zu leben.

DK dankt folgenden Personen:
Kreativmanagerin: Anna Davidson
Medizinische Beratung: Vivian Armstrong
Korrekturleserin: Salima Hirani
Register: Susan Bosanko
Fotografie: Ruth Jenkinson

Der Verlag dankt folgenden Personen und Institutionen für die freundliche Genehmigung zum Abdruck ihrer Fotos:

(Legende: o-oben; u-unten; m-Mitte; l-links; r-rechts)
Alamy Images: Vadim Ponomarenko 94; Loisjoy Thurstun / Bubbles Photolibrary 121. **Corbis:** Arthur Baensch 157; A. Chederros / Onkoy 67; Kevin Dodge 141ul; Jose Luis Pelaez, Inc. 179; LWA-Dann Tardif 18; Ocean 140ur; Anthony Redpath 181; Tim Hale Photography 21; Mike Watson / Moodboard 189; Larry Williams 48. Getty Images: The Agency Collection / Moodboard 113; The Agency Collection / Photo-Concepts 49; The Agency Collection / Rubberball Productions 176; Elie Bernager 129ur; bilderlounge / Alessandro Ventura 166ur; Blend Images / John Lund / Annabelle Breakey 147; Botanica / Rachel Weill 76; Brand X Pictures / Jupiterimages 170ul; Comstock Images / Thinkstock Images 92; Cultura / Colin Hawkins 127; Cultura / Fiona Jackson-Downes und Dirk Lindner 159; Cultura / Frank und Helena 152ur; Cultura / Henglein und Steets 178; Cultura / i love images 38; Digital Vision / Andersen Ross 100; Ionica / Jerome Tisne 185; Ionica / Jose Luis Pelaez 72, 73; Ionica / Tom Grill 71; Image Source 86; The Image Bank / Chris Stein 142; The Image Bank / Dan Bigelow 155or; The Image Bank / Henrik Sorensen 170ur; The Image Bank / LWA 97; Johner Images / Nyman, Fredrik 173; Luc / STOCK4B 118, OJO Images / Tom Merton 105; Photodisc / Mel Yates 140ul; Photodisc / Reggie Casagrande 22, 25; Photographer's Choice / Fraser Hall 108; Photographer's Choice / James Ross 166ul; Photographer's Choice RF / Dana Hoff 193ul; Purestock 119; Riser / Camille Tokerud 14ur; Stock Image / Cultura / yellowdog 15ur, 39; Stockbyte / SW Productions 145; Stone / Barbara Maurer 35, 126; Taxi / Alistair Berg 141ur; Taxi / Jean-Noel Reichel 154 mr; Taxi LWA 102; Taxi / Yellow Dog Productions 154; Taxi Japan / ULTRA.F 174; Tetra Images 45; UpperCut Images / John Fedele 104; Workbook Stock / OJO Images / Justin Pumfrey 180. **Photolibrary:** Asia Images RM / Alex Mares-Manton 195; Creasource 155ur; F1 Online / Jean Glueck 171ul; Imagebroker.net / Ulrich Niehoff 192ul; Justin Paget 63; Stockbroker / Monkey Business Images Ltd 13.

Umschlagfotos: *Vorne:* **Alamy Images:** Andrew Paterson (mor / Stiefel). **Getty Images:** Photographer's Choice / Peter Dazeley (or); Stone / Siri Stafford (mur / Baby). **iStockphoto.com:** Michael Fernahl (or / Teddy); Michelle Junior (ul / Kinderspielzeug). *Hinten*: **Getty Images:** Stone / Siri Stafford (m). **iStockphoto.com:** Michael Fernahl (ml).